HANNA SOHNS UND
JOHANNES UNGELENK (HG.)

BERÜHREN LESEN

Mit Beiträgen von Isabelle Alfandary, Mieke Bal, Marcus Coelen, Georges Didi-Huberman, Philippe P. Haensler, Maha El Hissy, Sandra Fluhrer, Jakob Gehlen, Anselm Haverkamp, Johanna-Charlotte Horst, Franziska Humphreys, Luce Irigaray, Judith Kasper, Vera Kaulbarsch, Daniel Kazmaier, Johannes Kleinbeck, Michael Mayer, Jean-Luc Nancy, Cornelia Ortlieb, Armin Schäfer, Katia Schwerzmann, Thomas Schestag, Hanna Sohns, Gianluca Solla, Gregor Specht, Florian Sprenger, Susanne Strätling, Johannes Ungelenk, Ernst van Alphen, Barbara Vinken, Alexander Waszynski, Cornelia Wild

August Verlag

August Akademie
Die *August Akademie* ist dem professionellen Eigensinn der forschenden Reflexion gewidmet. Hier erscheinen stärker fachwissenschaftlich orientierte Studien, die die sachbezogene Akribie kultivieren.

Gefördert durch die Deutsche Forschungsgemeinschaft (DFG) – Projektnummer 387749687.

INHALT

EINLEITUNG

Hanna Sohns, Johannes Ungelenk

Im vorliegenden Band begegnen sich zwei Tätigkeiten: *Berühren* und *Lesen*. Wenn das Buch diesen Tätigkeiten gewidmet ist, dann unter der Prämisse, dass die beiden auf spezielle Weise verbunden sind. Mehr noch, dass sie sich gegenseitig Zugang zueinander gewähren, oder besser, dass das eine eine Näherung an sich selbst durch das jeweils andere erfährt. Wie sich dem *Berühren* nähern? Lesend! Wie sich dem *Lesen* nähern? Berührend!

Gleichen *Berühren* und *Lesen* damit in ihrer Beziehung Merleau-Pontys berühmten Händen (linke und rechte derselben Person), die sich berühren, ohne sich jemals „wechselseitig zueinander als berührende und berührte [zu] verhalten" (Merleau-Ponty: 188)? Vielleicht ein bisschen – aber eben nicht ganz. Denn *Berühren* und *Lesen* sind nicht linke und rechte Extremität derselben Instanz. Aktivität und Passivität sind beiden intrinsisch eingeschrieben – beide werden erst dadurch hervorgebracht als das, was sie *sind*, oder besser als das, was sie *tun*, weil sich durch sie Aktivität und Passivität untrennbar berühren. Aber *Berühren* und *Lesen* bleiben auch in ihrer Annäherung einander so fremd, dass sich in ihrem Begegnen Aktivität und Passivität zwischen ihnen nicht eineindeutig verteilen und sich so die komplexe Ausgangssituation (zeitlich) entparadoxalisiert: Lesen wie Berühren vollzieht sich als Spiel *zwischen* Aktivität und Passivität, als *Zugleich* von Erleiden und Tun – auch und gerade, wenn beide miteinander in Kontakt gebracht werden.

Weder hat also das Lesen das Berühren, noch umgekehrt das Berühren das Lesen *im Griff*. Keines der beiden fungiert für das andere als vorgeordneter transzendentaler Zugang. Vielleicht stehen beide immer schon in Beziehung zueinander, was verhindert, dass das eine dem anderen zum nützlichen Werkzeug oder zur Stütze der eigenen Stabilität funktionalisiert werden konnte. Das Berühren zu *lesen* – so ließe sich eine Hauptfacette des schimmernden Titels fassen – kann demnach keine einfache Metapher für eine Theorie der Berührung sein. *Lesen* ist wörtlicher zu nehmen: In ihm ist, wie im Berühren (das kein Greifen ist), unhintergehbar Distanz eingeschrieben. Dass es etwas zu lesen gibt, sagt, dass ein unmittelbares, exaktes, verlust- wie hinzufügungsfreies, steriles Verstehen, Verwerten, Verarbeiten nicht möglich ist; dass keine widerstandslose Übergabe eines verzurrten Inhalts statthat, dass Aneignung ‚fremden' Inhalts eine sehr unpräzise und im Grunde unbrauchbare Alltagsparaphrase für eine viel komplexere und deshalb spannendere Tätigkeit ist.

Lesen kontaminiert – und deshalb ist es so intim. Das zu Lesende geht uns an, weil wir, ob wir wollen oder nicht, allein durch die Herstellung der Beziehung am zu Lesenden mitschreiben, uns und die Mit-Welt eintragen, manchmal gerade auch im Versuch, respektvolle (oder angewiderte) Distanz zu wahren. Und: Wir werden affiziert, angesteckt vom Gelesenen, auch wenn dies nur noch selten bewusst spürbar wird – etwa in Hinblick auf die fiktionalen Texte der Literatur, die aus dem ‚echten' Leben scheinbar ausreichend ausgelagert sind – und auch dann nur, wenn nicht im Namen der ‚Wissenschaftlichkeit' versucht wird, auch für dieses Genre einen unbetreffbaren Standpunkt inmitten der auch sie hervorbringenden und antreibenden Affekte einzunehmen.

In anderen Worten: Unter *Berühren Lesen* wäre weniger Theorie zu verstehen als fruchtbare Tautologie. Mit Berühren ist hier also nicht das Objekt gemeint, mit Lesen nicht die Methode, die einem unterstellten, zentralen Subjekt des Wissens Zugang zu neuem, aneigenbarem Wissen böte. Berühren und Lesen stünden nebeneinander, ohne dass eine vorgeordnete Hierarchie sie organisierte. Denn nur so können beide, die an sich selbst schon nichts als Bezugnahmen sind, füreinander freien Bezug finden – also aneinander zu rühren beginnen. Sie unterlaufen so das Setting, das noch Merleau-Pontys berühmte Berührungsszene prägt: nämlich Berührung zweier zu sein, die jenseits ihrer Berührung auf ein ihnen übergeordnetes, einendes Ganzes verweisen; zweier (tastenden, empfindenden, letztlich wahrnehmenden) Extremitäten eines Bewusstseins. Der Ausgang der Szene scheint den Widerstand gegen ihre eigenen Voraussetzungen aufzuzeigen: den Widerstand dagegen, in eine Berührungsszene eine in Einheit aufgehobene Dialektik einschreiben zu wollen; Berühren *fassen* zu wollen. Symptom dieses paradoxen, zum Scheitern verurteilten Versuchs ist das durch künstliche Verzeitlichung induzierte Auftauchen von Vorstellungen wie das passive, betastete Objekt und das aktive, bewusstseinsüberwachte Sensor-Werkzeug. Dahin ist die charakteristische, unhintergehbare Affektions-Symmetrie des Berührens. Dass alle Beteiligten zugleich, gegenseitig, miteinander bewegt, berührt, affiziert sind, intensiv involviert, unentwegt der Veränderung anheimfallen, ist durch das Voraussetzen transzendentaler Einheit undenkbar geworden.

Dürfen Berühren und Lesen aber frei nebeneinanderstehen, und in Näherung verwickelt werden, entspinnt sich ein anderes, ein produktiveres Spiel: Anstatt in das nur allzu bekannte Beziehungsmuster von Aneignung und Tausch, von Eigenem und Fremdem, Kontrolle und Feindlichem, von Griff und Fraß, Gedanke und Werkzeug überführt und dabei ihrem genuinen Beziehungsmodus verlustig zu werden, öffnen sich Berühren und Lesen zueinander, indem sie sich einander aussetzen.

Diesem *Mit-einander* von Berühren und Lesen, Lesen und Berühren, Berühren als Lesen, Lesen als Berühren eine Stätte zu geben, mit ihm beobachtend, unterstützend und rührend involviert zu lesen und zu berühren, ist das Ziel des vorliegenden Bandes. Die so entstehende Szene ist auch die einer Reflexion. Allerdings biegt sich hier das Infragestehende nicht auf sich selbst zurück, um das Eigene, Selbe zu stärken, seine Position zu behaupten, sich anzureichern und sich zu einem ‚Wahren', d.h. Immerselben zu vervollkommnen. Lesen und Berühren beugen sich miteinander. Nicht auf sich selbst, sondern zwischen einander. Nicht im Kreis, sondern im Zickzack. Das ‚Re-' bezeichnet hier nicht rücklaufende Aufhebung, sondern differierende, unendliche Wiederholung, die nicht bergend einfaltet, sondern multipliziert. Es handelt sich um Reflexion ohne Einheit – Irigaray würde sie vielleicht ‚weiblich' oder doppelt nennen, eine Reflexion zwischen zwei Lippen –, mit dem Ziel, Unvorhergesehenes zu generieren oder diesem Vorgang zumindest eine Stätte zu bereiten.

Um nicht im Vollzug hinter das Projekt zu fallen, unternimmt der Band die Anstrengung, soweit es geht, darauf zu verzichten, *über* Berühren oder Lesen zu sprechen. Beides soll stattdessen praktiziert und so in seiner Lese-Berührungs-Praxis mitvollziehbar werden.

Dafür entwickelt der Band eine große, vielfältige und komplexe Nachbarschaftszone, dessen freies Spiel an mannigfaltigen Metonomiebeziehungen paradoxerweise erst durch gestrenge Regeln ermöglicht wird: Jedem Beitrag war die Aufgabe gestellt, aus einer kurzen, selbstgewählten Textpassage, aus einer Fotografie oder einem Filmstill ein Wörterbuch-Lemma zu entwickeln, in dem in ‚überraschender', unerwarteter Weise ‚Berühren' am Werk ist. Klassische Einträge, wie sie für ein Wörterbuch des Berührens einschlägig wären – weil sie sich von Vorstellungen des Berührens deduzieren ließen oder aus ihnen analytisch folgten –, wie ‚Hand', ‚Haut', ‚Tasten', ‚Kontakt', ‚Kontamination' etc., waren tabu. Den Lemmata ist also auferlegt, Distanz zu wahren zum ‚Berühren' – um so selbst an es rühren (es lesen!) zu können. Diese Kontaktnahme zum Berühren erfolgt durch Lektüre: Jedes kreative, abwegige Lemma muss sich im Beitrag durch Lektüre der gewählten Textstelle erst als in Berührung mit dem Berühren stehend erweisen. Es ist dabei Produkt einer Berührungspraxis zwischen Text, Beitragsautor*in – und Ihnen, werte*r Leser*in!

Das Prinzip, Heterogenes miteinander in Kontakt zu bringen – um produktive Begegnungen, d.h. kontaminierende, affizierende Berührungen zu ermöglichen –, wurde auch für den Gesamtaufbau des Bandes verfolgt: Anstatt einer systematischen Anordnung, die nach einem vorgelagerten, inhaltlichbeteiligten, ‚wahren' Prinzip strukturierte (Verwandtes, nach dem Prinzip der Filiation, oder Gleichartiges, nach dem Prinzip der Ähnlichkeit, zueinanderstellt), soll die alphabetische Folge schlicht dem Zufall in die Hände spielen. So kommt „Kokain" neben „Kleiden" zu stehen, „Spinnenfüße" neben „Seele" und „Stillleben" – schon hier, in der bloßen Nennung, bahnt sich etwas an, Kontaktflächen bilden sich aus: Gibt es nicht Geschichten zu entdecken, zwischen den Reizwörtern?

Der Band möchte ‚offenes' Wörterbuch sein. Offen nicht nur, weil ein solches Wörterbuch keinerlei Vollständigkeit suggeriert – es bildet ja nichts ab, woran sollte sich dann Vollständigkeit messen? Lücken sind ihm nicht Fehler in der Abbildung, sondern Einladung zur Mit-Bildung: Kontaktflächen, die offen stehen, aus dem Band heraus; die Platz geben möchten für das Miteinander eines Lesens, das ein Netz von Berührungen über das Netzwerk hinaus, aus dem es entstand, munter fortspinnt. Über den Abstand des Lesens hinweg – nein, zwischen ihm, *durch* ihn, berührend.

Literatur:

MERLEAU-PONTY, Maurice: *Phänomenologie der Wahrnehmung*, übers. von Rudolf Boehm, Leipzig: De Gruyter 1966.

ABSCHIED (JOHANN CHRISTIAN GÜNTHER)

Jakob Gehlen

Genung! ich muß, die Marter-Glocke schlägt,
Hier liegt mein Hertz, da nimm es aus dem Munde,
Und heb es auf, die Früchte, so es trägt,
Sind Ruh und Trost bey mancher bösen Stunde,
Und ließ, so offt dein Gram die Leute flieht,
Mein Abschieds-Lied.

Johannes Christian Günther, „Abschieds-Aria“

Johann Christian Günther nimmt Abschied. Das Signal der morgendlichen Glocke verheißt ihm, ähnlich wie schon den Tagelieder klagenden Minnesängern des Mittelalters, Marter – der Aufbruch naht, die Trennung von der Geliebten steht an. Dass man Abschied *nimmt*, mag zwar bloß eine Kollokation sein, sie verdeutlicht aber die Ambivalenz des Abschieds. Das taktile Nehmen verheißt größtmögliche Nähe, und zwar just in dem Moment, in dem Distanz Wirklichkeit wird. Dass ein Abschied als Marter empfunden wird, bedarf zudem einer Nähe im Zuvor, die im Danach die Entfernung unerträglich macht. Liebende küssen sich, Vertraute verschmelzen in enger Umarmung; der Abschied nimmt sich den Kontakt für die Trennung mit, führt die künftige Unmöglichkeit einer Berührung schmerzlich vor Augen: „Der Abschieds-Kuß verschliest mein Paradiß“ (V. 19), heißt es zu Beginn der vierten güntherschen Strophe.

Sein Abschiedslied verfasst Günther (1695–1723) vermutlich um 1715 und adressiert darin implizit die geliebte Nachbarstochter Magdalena Eleonore Jachmann vor seinem Weggang nach Wittenberg. Diese Details sind vor allem durch autobiografische Zeugnisse bekannt und so mit Vorsicht zu genießen; das aber ist symptomatisch für die literaturgeschichtliche Stellung des Schlesiers. An Günther lasse sich so etwas wie Individualität zeigen, sein Schreiben überwinde den rhetorischen Barock, er leide authentisch. Dass er etwa in späteren Gedichten seine Geliebte mit Klarnamen adressiert, weise ihn unter vielem mehr als Vorläufer eines emphatischen lyrischen Ich aus, seine Dichtung sei fast schon Erlebnis. Solche stark an Goethe ausgerichteten Perspektiven – als prototypisches Abschiedsgedicht und Endpunkt einer solchen literaturhistorischen Erzählung wäre „Willkomm und Abschied" (1773) zur Hand – interessieren mich nur unter der Prämisse, dass Günthers „Abschieds-Aria" das Verhältnis des Schreibenden zum Geschriebenen, des Lesenden zum Gelesenen thematisiert und dabei Grenzen der ‚Individuen' überwindet und zugleich einzieht. Berührung kennzeichnet den Abschied dabei metaphorisch wie eigentlich auf vielfältige Weise.

Das Abschiednehmen wird schon zu Beginn des Gedichts somatisch spürbar gemacht. Der Anlass für den Weggang verlagert sich dabei konsequent ins Außerhalb der engen liebenden Verbindung. In der ersten Strophe brennt der „Stern, der unsre Leiber trennt" (V. 5), in den Augen, die zweite schließt mit dem „Donner-Wort: / Nun muß ich fort" (V. 11b–12). Den metaphorischen Anleihen an Wettereinschläge folgt in der hier fokussierten Strophe der gewaltsame Schlag der „Marter-Glocke" (V. 37) – die Liebenden sind dem Abschied unabwendbar ausgesetzt. So drängt sich die Frage auf, wie man „den tieffen Riß verbinden" (V. 16) könne. Das männliche Ich ängstigt die Vorstellung einer physischen Trennung: „Wer weiß, wie bald mein Geist die Post empfange: / Daß die, so mich in Gegenwart geküßt, / Entfernt vergißt." (V. 28–30) Die sechste Strophe versucht imperativisch („Gedenck einmahl" (V. 31)) die Erinnerung an die „Lust" (V. 32) und „Reitzung" (V. 33), „Womit du mich an Halß und Brust geschlossen" (V. 33), wachzuhalten. Doch der Dichter misstraut der Halbwertszeit früherer Berührungen offensichtlich, die obige Strophe offenbart ein alternatives Modell der Berührung – die Lektüre.

Lyrische Gegenwart evozierend, heißt es dort: „Hier liegt mein Hertz" (V. 38a); der folgende Halbvers „da nimm es aus dem Munde" (V. 38b) beginnt die Gegenwärtigkeit zu verunklaren. Ist das ein Hysteron-Proteron? Muss die Geliebte nicht erst das Herz dem Mund entnommen haben, bevor es liegen kann? Oder ist diese Literalisierung – der Abschiedskuss könnte Ausdruck der ‚Entnahme' sein – doch bloß metaphorisch? Der Entnahme folgt die Konservierung („Und heb es auf" (V. 39a)), denn: „die Früchte, so es trägt, / Sind Ruh und Trost bey mancher bösen Stunde" (V. 39b–40). Das Herz soll die Geliebte also ob seiner Früchte als Therapeutikum bei sich tragen: „Und ließ, so offt dein Gram die Leute flieht, / Mein Abschieds-Lied." (V. 41–42) Damit erweist sich das Herz als das Gedicht selbst, die Metaphern kollabieren. Die Früchte der Liebe, die Früchte des Schreibens finden sich als mittelbar-unmittelbarer Herzensausdruck auf dem Papier wieder. Die Gedichte dem Mund zu entnehmen, vergegenwärtigt ein lyrisches Sprechen, das bei einer späteren Re-Lektüre den Geliebten präsent hält.

Um seine eigene Treue macht sich das Ich in der Folge keinerlei Sorgen, er werde sicher das „Bild" (V. 43) der Geliebten bei sich tragen, „Biß daß die Hand, die uns hier Dörner flicht, / Die Myrthen bricht" (V. 47–48). Die Hochzeitspflanze ist das Versprechen, das mit dem Wiedersehen einhergeht: die Wiedervereinigung vor dem Traualtar. Die letzten beiden Strophen spielen dann aber das andere stereotypische Ende einer Zweierbeziehung durch, den Tod: „Und fordert mich der erste Gang von hier, / So sterb ich dir." (V. 53–54) Das Ich geriert sich, vermeintlich selbstvergessen, als Märtyrer der gemeinsamen Liebe. Die letzte Strophe wiederholt die pathetische Klausel der vorletzten Strophe, nur um eine Bedingung an solcherart Tod zu knüpfen:

> Ich sterbe dir, und soll ein fremder Sand
> Den offt durch dich ergötzten Leib bedecken,
> So gönne mir das letzte Liebes-Pfand,
> Und laß ein Creutz mit dieser Grab-Schrifft stecken:
> Wo ist ein Mensch, der treulich lieben kan?
> Hier liegt der
> Mann. (V. 55–61)

In der abschließenden Strophe werden die liebevollen Ganzkörper-Berührungen noch bei der Beerdigung imaginiert, zugleich zeigt sich aber, dass das vermeintliche Therapeutikum des Abschieds, das Gedicht, noch einen weiteren Zweck erfüllt – den der Unsterblichkeit des (männlichen) Dichters: „Hier liegt der / Mann." Im Gedicht kontrolliert er vermittels seiner Geliebten den eigenen Nachruhm. Ist die Geliebte als Movens des Dichtens für die Produktion vonnöten, kommt ihr als Nachlassverwalterin für die Rezeption des Dichters eine entscheidende Rolle zu – doch das nur innerhalb der lyrischen Gegenwart des Gedichts, denn letztlich vollzieht das gesamte Gedicht die Bewegung der obigen exemplarischen Strophe. Als unmittelbarer, literaler Herzensausdruck wird die Liebe in Schrift überführt. Dass mit der „Grab-Schrifft" die wohl älteste Form der Verschriftung das Gedicht abschließt, ist da nur folgerichtig. Die Berührungen der Liebenden, der rührende Schmerz des Abschieds dienen so auch dem schriftlichen Denkmal des im letzten Vers exemplarisch abgehobenen Mannes. Nicht nur der letzte Vers, sondern die metrische Gestaltung des gesamten Gedichtes unterstützen diese Lesart. Dem im Barock üblichen *vers commun*, der in alternierenden Hebungen und im Kreuzreim die Paarbildung ins Bild setzt, fügt Günther ein paargereimtes Distichon hinzu, dessen zweiter Vers, einem Schlagreim gleich, verkürzt wird. Zwar weisen die ersten vier Verse der jeweiligen Strophe den typischen Wechsel aus männlichen und weiblichen Kadenzen auf, die Abschlussverse aber sind ausschließlich männlich, also endbetont. Auf der Hebung enden Vers und Satz, die Strophe wird auf den Punkt gebracht, ein eindeutiger Abschluss entsteht. Diese aufs Ende ausgerichtete Tendenz verstärkt metrisch das monumentale „Mann" des Grabmals.

Die Schrift deckt eine letzte Berührung des Gedichtes auf, die Textberührung. Das Herz nämlich, das der Geliebten in der siebten Strophe vorliegt, ist keineswegs nur dem direkten Empfinden des Geliebten geschuldet, sondern verweist über die erste Strophe weit in die liebeslyrische Vergangenheit. In den ersten Versen wird ein Du (oder das Gedicht) adressiert: „SChweig du doch nur, du Helffte meiner Brust! / Denn was du weinst, ist Blut aus meinem Hertzen" (V. 1–2). Die Tränen der Geliebten sind Blut des Dichterherzens, die Verbindung der beiden ist derart innig, dass sie körperlich verschmolzen sind. Der Unmittelbarkeit einer Berührung, die über die Berührung hinausgeht, steht entgegen, dass beide Verse antike Texte zitieren. Ovids *puella* weint Tränen aus des Dichters Blut (vgl. *Amores*: 1,7, V. 57–60), Horaz ruft seinem Freund Vergil zum Abschied zu, dass er „animae dimidium meae" sei, die Hälfte seiner Brust (*Carmina*: 1,3, V. 8). Das horazische Gedicht ist ein Propemptikon, richtet sich beim Abschied an den, der fährt. Der ‚deutsche Ovid' Günther macht das Propemptikon zum ‚Apopemptikon'. Er als derjenige, der loszieht, richtet sich an die Zurückgelassene. Doch wiewohl diese Textberührungen nach hinten weisen, ist das Gedicht der Zukunft zugewandt. Nicht nur die auf das Ende zulaufende Metrik, auch die imaginierte Lektüre der Geliebten (und damit auch die unsrige) stellt die Lebendigkeit der körperlichen Berührungen mittels Schrift auf Abruf. Über die Lektüre lässt sich das Herz immer wieder rühren. Knapp fünfzig Jahre später sollte die „herzrührende Schreibart" (Breitinger: 352) die Lyrik ebenso erfassen wie die Emphase der Freundschaft; das Horaz-Zitat wird dabei der Kultivierung von Dichterbünden dienen. Günthers Abschied ist ein Vorgriff.

Literatur:

GÜNTHER, Johann Christian: „Abschieds-Aria", in: ders., *Textkritische Werkausgabe in vier Bänden und einer Quellendokumentation*, Bd. I.1: *Dichtungen der Schuljahre*, hg. von Reiner Bölhoff, Berlin: De Gruyter 2013, S. 241–243.

BREITINGER, Johann Jakob: *Critische Dichtkunst*, Faksimiledruck nach der Ausgabe von 1740, mit einem Nachwort von Wolfgang Bender, 2. Bd., Stuttgart: Metzler 1966.

HORATIUS FLACCUS, Quintus: *Carmina. Oden und Epoden*, Lateinisch/Deutsch, hg. von Franz Burger, Berlin u.a.: De Gruyter 2014.

OVIDIUS NASO, Publius: *Amores. Liebesgedichte*, Lateinisch/Deutsch, hg. und übers. von Michael von Albrecht, Stuttgart: Reclam 2017.

ÄOLSHARFE (WALTER BENJAMIN)

Judith Kasper

> „In ihnen [Hölderlins Übertragungen, besonders den beiden Sophokleischen Tragödien *Ödipus* und *Antigone*, J.K.] ist die Harmonie der Sprachen so tief, daß der Sinn nur noch wie eine Äolsharfe vom Winde von der Sprache berührt wird."
>
> Walter Benjamin, „Die Aufgabe des Übersetzers"

Von den vielen Kritikern, die sich in viel umfassenderer und tiefgehenderer Weise, als dies im Kontext dieses Beitrags zur Berührung geschehen kann, Walter Benjamins Aufsatz „Die Aufgabe des Übersetzers" (1921) zugewandt haben, wird die Passage, in dem dieser Satz steht, entweder übergangen oder ohne weitere Ausführungen zitiert (vgl. zum Beispiel die ansonsten vorzüglichen Beiträge in Hart Nibbrig). Die Passage befindet sich am Ende von Benjamins Essay. Mit ihr wird der außergewöhnliche Charakter von Hölderlins Pindar- und Sophokles-Übersetzungen besonders herausgestellt. Das Bild der Äolsharfe, die vom Wind der Sprache berührt wird, steht numismatisch an dieser Stelle, als dürfe es *nicht* oder aber als dürfe es *nur* berührt werden, um dann nicht weiter behandelt zu werden. Denn das Bild zu zitieren impliziert, es zu berühren; es nicht weiter zu erläutern heißt, es nur zu berühren, um es aus einer unermesslichen Ferne in die Nähe des jeweiligen Argumentationszusammenhangs dunkel hineinrufen zu lassen. Dass dies gelingt, liegt an der unübertrefflichen Aura des benjaminschen Sprachbildes selbst. In enigmatischer, kaum vernehmbarer Weise wird uns in diesem Bild etwas zugeflüstert, das wir nicht mehr in das Verstehen eines Sinnes zu übersetzen wissen. Der Sinn wird darin nur noch berührt – wie die Äolsharfe vom Wind der Sprache berührt wird. Übersetzung als Prozess des Verständlich-Machens eines fremden, in fremder Sprache verfassten Textes wird hier selbst grundsätzlich verfremdet.

An dieser wie auch an anderen Stellen geht Benjamins Essay weit über den argumentativ nachvollziehbaren Gestus hinaus. Eine Stimme, jenseits der Subjektivität des Autors, aber auch jenseits der Objektivität seiner Erörterung, erklingt darin – von woandersher kommend. Die Leser*innen hören an dieser Stelle auf zu lesen und sind aufgefordert – nicht dem Autor, sondern der Sprache – zu lauschen.

Der Gegenstand, mit dem der Klang der vom Wind der Sprache berührten Äolsharfe verglichen wird, ist der „Sinn“. Dieser Vergleich ist in der vergleichslosen Sprache Benjamins als bloße Berührung aufgefasst. Der Sinn, so heißt es, wird in Hölderlins Übersetzungen *nur noch flüchtig* berührt. Der Sinn der griechischen Texte von Sophokles und Pindar wird von Hölderlins Übersetzungen nicht erfasst, er wird nicht verstanden, ja er wird überhaupt nicht übersetzt, paraphrasiert oder wiedergegeben. Dies führt Benjamin zunächst dazu zu bemerken, dass in ihnen „der Sinn von Abgrund zu Abgrund stürzt, bis er droht in bodenlosen Sprachtiefen sich zu verlieren“ (21). Doch bleibt Benjamin bei dieser Sinnkatastrophe nicht stehen. Er schreibt auch: „Es gibt ein Halten“ (21). Und dieses „Halten“ – weit entfernt davon, ein Festhalten zu sein – ist von dieser, wenngleich nur flüchtigen Berührung mit dem Sinn getragen. Etwas wird noch in dieser flüchtigen Berührung aufgefangen. Sie allein zählt für Benjamin. Denn in ihr deutet sich – Benjamin hat dabei wohl Hölderlins ins Vor- und A-Semantische verweisende Tonlehre im Blick – ein gänzlich anderes Verhältnis zur Sprache an.

Wo der Sinn nur noch flüchtig von der Sprache der Übersetzung berührt wird, verlässt die Übersetzung den Bereich der Semantik. Die Semantik setzt Original- und Zielsprache als weitgehend getrennte Entitäten und Ordnungen voraus. Bei Hölderlin treten Original- und Zielsprache in ein anderes Verhältnis ein. Das Griechische und das Deutsche stehen hier nicht mehr in einem stabilen Übersetzungsverhältnis einander getrennt gegenüber. Bei Hölderlin bricht diese Gegenüberstellung zusammen und die beiden Sprachen beginnen, sich auf innigste Weise zu berühren. Das Griechische Sophokles' und Pindars und sein Deutsch werden zu einer gleichsam untrennbaren Sprachmischung mit eigentümlichem, unverständlichem Klang.

Hölderlins Zeitgenossen – allen voran Schiller – waren davon befremdet. Eine Würdigung der dichterischen Qualität dieser Übersetzungen, die Hölderlin kurz vor seiner ‚Umnachtung' fertiggestellt hat, setzt erst viel später – in den 1910er Jahren – ein. Benjamin teilt diese Neueinschätzung. Allerdings nicht so sehr aufgrund des Kults der Dunkelheit, der sich im George-Kreis, zu dem auch der Herausgeber Hölderlins, Norbert von Hellingrath, gehörte, um den späten Hölderlin bildete, sondern aus dem theologisch-politischen Motiv heraus, Übersetzung anders zu denken denn als schiere Kompensation für die Verschiedenheit und Fremdheit der Sprachen untereinander. Für Benjamin besteht die Aufgabe des Übersetzers vielmehr darin, der Sprachverwirrung als Zeichen für die Hybris der Menschen, den Himmel der Götter berühren zu wollen, eingedenk zu bleiben. Etwas von dieser mythischen katastrophalen Urszene weht in Hölderlins Übertragungen nach, gerade da, wo sich ihre befremdende sprachliche Schönheit mit ihrem Scheitern am Sinn berührt. Berührung schwebt dabei zwischen Hybris und Abschied, zwischen Aktivität und passiver Affiziertheit.

Die Äolsharfe im Wind berührt die Frage der Übersetzung, sie wird aber auch von anderem berührt: von den romantischen Gedichten über die Äolsharfe, die auch in Benjamins frühen Sonetten nachhallen, die er in Trauer um seinen Freund Fritz

Heinle verfasst hatte (vgl. Sauter). Das berühmteste dieser romantischen Gedichte ist Mörikes „An eine Äolsharfe“. In ihm ist der Klang der Äolsharfe „geheimnisvolles Saitenspiel“, „melodische Klage“, „wohllautende Wehmut“, die sich steigert zum „süßen Erschrecken“, als der Wind „heftig herstößt“ (Mörike: 689–690).

Diese romantische Vorstellung poetischer Inspiration, die mit der Äolsharfe aufgerufen wird, ist für den modernen Dichter obsolet geworden. Allerdings weist die Äolsharfe in der romantischen Dichtung als Instrument, das einen unübertroffenen Klang hervorbringt, bereits über die Dichtung hinaus. Die Dichtung wird gleichsam durch die Äolsharfe abgelöst und verabschiedet. Um diesen Moment der Verabschiedung geht es Benjamin, wenn er die Äolsharfe *an die Stelle* des Subjekts als Ort der Äußerung stellt und dadurch in den Bezug zu Sprache und Sinn eine vollständige Ich-Fremdheit einträgt.

Die Passage steht aber auch in Verbindung mit anderen Stellen des Essays „Die Aufgabe des Übersetzers“, die ebenfalls die Berührung als theoretische Denkfigur bemühen. Genannt war schon die Aufrufung des Babel-Mythos. Hier geht es um die Berührung des Turms mit dem Himmel: Berührung allerdings als Inbesitznahme, als Beherrschung, Ausdruck von phallischer Macht, Penetration und Transgression. Die Geschichte ist bekannt: Die anmaßende Übertretung wird durch Gott bestraft, der den Turm zerstört, und die Menschen, die sich um diesen einen Turm versammeln wollten, werden in viele Sprachen zersprengt und in alle Welt zerstreut. Mythologisch gesprochen entsteht die Vielsprachigkeit aus dieser Katastrophe und aus ihr die Notwendigkeit der Übersetzung. Für Benjamin ist es entscheidend, dass jede Übersetzung mit dieser irreparablen Wunde verbunden bleibt, wodurch die Übersetzung im emphatischen Sinne ein Eingedenken dieser Urszene ist. Sie ist eine Geste der Anerkennung von Schuld und als solche auch eine Geste der Trauer. Von der transgressiven Berührung des Turmbaus, der damit verbundenen, schuldhaften, nicht zuletzt totalitären Vorstellung vom vollkommenen Verstehen muss sich die Übersetzung immer wieder von Neuem verabschieden. Benjamin erkundet diesen Vollzug des Abschieds. Die Berührung ist darin zentral. Denn nur in und durch die Berührung dessen, von dem man sich verabschieden muss, kann sich der Abschied vollziehen. Deutlich wird dies in folgender Passage: „Wie die Tangente den Kreis flüchtig und nur an einem Punkte berührt und wie ihr wohl diese Berührung, nicht aber der Punkt, das Gesetz vorschreibt, nach dem sie weiter ins Unendliche ihre gerade Bahn zieht, so berührt die Übersetzung flüchtig und nur in dem unendlich kleinen Punkte des Sinnes das Original, um nach dem Gesetze der Treue in der Freiheit der Sprachbewegung ihre eigenste Bahn zu verfolgen." (Benjamin: 19–20) Wieder ist es ein Vergleich, mit dem Benjamin versucht, etwas von dem, was ihm an Übersetzung wichtig ist, zu benennen. Und wieder ist auch dieser Vergleich nicht metaphorisch, sondern durchaus metonymisch angelegt – im Sinne einer flüchtigen Berührung. Damit ist zunächst einmal gesagt, dass das Bild selbst, das Benjamin entwirft, sich zur Frage metonymisch berührend und nicht metaphorisch vergleichend verhält. Die Übersetzung bleibt in diesem Bild ein in sich geschlossenes Problem. Sie wird nicht umkreist, sondern durch den Essay tangential berührt. Benjamin leistet keine Rundumschau, er erfasst die Übersetzung nicht systematisch, sondern berührt sie an einem Punkt. Die tangentiale Kraft des Essays liegt mithin darin, sich in intimer Nähe und zugleich so frei und entfernt wie nur denkbar vom Gegenstand, den er behandelt, zu halten.

So auch die Übersetzung – nun als Gegenstand dieses metonymisch angelegten Vergleichs betrachtet. Die Übersetzung dringt nicht in das Original ein, sie durchkreuzt oder umkreist das Original nicht, sie bleibt aber auch nicht einfach außen vor. Sie berührt es – an einem Punkt. Sie kommt dem Original nah, um sich im Moment der einen Berührung von ihm sogleich zu entfernen. Doch ist die Übersetzung in jedem Punkt ihrer Entfernung, die darum auch Ent-fernung ist, vom Moment dieser Berührung getragen. In jedem entfernten und ent-fernten Punkt schwingt die Energie dieser Berührung mit. An jedem Punkt der Linie, die die Übersetzung schreibt, ist diese Linie in präziser Weise *Tangente*, auch im ent-ferntesten Punkt ist sie noch *Tangente*, d.h. berührende Linie.

In der größten Nähe findet der Abschied vom Original statt und in der größten Entfernung noch berührt die Übersetzung das Original. Dieser flüchtigen Überkreuzung von Berührung und Abschied ist Benjamin nicht zuletzt in Baudelaires „À une passante" begegnet, dem bekanntesten Gedicht aus den *Tableaux parisiens*, die Benjamin übersetzt hat und für deren Übersetzung der Essay das Vorwort sein sollte. Das Gedicht hat für Benjamins Auseinandersetzung mit Baudelaires moderner Poesie und mit der Moderne überhaupt bekanntlich eine entscheidende Rolle gespielt. Es thematisiert Flüchtigkeit und Berührung im Sinne gesteigerter, ja tödlicher Erotik. Es wäre zu fragen, inwiefern eine solche Erotik auch in die Idee einer Übersetzung eingeht, die das Original berührt und von dieser einen punktuellen Berührung für immer gezeichnet bleibt. Hinweise für eine Erotik des Übersetzens finden sich zum Beispiel bei Derrida: Wenn der/die Übersetzer*in in eine sinnliche Beziehung zum Wortlaut des Originals tritt, wird ihm/ihr die Sprache (*langue*) zur Zunge, welche die Worte des Originals leckt, schmeckt und liebkost (Derrida: 561).

Benjamins eigene Übersetzung des Gedichts wurde lange herabschätzend beurteilt, steht sie doch dem Original auf den ersten Blick fremdartig spröde gegenüber. Benjamins Übersetzung zeigt sich jedoch stark von der Lautlichkeit des baudelaireschen Originals affiziert. Diese Affiziertheit liegt abseits der Wörter und ihrer Semantik. Schon in der befremdlich anmutenden Übersetzung von „À une passante" als „Einer

Dame" erkennt Konrad, dass „Benjamins Übersetzung mit den Vokalen a und e [...] wesentlich näher an ‚passante' heranrückt als Georges semantisch naheliegende Übersetzung ‚Vorübergehende'" (Konrad: 139). Sie kann dies für viele andere Passagen des Gedichts ebenfalls nachweisen.

Wenn die Sprache der Übersetzung nicht vom Sinn, sondern vom Klang geleitet wird, der vom Original in sie eingeht, wird sie unweigerlich befremdend klingen. In dieser Tendenz schreibt sich Benjamin in seiner Übersetzungskunst ganz Hölderlin zu. Thomas A. Keck spricht in Bezug auf Benjamins Baudelaire-Übersetzung von einer „eigentümliche[n] Rückverwandlung der *parole* zur *langue*" (Keck: 246). Diese Rückverwandlung ist auch als eine Verabschiedung vom Sinn in der Sprache zu verstehen. Dabei bleibt Benjamin aber nicht stehen. Denn genau hier fängt die Berührung durch Sprache überhaupt erst an.

Das Verhältnis der Übersetzung zum Original wird nicht als eines der Sinnübertragung erfasst, sondern die Übersetzung als vom Sinn berührt vorgestellt. Es stellt sich für Benjamin an dieser Stelle nicht mehr die Frage, ob eine Übersetzung Sinn macht oder unsinnig ist, sondern es geht ihm um die Exploration eines neuen, andersartigen, fremd anmutenden Verhältnisses zum Sinn: ein Berührt- und Angeweht-Werden vom Sinn, ohne ihn zu ergreifen und zu verstehen. Wie wir als Philolog*innen von solchen Erfahrungen Zeugnis geben können, ist immer wieder eine Herausforderung. Denn die Gefahr besteht dabei, ins Mystisch-Religiös-Romantische abzudriften – einerseits. Andererseits, ebendiese Berührung zu verpassen und in einem schier sachlich-objektiven Verhältnis zu Sprache und Sinn zu verharren. Eine Übersetzung solcher Berührungserfahrung in eine philologische Sprache, durch die die philologische Sprache selbst erweitert wird, ist die Aufgabe – hier durchaus im benjaminschen Doppelsinn des Worts verstanden –, die immer wieder von Neuem ansteht.

Literatur:

BENJAMIN, Walter: „Die Aufgabe des Übersetzers", in: ders., *Gesammelte Schriften*, Bd. IV.1, hg. von Rolf Tiedemann, Hermann Schweppenhäuser und Tillmann Rexroth, Frankfurt am Main: Suhrkamp 1972, S. 9–21.

DERRIDA, Jacques: *Qu'est-ce qu'une traduction ‚relevante'?*, Paris: Editions de l'Herne 2004, S. 561–576.

HART NIBBRIG, Christian L. (Hg.): *Übersetzen. Walter Benjamin*, Frankfurt am Main: Suhrkamp 2001.

KECK, Thomas A.: „Der Begriff der Sprache und ihre Behandlung in Benjamins übersetzerischer Baudelaire-Rezeption", in: Willi Huntemann und Lutz Rühlung (Hg.), *Fremdheit als Problem und Programm. Die literarische Übersetzung zwischen Tradition und Moderne*, Berlin: Schmidt 1997, S. 240–268.

KONRAD, Eva-Maria: „‚Nach dem Gesetz der Treue in der Freiheit'. Über Wörtlichkeit und Buchstäblichkeit in Georges und Benjamins Übersetzungen von Baudelaires ‚À une passante'", in: Achim Geisenhanslüke (Hg.), *Buchstäblichkeit*, Bielefeld: transcript 2020, S. 135–160.

MÖRIKE, Eduard: „An eine Äolsharfe", in: ders., *Sämtliche Werke in zwei Bänden*, Bd. 1, hg. von Benno von Wiese, München: Winkler 1967, S. 689–690.

SAUTER, Caroline: „The Ghost of the Poet: Lament in Walter Benjamin's Early Poetry, Theory, and Translation", in: Ilit Ferber und Paula Schwebel (Hg.), *Lament in Jewish Thought. Philosophical, Theological, and Literary Perspectives*, Boston, Berlin: De Gruyter 2014, S. 204–220.

BEGEGNUNG (DONNA J. HARAWAY)

Katia Schwerzmann

> „Die Partner gehen der Begegnung nicht voran; Spezies aller Art, ob lebendig oder nicht, ergeben sich aus einem Tanz der Begegnungen, aus dem Subjekt und Objekt sich bilden."
>
> Donna J. Haraway, *When Species Meet*

> „The partners do not precede the meeting; species of all kinds, living and not, are consequent on a subject- and object-shaping dance of encounters."
>
> Donna J. Haraway, *When Species Meet*

Spätestens seit der neuesten Coronavirus-Pandemie ist unübersehbar geworden, in welchem Umfang der Mensch mit der Natur verschränkt ist. Das Virus zirkuliert ohne Rücksicht auf die vermeintlich festgesetzten Grenzen, seien sie national, körperlich oder zellulär. Seine Zirkulation – die für die Dauer der Pandemie die Begegnung zwischen den Menschen mit der Gefahr der Ansteckung (im Lateinischen *con-tagio*, *berühren-mit*) gleichgesetzt hat – bringt die Zusammengehörigkeit und Wechselwirkung von Natur, Gesellschaft, Kapitalismus und Technologie ans Licht. Keine dieser Dimensionen lässt sich abgetrennt von den anderen denken. Was das Subjekt und was das Objekt der Pandemie ist, lässt sich nicht ein für alle Mal festlegen. Klar vor das Auge tritt indes, wie sehr sich die Choreografie der sich begegnenden Körper durch das Virus geändert hat: Menschen gehen einander aus dem Weg; die Joggerin berechnet ihre nächsten Schritte neu, um das entgegenkommende alte Paar zu meiden; der unberechenbare Weg des Kinds auf seinem Fahrrad sorgt dagegen fur Irritation. Auf einmal wird klar, wie sehr Menschen im ständigen, nahen Kontakt miteinander stehen und wie unausweichlich dieser Kontakt ist. Inwiefern kann der Begriff der Berührung dabei helfen, über Phänomene der Verschränkung und der Zusammengehörigkeit (darunter Coronavirus) Rechenschaft abzulegen? Und inwiefern erfordern diese Phänomene, die Berührung anders als im Vokabular der Grenze zu denken? Darüber soll anhand des Begriffes der Begegnung (*meeting, encounter*) als Form des Berührens reflektiert werden.

Berühren heißt laut Jean-Luc Nancy, sich an einer Grenze berühren. Nur Körper, die als voneinander getrennte auftreten, sich zuvor unterschieden haben, können miteinander in Berührung treten (Nancy *Corpus*: 37; 43; 93). Es gäbe eine Oberfläche und eine andere Oberfläche, einen Körper und einen anderen Körper, die in ihrer berührenden Begegnung sich unendlich annähern, ohne jemals jene unmittelbare Nähe zu erreichen, die der Begriff des Berührens zu versprechen scheint. Das, was das Berühren begrenzt, wäre das, was es zugleich ermöglicht: sein Medium, die unberührbare, unerreichbare Tiefe des Fleisches. Man würde immer nur Grenzen berühren und die berührte Grenze wäre zugleich die Grenze der Berührbarkeit überhaupt (Nancy „L'offrande sublime": 77). Denn es gäbe jenseits der Grenze immer ein Unberührbares (Derrida *Berühren, Jean-Luc Nancy*: 10). An einer Grenze zu berühren, heißt also zugleich, die Grenze des Berührens zu erreichen. Jedes Mal, wenn wir das Berühren zu greifen versuchen, rühren wir die Grenze seiner (Be)Greifbarkeit an. Das, was Berühren ist, entkommt dem begrifflichen Erfassen. Berühren ist ein ungreifbarer Begriff, dessen Umfang endlos zu sein scheint. Diesen Umfang möchte ich hier einschränken, indem ich ausgehend von Donna Haraway das Berühren durch etwas anderes verdeutliche: das Begegnen. Begegnen bedeutet mit einem anderen in Kontakt treten, sich einem anderen in dieser Berührung unendlich annähern. Wie aber entsteht das Ich und das Andere, die sich begegnen?

Das Begegnen lässt das Berühren als Verhältnis zu einem anderen zutage treten. Dieses Verhältnis wird gewöhnlich von einem diesseits der Grenze her beschrieben, also von der/demjenigen, die/der über die Begegnung als ich oder wir schreibt oder spricht. Das, was jenseits der Grenze liegt, ist das andere, dem das ich/wir begegnet. Ein erster möglicher Umgang mit einem anderen, dem begegnet wird, besteht darin, das andere auf sich selbst zurückzuführen. In diesem totalisierenden Bezug tendiert das Selbst dazu, das Andere zur Identität zu zwingen, es sich anzueignen, seine Differenz zu verleugnen. Zweiter möglicher Umgang: Das Andere kann von dem Selbst als das ganz Andere aufgefasst werden, als das, von dem sich das Selbst trennt, von dem es sich unterscheidet, das es verwirft, ja möglicherweise sogar auslöscht. Durch diese Strategie gewinnt das Selbst eine feste Fassung. Durch die Konstruktion eines Anderen verfestigt das Selbst seine Identität (Morrison: 19f.). Sowohl das Identifizieren als auch das Ausschließen sind gewalttätig, indem sie einer Logik der Unterwerfung des Anderen unter das Selbst gehorchen. Bei einem genaueren Blick erweist sich aber, dass das, was jenseits der Grenze ist, diesseits der Grenze benötigt wird (Derrida *Die Wahrheit in der Malerei*: 56f.). Das Innen hängt vom Außen ab, das Selbst vom Anderen, um seine Grenzen aufrechtzuerhalten. Die Berührung des Selbst mit dem Anderen ist eine Beziehung der Ausschließung-Einschließung – was Derrida als Invagination bezeichnet (Derrida „Das Gesetz der Gattung“: 252). Eine dritte Möglichkeit besteht darin, das Begegnen als Bedingung für die Unterscheidung vom Selbst und Anderen aufzufassen (Ahmed; Barad *Meeting the Universe Halfway*; Haraway): „The partners do not precede the meeting; species of all kinds, living and not, are consequent on a subject- and object-shaping dance of encounters." (Haraway: 4) Das Begegnen ist in diesem Sinne der Prozess, wodurch Begegnende sich erst herausbilden. Dass keine Partner vor der Begegnung bestehen, bedeutet, dass keine feste Grenze, kein schon gebildeter Körper einer gegebenen Begegnung vorangeht. Das Begegnen ist insofern ein Individuationsprozess, der vor dem Hintergrund einer Berührung der Welt mit sich selbst stattfindet (Barad „On Touching": 213). Diese Berührung meint so viel wie die Verstrickung der Vielzahl, in der die Welt besteht, was Haraway und Barad als *„entanglement"* oder „Verschränkung" bezeichnen (Haraway: 218; Barad *Meeting the Universe Halfway*: Vorwort). Das Begegnen ist der Prozess des Herausbildens von Individuen und Arten aus einer Verstrickung. Die sich herausbildenden Individuen behalten in sich die Spuren von all den anderen (lebendig oder tot), mit denen sie in Kontakt standen und geworden sind: „To be one is always to *become with* many." (Haraway: 4) Das Individuum ist eine lokalisiert vereinigte Vielzahl. In diesem Individuationsprozess werden die Begegnenden (Menschen, Tiere, Pflanzen) Subjekt und Objekt füreinander. Die Grenzen, die sich dabei bilden, gelten nur in dem zeiträumlichen Kontext eines bestimmten Begegnens.

Das Begegnen ist der Prozess, in dem etwas sich als anderes für ein anderes lokal herausbildet. Das andere ist demzufolge das Resultat dieses Prozesses und nicht sein Ausgangspunkt. Dass das andere Resultat und kein Ausgangspunkt ist, heißt zugleich, dass es keine absolute Äußerlichkeit, keine absolute Alterität gibt. Anderssein existiert nur relational und lokal. Als Tanz ist die Begegnung eine ununterbrochene Bewegung der Annäherung und Distanzierung von Oberflächen, die sich in diesen Bewegungen herausbilden und sich eine Zeit lang füreinander verfestigen. Der Tanz ist der Name der Individuationsbewegung, in der Individuation die zeiträumlich begrenzte Stabilisierung der Grenzen davon bedeutet, was ein Individuum für ein anderes Individuum wird. Was im Tanz stattfindet, ist die wechselseitige Konstitution der tanzenden Partner. Dass aufgrund dieses gestaltenden Tanzes Partner entstehen, weist auf eine gewisse Symmetrie der Rollen hin in dem Sinne, dass alle Partner – ob lebendig oder nicht, ob Tier oder Mensch, ob Virus oder Pflanzen – Teilhaber und Teilnehmer an der Gestaltung der Berührungsflächen sind, aus denen sich Individuen herausbilden, Grenzen der Körper sich verfestigen und Identitäten sich behaupten. Die Symmetrie, die mit der Partnerschaft einhergeht, bedeutet jedoch keine Gleichsetzung der Differenzen, sondern eine geteilte Fähigkeit, Agenten in Individuationsprozessen zu sein. Damit stoßen der menschliche Exzeptionalismus und seine Autonomie an ihre Grenzen. Wenn ein „ich" aus der Begegnung entsteht, ist dieses „ich" immer ein „wir", wobei dieses „wir" nicht mehr ausschließlich menschlich ist, sondern aus einer menschlich-tierisch-pflanzlichen Pluralität besteht. Wie viele sind es, die sich begegnen und berühren? Immer mehr als zwei.

Dass aus der Begegnung Partner entstehen, die an ihrer wechselseitigen Gestaltung teilhaben, heißt jedoch nicht, dass alle Teilnehmer die gleiche Gestaltungsmacht haben. Ausschließung, Unterwerfung, Aneignung finden statt, da die Begegnung keine Machtgleichheit impliziert. Diese Macht der einen über die anderen erweist sich aber als *kon-tingent*: Sie entsteht wortwörtlich aus einer gegebenen Berührungssituation und sollte aus diesem Grund immer hinterfragt werden.

Literatur:

AHMED, Sara: *Strange Encounters. Embodied Others in Post-Coloniality*, London, New York: Routledge 2000.

BARAD, Karen: *Meeting the Universe Halfway. Quantum Physics and the Entanglement of Matter and Meaning*, Durham, London: Duke University Press 2007.

—„On Touching – The Inhuman That Therefore I Am", in: *Differences* 23.3 (2013), S. 206–223.

DERRIDA, Jacques: „Das Gesetz der Gattung", in: ders., *Gestade*, übers. von Monika Buchgeister und Hans-Walter Schmidt, Wien: Passagen 1994, S. 245–295.

—*Berühren, Jean-Luc Nancy*, übers. von Hans-Dieter Gondek, Berlin: Brinkmann & Bose 2007.
—*Die Wahrheit in der Malerei*, übers. von Michael Wetzel, Wien: Passagen 2008.
HARAWAY, Donna J.: *When Species Meet,* Minneapolis: University of Minnesota Press 2008. [Übersetzung im Text von K.S.]
MORRISON, Toni: *The Origin of Others,* Cambridge MA, London: Harvard University Press 2017.
NANCY, Jean-Luc: „L'offrande sublime", in: *Du sublime,* Paris: Belin 1988, S. 37–75.
—*Corpus,* übers. von Nils Hodyas und Timo Obergöker, Berlin, Zürich: Diaphanes 2014.

BETTLER (ELIAS CANETTI)

Maha El Hissy

> „Jeder von ihnen hielt eine hölzerne Almosenschale vor sich hin, und wenn man in eine von diesen etwas warf, ging die gespendete Münze von Hand zu Hand, jeder fühlte, jeder prüfte sie, bis einer, dessen Amt es war, sie schließlich in die Tasche steckte. Man *fühlte* zusammen, wie man zusammen murmelte und rief."
>
> Elias Canetti, *Die Stimmen von Marrakesch. Aufzeichnungen nach einer Reise*

Den anthropologischen Blick auf Berührung, Berührungsfurcht und die Konstitution von Gemeinschaften, den Elias Canetti 1960 in *Masse und Macht* auf das Phänomen der Massenbildung wirft, setzt der Tourist Canetti weniger als ein Jahrzehnt später in *Die Stimmen von Marrakesch* (1967) auf voyeuristische und ethnologische Weise fort. Bei den *Aufzeichnungen nach einer Reise*, so der Untertitel des Werks, handelt es sich um Erinnerungsstücke, die der Nobelpreisträger im Anschluss an seine Reise in das damals noch unter französischem Protektorat stehende Marokko niederschrieb, die er in Begleitung eines Filmteams in den Fünfzigerjahren unternahm. Darin zeichnet der Beobachter ein synästhetisches Bild der Großstadt Marrakesch, die gerade aufgrund von Berührungsfurcht, Ekel und sozialem Elend eine bemerkenswerte Wahrnehmungsintensität beim Beobachter hervorruft. Kulturelle Andersheit, Armut sowie das Berichten als Schreibmodus bewirken dabei in ihrem speziellen Gefüge einen hohen Grad der Fremd- und Distanziertheit. Das touristische und schriftstellerische Vergnügen an tragischen bzw. miserablen Gegenständen aus einer kulturellen, sozialen und schriftstellerischen Ferne ahmt in gewisser Hinsicht die ästhetische Kategorie des Mitleids nach, wie sie eher aus dem Theater bekannt ist. Die szenische, ästhetisierende und sicherlich problematische Darstellung von Armut und sozialer Misere aus der Beobachterposition ähnlich wie im Zuschauerraum dient der Läuterung des wohlhabenden Stadtbummlers, der sich aus dieser Position stärker vom Geschehen abrücken kann, um lediglich aus der Ferne zuzusehen.

Zu Beginn der Aufzeichnung mit dem Titel *Die Rufe der Blinden*, die im Mittelpunkt der folgenden Reflexionen steht, meint der Ich-Erzähler, sich als Erstes von allen Vorurteilen befreien zu müssen, was ihm durch die Konstruktion einer gewissen Fremdheit gelingen soll, wobei das Erlangen von Wissen als Verunreinigung zurückgewiesen wird. So lehnt der Reisende bewusst ab, die Sprache des Landes zu erlernen oder über seine Sitten zu lesen mit der Begründung, er wolle „nichts von der Kraft der fremdartigen Rufe verlieren. Ich wollte von den Lauten so betroffen werden, wie es an ihnen selber liegt, und nicht durch unzulängliches und künstliches Wissen abschwächen." (Canetti *Die Stimmen von Marrakesch*: 23) Kontakt, Vertrautheit und Nähe drohen, die purifizierende Wirkung des teilnahmslosen Zuschauens zu mindern. Nur über das Nicht-Wissen könne ihm das Einfühlen in die soziale Realität gelingen. Um sich auf die Wahrnehmung von Fremdem vorzubereiten, will er sich als Nächstes außerdem von allen mitgebrachten Gefühlen distanzieren und in einen Zustand der Affektlosigkeit gelangen, durch den er erst recht zum beschreibbaren Blatt – und das heißt vor allen Dingen wahrnehmungs- und anteilnahmefähig – wird. „Gute Reisende sind herzlos" (Canetti *Die Stimmen von Marrakesch*: 24), teilt der Ich-Erzähler apodiktisch mit und meint, durch diese Gefühlstaubheit einen feineren kulturellen Sinn entwickeln zu können, wie er in der genannten Momentaufnahme über die blinden Bettler festhält.

„Nichts fürchtet der Mensch mehr als die Berührung durch Unbekanntes." (Canetti *Masse und Macht*: 13) Wenn Canetti mit einer dermaßen absoluten Gewissheit an anderer Stelle eine Angst proklamiert, die das Berühren – und nicht etwa eine wuchtige Geste wie das Schlagen, Rauben, Entreißen – auslöst, dann müsste man von einem Schrecken ausgehen, das den Touristen durchrüttelt haben wird, als er sich in Marrakesch „plötzlich unter den Blinden" (Canetti *Die Stimmen von Marrakesch*: 24) fand. Die Nähe zu ihnen, die unwissentlich und ohne jegliche Absicht in Berührung mit dem Beobachter kommen könnten, löst jedoch weder Angst noch Schrecken beim Erzähler aus. Stattdessen bleibt er „reglos" (*Die Stimmen von Marrakesch*: 23) und unbemerkbar unter einer Gruppe von blinden Bettlern, ohne zu wissen, ob man seine Anwesenheit überhaupt spüren konnte. Durch eine hierarchische Ordnung der Blicke, die ihm eine überlegene Stellung zuschreibt, da er beobachten kann, während das Sehen den umgebenden Anderen verwehrt bleibt, kann der Erzähler die von ihm konstruierte Fremdheit furchtlos genießen, um bis zum Ende der Aufzeichnung zu einer Erkenntnis gelangen und begreifen zu können: „was diese blinden Bettler wirklich sind [...]." (*Die Stimmen von Marrakesch*: 26)

Aber wer oder was sind denn wirklich diese Bettler, die zum Schluss als „die Heiligen der Wiederholung" (*Die Stimmen von Marrakesch*: 26) erkannt und bezeichnet werden? Zunächst handelt es sich um ein Kollektiv, das sich über den Tastsinn formiert. Über das Berühren einer Münze konstituiert sich eine Gemeinschaft, die zusammen fühlt, wie man zusammen murmelt und den Namen Gottes ruft, während der freiwillige Außenstehende in einem Zustand der Heiterkeit verweilt und sich an den ihm fremden Lauten, „akustische Arabesken um Gott, aber wieviel eindrucksvoller als optische" (*Die Stimmen von Marrakesch*: 24), erfreut. Das hier aus der Nähe beschriebene ritualisierte wiederholte Geben und Nehmen benennt der Erzähler nicht weiter, wobei unklar bleibt, ob dies auf seinem erworbenen Nicht-Wissen beruht. Das desinteressierte Betasten der gespendeten Münze, die eine Hand nach der anderen prüft, die Anrufungen der Bettler, die den Namen Gottes „zehntausendmal am Tage" (*Die Stimmen von Marrakesch*: 24) wiederholen, Gott, der dem Beobachter wie eine Mauer vorkomme, die die Rufenden „an immer derselben Stelle berennen" (*Die Stimmen von Marrakesch*: 24), und schließlich die Formeln, die den um Almosen Bittenden essenzieller zu sein scheinen als die erhaltenen Gaben selbst: Bei diesen verzeichneten Beobachtungen des Erzählers könnte es sich genauso gut um spirituelle Praktiken handeln, wie sie im Sufismus, der islamischen Mystik, ausgeübt werden. Dass hier eine mystische Dimension der Szene offengelegt wird, soll die soziale Armut der rufenden Personen keineswegs verleugnen oder als geringfügig hinstellen. Die blinden Bettler sind mithin womöglich Derwische, was, dem Persischen entlehnt, ursprünglich ‚Armer' oder ‚Bettler' bedeutet und im arabischen Gebrauch in der Form gängig ist. Diese Angehörigen eines islamischen Ordens, die freiwillig asketisch und mit geringen Mitteln leben wollen, wandern von einer Türschwelle zur nächsten und bitten um Geld, was auch als Ausdruck einer Armut gegenüber dem Reichtum Gottes zu verstehen ist. Bei den wiederholten Anrufungen Gottes, die der Ich-Erzähler registriert, handelt es sich vermutlich um die Praktik des ‚Dhikr', eine meditative Übung, durch welche die Bettler in eine mystische Nähe zu ihrem Schöpfer gelangen, ihn vergegenwärtigen und seine Präsenz spüren können. Die Blindheit der in Marrakesch rufenden Bettler mag eine sein, die symbolisch auch für ein Desinteresse an allem Irdischen steht. Sie lassen sich nicht ablenken oder von ihrer Mission, sich mit dem Heiligen zu vereinigen, abbringen. Die Münze, die eine Hand nach der anderen betastend fühlt, markiert die Grenze zwischen dem Materierellen der diesseitigen Welt und dem Spirituellen des göttlichen Jenseits. Dass der letzte Empfangende sie schließlich einsteckt, wird als Zeichen der Befreiung von allen greifbaren Substanzen lesbar. In dieser Konstellation erübrigt sich die Frage nach Besitz und Eigentum zugunsten der Askese bzw. einer mystischen Berührung oder Vereinigung mit Gott. Dabei streben die blinden Bettler dasselbe Ziel wie der Verfasser der Aufzeichnungen an: die Selbstläuterung. Sie ist im Falle der Blinden jedoch auf andere Sinne oder auf ein anderes Sehen angewiesen und hat daher eine Erfahrung der Entgrenzung zur Folge. Diese steht im Gegensatz zur Wahrnehmung Gottes als hindernde „Mauer" (*Die Stimmen von Marrakesch*: 24), gegen welche die Anrufenden in der Vorstellung des beobachtenden Erzählers immer wieder, und zwar an derselben Stelle stoßen würden, ohne weiterzukommen, mit der göttlichen Instanz zu verschmelzen oder den Sinn der mystischen Erfahrung zu erfassen.

Literatur:

CANETTI, Elias: *Die Stimmen von Marrakesch. Aufzeichnungen nach einer Reise*, Frankfurt am Main: Fischer 1982.

—*Masse und Macht*. Frankfurt am Main: Fischer 1980.

BLÜTENLESE (MARCEL PROUST)

Gregor Specht

„Unmittelbar darauf trat ich ein und gab ihr [meiner Tante Leonie] einen Morgenkuß; Françoise goß den Tee auf; wenn meine Tante sich nervös erregt fühlte, wünschte sie statt dessen aber einen Lindenblütentee, und dann fiel mir die Aufgabe zu, aus einer Apothekertüte so viel davon auf einen Teller zu schütten, wie man gleich darauf in das kochende Wasser geben würde. Durch das Trocknen hatten sich die Blätter auf phantasievolle Weise zusammengerollt; in den Zwischenräumen tauchten geöffnete weiße Blüten auf, die dalagen, als habe ein Maler sie angeordnet, wie es ihm am reizvollsten schien. Die Blätter hatten ihr eigentliches Aussehen verloren oder verändert, sie glichen jetzt den verschiedensten Dingen, einem durchsichtigen Insektenflügel, der weißen Rückseite eines Etiketts, einem Rosenblatt, aber alle waren zusammengeballt, gepreßt und durcheinandergewirrt, als sollten sie das feste Gewebe eines Netzes abgeben. In tausend kleinen überflüssigen Einzelheiten – sie stellten eine reizvolle Verschwendung von seiten des Apothekers dar, die bei einer künstlichen Herstellung ausgeblieben wäre – erkannte ich, wie etwa, wenn man in einem Buch mit Staunen dem Namen eines persönlichen Bekannten begegnet, mit Vergnügen wirkliche kleine Lindenstengel wieder, genau wie an den Bäumen der Bahnhofstraße, freilich verändert gerade deshalb, weil es keine Nachahmungen waren, sondern echte, wenn auch getrocknete. Jedes neue Merkmal daran war nur die Metamorphose eines alten; in den kleinen grauen Kügelchen erkannte ich die grünen Knospen wieder, die nicht zur Entwicklung gekommen waren [...].“

Marcel Proust, *Auf der Suche nach der verlorenen Zeit*

„Au bout d'un moment, j'entrais l'embrasser [ma tante Léonie]; Françoise faisait infuser son thé; ou, si ma tante se sentait agitée, elle demandait à la place sa tisane, et c'était moi qui étais chargé de faire tomber du sac de pharmacie dans une assiette la quantité de tilleul qu'il fallait mettre ensuite dans l'eau bouillante. Le dessèchement des tiges les avait incurvées en un capricieux treillage dans les entrelacs duquel s'ouvraient les fleurs pâles, comme si un peintre les eût arrangées, les eût fait poser de la façon la plus ornementale. Les feuilles, ayant perdu ou changé leur aspect, avaient l'air des choses les plus disparates, d'une aile transparente de mouche, de l'envers blanc d'une étiquette, d'un pétale de rose, mais qui eussent été empilées, concassées ou tressées comme dans la confection d'un nid. Mille petits détails inutiles – charmante prodigalité du pharmacien – qu'on eût supprimés dans une préparation factice, me donnaient, comme un livre où on s'émerveille de rencontrer le nom d'une personne de connaissance, le plaisir de comprendre que c'était bien des tiges de vrais tilleuls, comme ceux que je voyais avenue de la Gare, modifiées, justement parce que c'étaient non des doubles, mais elles-mêmes et qu'elles avaient vieilli. Et chaque caractère nouveau n'y étant que la métamorphose d'un caractère ancien, dans de petites boules grises je reconnaissais les boutons verts qui ne sont pas venus à terme [...]."

Marcel Proust, *À la recherche du temps perdu*

Benjamin zufolge besteht die Partikularität Prousts darin, dass es nie einen gab, „der so wie er die Dinge uns zeigen konnte. Sein weisender Finger ist ohnegleichen. Aber es gibt eine andere Geste im freundschaftlichen Miteinander, im Gespräch: Die Berührung. Diese Geste ist keinem fremder als Proust. Er kann auch seine Leser nicht anrühren, könnte es um nichts in der Welt." (Benjamin: 345) In aller Fremdheit ist die Berührung Proust unheimlich. Die Berührung steht bei Proust mehr als jede andere Geste für Verlust, Flüchtigkeit, Entzug, die Unmöglichkeit, das Objekt zu fassen: weder berühren noch berührt werden. Rührt aber vielleicht die Figur der Berührung für die Poetik Prousts an eine andere *Hand*habung des Textes im Akt der Lektüre? Prousts Poetik ist die des Ornaments. Die Teleologie der auf Vollständigkeit und Ganzheit ausgerichteten Poetik der Erinnerung, wie sie – so das Gros der Proust-Forschung – in der zum Klischee geronnenen Madeleine-Episode *zur Anschauung kommt*, die die Vergangenheit durch ihr Bildwerden gleichsam erlöst, wird zersetzt von einer ornamentalen Schreibweise, von Figuren der Dezentriertheit, des Umwegs, des Aufschubs. Gleich morgen will Marcel sein Buch schreiben, das Buch, das noch erst geschrieben werden wird, immer in der Konstanz des Aufschubs in einer nach Sicht tastenden *Suche/Recherche*, die die Vorstellung eines Haptischen-Zugriffs-auf zugunsten visuell taktiler Gesten verabschiedet.

In der Inszenierung der *Petite Madeleine* ließe sich mit Serge Doubrovsky Lacans Dictum vom Symbol als Mord am Ding lesen. Freuds Fort-Da-Spiel aus *Jenseits des Lustprinzips* wie auch die Einführung von guter Brust/schlechter Brust, guter Mutter/schlechter Mutter (Melanie Klein) entspinnt sich am Flüssigen, dem Tee, in den die Madeleine getaucht wird. Der *thé* sei *Léthé*, das Vergessen, wohingegen das Aufeinandertreffen von milchigem Gebäck und dem *tilleul* doppelt nahrhaft sei. Strukturiert durch die duale Relation, findet das Phantasma der Madeleine seine Klimax in der Ersetzung der tötenden Mutter durch die getötete Mutter, die metaphorische Epiphanie (Doubrovsky: 62f.). Entgegen einer *mémoire pleine* der *madeleine-tilleul*-Brust als Komplement einer Fülle ließe sich einer anderen Art des Transports nachspüren – dem Entfernen der Ferne zu einem *Da* und der supplementären Übertragung traumatischer sexueller Differenzen als Bild und Blick, die Phantasmen der Ganzheit zersetzen.

Wenn das Tragende im Lesen die Sammlung ist, wie Heidegger schreibt, dann entzieht sich das Zufallende („tomber du sac") der Antizipation. Die Blüten*lese* (lat. *legere*) des *til-le-ul* lässt sich als *lit-le-lu* ausbuchstabieren, punktiert den Leser und gibt die Lese der Blüten nicht als Modifikation einer ursprünglichen, lebendigen Gegenwart im linearen Verlauf der Zeit, sondern stellt dies in der Umkehrung von Vergangenheit (*lu*) und Gegenwart (*lit*) infrage. *À fleur de peau*, auf der Oberfläche, stellt der Text seine Sensibilität für taktile Visualität aus. Die *fleur* ist die feine Oberfläche, das, was nur gestreift (*effleurer*) wird – „jedes Bild ist hautnah [*à fleur*] [...] eine Blume", wie Nancy schreibt (Nancy *Am Grund der Bilder*: 13). Mit Blume, Bild und Berührung im Zeichen der einleitenden Umarmung der Tante und deren Ausstreuung gibt sich der Text über das Bild und das Verhältnis metaphorischer Ähnlichkeit und metonymischer Teilhabe zu bemerken, sofern der Text sein eigenes Verfahren im Prozess des Bildens ausstellt und den berührend distanzierten Anblick von Bild und Abgebildetem als Lieben setzt.

Das Einwirken auf die konkav empfängliche Oberfläche („infuser"), das Abdrucken der getrockneten Lindenblütenblätter erzählt vom Fall, vom Fallen („tomber"), das sich im Palindrom als *cas* gespiegelt in „sac" wiederholt, verdoppelt und die den Grund aus sich selbst ziehende Wiederholung, die Verdoppelung der ornamentalen Blütenbilder/Bilderblüten – „comme si un peintre les eût arrangées" – vorwegnimmt. Wenn das *sujet* fällt, wie im *tomber*/*tombe* des „tilleul", dann betrifft und affiziert dies die vertikale Aufrichtung des Subjekts in der Einschreibung eines *clinamen* (vgl. Derrida „My Chances": 5). Als Fallgeschichte des Bildes stellt der Text das initiale Moment des Bildens vor Augen. Was bei Proust im Fall (*cas*) der Lindenblüten als Nachzeitigkeit des Bildes eines genichteten Objekts und Frage nach dem Status des Bildes als Repräsentation verhandelt wird, ist bei Blanchot der Leichnam (*cadavre*) als Schwelle der Repräsentation – „Der Leichnam ist sein eigenes Bild" (Blanchot:

269), denn changierend zwischen Präsenz und Absenz, Leben und Tod, ähnelt der Leichnam als Bild wie die Blütenblätter sich selbst. Es gibt das Bild im Text als Präsenz einer Absenz. Dem Bezug zur lebendigen Natur verlustig gegangen, muss diese Verbindung aus der unbelebten Materialität imaginiert (wie im Text arrangiert) werden. Verweist diese *Mater*ialität auf Abwesendes als anwesende Leere, so inszeniert die irritierende Anwesenheit der Abwesenheit im Bild des „tilleul" die Entrückung des Eigenen als Ent-fernung einer Ferne. In seiner unähnlichen Selbstheit berührt das Bild in und durch die Distanz. Verweisen „comme" und die Angabe des Ursprungsorts der Originale in der „avenue de la Gare" auf die Nachahmung in metaphorischer Ähnlichkeit – die Metapher wie der metonymisch in den Bahnhof (*Gare*) ein- und ausfahrende Zug ein Transportmittel –, dann überbietet die Präsenz des Bildes, wie sich weiterlesen lässt, die Metapher als universelles Transportmittel von gegenständlichem Vorbild und übertragenem Nachbild, indem das Bild über die Selbstübereinkunft metonymischer Berührung in der Zeit gleitet, da die getrockneten Blüten keine Nachahmungen waren, sondern sie selbst, wenn auch durch das Alter zeitlich verschoben: „non des doubles, mais elles-mêmes et qu'elles avaient vieilli". Mimetischer Repräsentationslogik entzogen, wird das Bild sich selbst ähnlich. Das Bild erscheint aus der berührenden Distanz, die in der Zubereitung der Blüten gleichsam komestibel und damit für die Er*inner*ung greifbar zu sein scheint. Dabei implizieren die in Sicht gebrachten Blüten ein berührendes Sehen, einen „*Kontakt* auf Distanz", wie Blanchot schreibt (Blanchot: 25). Betont wird damit die Umkehrung dessen, was man *theoria* – „wo wir uns von den Dingen auf Distanz halten, um besser über sie verfügen zu können" – nennen könnte, um „zu jenem anderen Bereich überzugehen, wo uns die Distanz festhält" (Blanchot: 273).

Der Fall der Blüten aus dem „sac de pharmacie" stellt die Ambivalenz des Bildes als *pharmakon*, als ambivalente Gabe aus. Trocknung und Wiederbelebung durch das kochende Wasser, die Wasser der Dichtung, die eigentlich spätestens mit Baudelaires *tomb-eau vide* in „Le Cygne" ausgetrocknet sind (vgl. Vinken), präsentieren die Blüten, stellen sie vor, schenken, geben sie als Bild, das sehen lässt, indem es entzieht (vgl. Derrida *Die Wahrheit in der Malerei*). Als Bild entfalten die Blüten eine Dynamik der Metamorphose, deren in der Verschiedenheit disparater Teile einer Gestalt auf einer Fläche liegender „aspect" sie allererst in die Präsenz zieht. In ihrer Selbstheit sind die Blüten gespalten vom Begehren, zu sich selbst alteriert durch den Umstand in die Sprache gefallen zu sein. Benötigt der Vergleich, dass eine Differenz es erlaubt, so ist diese Differenz zu sich selbst der Selbstheit der Blüten vor ihrem Erscheinen eingeschrieben. Dadurch unterlaufen die Blüten den ontologischen Status des Bildes als Mangel, der gegenüber der Abbildung uneinholbar gewesen sein wird. Der Abfall des Bildes – im doppelten Sinne von Distanz und Rest (*déchets*), der dem metamorphotischen Trocknungsprozess („dessèchement") anagrammatisch eingeschrieben ist – vom Ursprung bloßer Vor*hand*enheit, vermeintlicher (Be-)Greifbarkeit, zieht erst in die Präsenz (Nancy *Am Grund der Bilder*: 41). Den Blütenblättern ist die auf unbestimmte Dauer gestellte Gegenwärtigkeit des Mangels – „ayant perdu", verloren habend – eingetragen, und was *auf der Suche nach dem Verlorenen* als Original angenommen wird, lässt sich als in den Ursprung projiziertes Resultat erkennen, denn es ist erst das ornamentale Arrangement des Text-Zeichnens, das im Zeigen des Bildens die Erscheinung ins Werk setzt.

Bild und Gegenstand stehen damit in einer anökonomischen Relation. Sofern das Bild gegenüber dem Abgebildeten der sich gebende (spektrale) Anblick („a-spect") ist und dieser dem Abgebildeten auf der Seite des (Gehabt-)Habens zugeschrieben wird, impliziert dies wie das Liebesverhältnis für Lacan den Bereich des Nicht-Habens: „Im Objekt wird geliebt, woran es ihm fehlt. – Man gibt das, was man nicht hat." (Lacan *Seminar IV*: 177) Wenn für Lacan Liebe „geben ist, was man nicht hat" (Lacan *Seminar VIII*: 435) und die Positionierung der Geschlechter qua Kastration in einem Verhältnis, das es nicht gibt, das nicht geschrieben werden kann, um den Phallus, eine Logik des Mangels, und das Verbot als Untersagung (*interdiction*) zentriert ist, so überführt Nancy das *Es gibt* (nicht?) *des Geschlechtsverkehrs* in eine Epiphanie der Berührung und die Möglichkeit eines „Zwischen-Sagens [*interdire*]" (Nancy *Es gibt – Geschlechtsverkehr*: 21). Was nicht geschrieben werden kann und nicht aufhört, sich zu schreiben – der *rapport*, das Verhältnis/der Bericht der Geschlechter –, berührt (sich) im Abstand. In den Blüten der *Recherche* findet sich diese Relation in der Wiederholung des Verhältnisses von Bild und Abgebildetem in Textbild und Akt der Lektüre übertragen. Das Bild wie die Liebe, „die das, was sie nicht hat, dem gibt, der es nicht haben will" (Nancy *Am Grund der Bilder*: 113f.), *gibt* Präsenz als das, was es nicht hat, an ein Abwesendes, das diese nicht (*sein*) kann. Text/Bild und Lektüre erscheinen durch ihren ontologischen Entzug bestimmt „über das Dazwischentreten eines Scheins, der an die Stelle des Habens rückt" (Lacan „Die Bedeutung des Phallus": 130), der dieses Nicht-Verhältnis suppliert. Beide berühren sich absolut anökonomisch in der Hinzufügung eines Mangels. Statt eines den Bilderblüten selbst eingetragenen Versuchs, sie wiederzubeleben und dem *sujet* durch Attribution wieder anzueignen, das Subjekt wiederaufzurichten – was Derrida in Bezug auf van Goghs Schuhe (oder wem gehören sie *eigentlich*?) *„supplementäre Retorsion"* (*Die Wahrheit in der Malerei*: 322) genannt hat –, liest sich darin die Zersetzung des Phantasmas einer auf den Anderen projizierten Ganzheit.

Die Blüten, Bilderblumen, Blumenbilder und *jeunes filles en fleurs* bilden wie vieles in der Textur der *Recherche* ein dichtes Gewebe sich über und durch die Distanz berührender Relationen, die Deleuze als Transversale, als „Resonanzeffekte" und

„erzwungene Bewegungen" produzierender Effekt des „explikativen Stils" beschreibt (Deleuze: 133). Ist beispielsweise der Dornbusch mit seinen rosa Blüten (*épine rose*) „geschmückt wie für ein Fest [...] – aber noch reicher" (Proust: 186), so lässt sich in den Figurationen des (tra-)vestierten Dornbusches die Möglichkeit von De- und Refiguration mitlesen, wie auch Hélène Cixous den Transsexualismus der *Recherche* mit der Verdichtung der *différences sexuelles* in einem „effet d'épine rose", einem Rosendorneffekt/rosigen Dorneffekt hervorhebt (Cixous: 23–33).

(Text-)Bild und Blick/Lektüre berühren sich in einem distanzierten Verhältnis wie Bild und Abgebildetes im „aspect", in der Ambivalenz des *regard*, sofern die Potenzialität von Text und Bild sich im Blick oder Lesen als Interpretation aktualisiert. Dabei *bildet* der Akt der Lektüre keine dialektische oder komplementäre Beziehung von Leser und Text/Bild, sondern ein supplementäres (Liebes-)Verhältnis, bei dem im Griff-/Blick-Haben und Begriffen-/Im-Blick-Sein im Chiasmus des Anblicks – *„wie ein Anblick"*, so Nancy, „sowohl als das, was dem Blick entgegen-steht [s'op-pose] wie als das, was sich als Blick öffnet" (*Am Grund der Bilder*: 145) – unauflöslich relational verschränkt und darin der Berührung äquivalent sind.

Was damit in der Lektüre des *til-le-ul lesbar* gemacht wird, ist der Entzug des Bildes, da die Selbstheit des Bildes, keine Nachahmung, sondern sie selbst zu sein – „non des doubles, mais elles-mêmes" – Effekt relationaler Differenzen ist. Dem Bild bleibt ein Moment von Differenz eingetragen, das sich hermeneutischer Offenbarung entzieht – „die Offenbarung, daß es nichts zu offenbaren gibt" (Nancy *Am Grund der Bilder*: 49). In Nancys Lacan gegenlesendem Grund des Bildes als supplementärer Akt, als Figur wäre wie in den Blüten der *Recherche* (Rosendorneffekt/rosiger Dorneffekt) die Möglichkeit eines gewissen *transsexualisme* von Bild und Blick zu sehen. Der Anblick des auf der Fläche des Textes verstreuten, ins Gewebe eingeflochtenen disparaten Details – „d'une aile transparente de mouche, de l'envers blanc d'une étiquette, d'un pétale de rose, mais qui eussent été empilées, concassées ou tressées comme dans la confection d'un nid" – gibt keinen Sinn, nur vielleicht einen stumpfen Sinn, einen *sensus obtusus*, wie man mit Barthes formulieren kann, als sich dem Signifikat sperrende und die Lektüre gleiten lassende, „kaum greifbare Rundheit" (Barthes: 50). Aber macht das überhaupt Sinn, sofern in der ent-begrifflichenden, terminologisch nicht einzuholenden Potenzialität der Blütenknospen, „die nicht zur Entwicklung gekommen waren", „qui ne sont pas venus à terme" – wörtlich, die nicht zum Ende, zum Begriff gekommen sind –, ein Verhältnis ausgestellt wird, das, mit Nancy, „die sexuelle Unendlichkeit interpunktiert" (Nancy *Es gibt – Geschlechtsverkehr*: 41)? Insistiert darin nicht ein Berühren, das der Inanspruchnahme einer Gegenwärtigkeit entgeht und jenseits der Einschreibung in die Sprache durch Verbot/*interdiction* und dem Schein des Phallus sich im Zwischen-Sagen/*interdire* (Nancy *Es gibt – Geschlechtsverkehr*: 20) *ver*ortet?

Es ist in der *Recherche* das Disparate als die potenzlose Potenzialität des Bildes, das sich der Totalität des Begriffs verwehrt. Die *Macht des Bildes*, so könnte man Louis Marins Lektüre der Durchquerung der Texte durch das Bild (vgl. *Von den Mächten des Bildes*) weiterdenken, streift die Eigenart des *puisse* (die Subjonctif-Form) in Hélène Cixous' Schriften – die „Häresie des Subjonctif [...] jenseits aller Ontologie, allen konstativen Diskurses über *das, was ist*" –, auf die Derrida (*H.C. für das Leben*: 74) hingewiesen hat. Das *puisse* in der Relation von Bild und Anblick verflüssigt, so könnte man sagen, die Grammatik der *différences sexuelles* (vgl. hierzu Derrida „Chorégraphies": 114f.).

Unbrauchbare, aber charmante Details („détails inutiles – charmante") benennen den Text als *carmen* – „Gattungsname der lyrischen Dichtung. Die Dichtung ist ‚charmant' im emphatischen Sinne, einen Zauber aussprechen zu können" (Miller: 416 [Übers. d. Verf.]) – auch selbst, lassen anagrammatisch den

„tilleul" in „inutiles" durchscheinen und sprechen im *til-le-ul* als *lit-le-lu* – und ich bin mir bewusst, dass sich in diese Lesart der deutsche Nominalstil eingeschoben hat – eine Aufforderung zu einem Lesen aus, das nicht die Versammlung privilegiert und im Sinnganzen sammelt, be-greift, er-greift, sondern zu einem Wiederlesen, einem *anderen Lesen*, einem Streicheln.

Nun bin ich wie Doubrovsky zu der Annahme zurückgekehrt, *le tilleul* oder *lit-le-lu* sei die Literatur (vgl. Doubrovsky: 64), aber der Weg war ein Umweg. Seltsam unbefragt und unentschieden bleibt, welche Brust in der graphemischen Übersetzung des Fadens der Spule in die Schrift dann die gute, welche die schlechte – die linke oder die rechte? – ist: oder bleibt dies unentscheidbar im Eintritt ins Zwischen?

Literatur:

Barthes, Roland: *Der entgegenkommende und der stumpfe Sinn. Kritische Essays III*, übers. von Dieter Hornig, Frankfurt am Main: Suhrkamp 1990.

Benjamin, Walter: „Zum Bilde Prousts", in: ders., *Illuminationen. Ausgewählte Schriften*, hg. von Siegfried Unseld, Frankfurt am Main: Suhrkamp 1977, S. 335–348.

Blanchot, Maurice: *Der literarische Raum*, übers. von Marco Gutjahr und Jonas Hock, Zürich: Diaphanes 2012.

Cixous, Hélène: „Un effet d'épine rose", in: dies., *Le Rire de la Méduse et autres ironies*, Paris: Galilée 2010, S. 23–33.

Deleuze, Gilles: *Proust und die Zeichen*, übers. von Henriette Bees, Berlin: Merve 1993.

Derrida, Jacques: „My Chances/*Mes Chances:* A Rendezvous with Some Epicurean Stereophonies", in: Joseph H. Smith et al. (Hg.), *Taking Chances: Derrida, Psychoanalysis and Literature*, Baltimore: JHUP 1984.

—*Die Wahrheit in der Malerei*, übers. von Michael Wetzel, Wien: Passagen 1992.

—„Chorégraphies", in: *Points de suspension*, Paris: Galilée 1992.

—*H.C. für das Leben, das heisst*, übers. von Markus Sedlaczek, Wien: Passagen 2007.

Doubrovsky, Serge: *La place de la madeleine*, Grenoble: ELLUG 2000.

Marin, Louis: *Von den Mächten des Bildes*, übers. von Till Bardoux, Zürich: Diaphanes 2007.

Miller, Joseph Hillis: „Le Mensonge, le Mensonge Parfait", in: Michelle Lisse (Hg.): *Passions de la littérature. Avec Jacques Derrida*, Paris: Galilée 1996.

Lacan, Jacques: *Seminar IV. Die Objektbeziehung*, übers. von Hans-Dieter Gondek, Wien: Turia und Kant 2003.

—*Seminar VIII. Die Übertragung*, übers. von Hans-Dieter Gondek, Wien: Passagen 2008.

—„Die Bedeutung des Phallus", in: *Schriften II*, hg. von Norbert Haas, übers. von Chantal Creusot, Norbert Haas und Samuel M. Weber, Weinheim: Quadriga 1986, S. 119–132.

NANCY, Jean-Luc: *Am Grund der Bilder*, übers. von Emmanuel Alloa, Zürich: Diaphanes 2012.
—*Es gibt – Geschlechtsverkehr*, übers. von Judith Kasper, Zürich: Diaphanes 2012.
PROUST, Marcel: *À la recherche du temps perdu. Du côté de chez Swann*, hg. von Antoine Compagnon, Paris: Gallimard 1987.
—*Auf der Suche nach der verlorenen Zeit. Band 1. In Swanns Welt. Im Schatten junger Mädchenblüte*, übers. von Eva Rechel-Mertens, Frankfurt am Main: Suhrkamp 2000.
VINKEN, Barbara: „Zeichenspur, Wortlaut: Paris als Gedächtnisraum. Hugos *A l'Arc de Triomphe*, Baudelaires *Le Cygne*", in: Anselm Haverkamp/Renate Lachmann (Hg.), *Gedächtniskunst: Raum – Bild – Schrift. Studien zur Mnemotechnik*, Frankfurt am Main: Suhrkamp 1991, S. 231–262.

THE FARFET (GEORGE PUTTENHAM)

Anselm Haverkamp

> Dämmrung senkte sich von oben,
> Schon ist alle Nähe fern;
> [...]
> Durch bewegter Schatten Spiele
> Zittert Lunas Zauberschein,
> Und durchs Auge schleicht die Kühle
> Sänftigend ins Herz hinein.

Johann Wolfgang von Goethe,
„Chinesisch-deutsche Jahres- und Tageszeiten"

„Von ferne berührt" ist ein Oxymoron. Was Berührung impliziert, ist Nähe in Reichweite. So die ‚lexikalische Solidarität', die im Feld der Berührungen als proto-grammatische, syntaktische eher denn semantische Qualität herrscht; sie ist eine ‚syntagmatische Implikation' (Coseriu: 293). In Oxymora wie der ‚fernen Berührung' stellt sie die Raum-Verhältnisse von Nähe und Ferne als ein unmarkiertes, aber grammatisch vorgespurtes Impliziert-Sein aus, aber auch, mehr noch, auf der Rückseite des räumlich Impliziten, erweist sie Berührung als den pragmatischen Maßstab des Implizierens. Er geht weit zurück vor die Ordnung der Langzeit-Paradigmen, in denen er latent ist, als Latenz wirkt und rhetorische Wirkungen – Berührt-Sein – verursacht.

Auf den ersten Blick – das wäre die konventionelle Lösung – könnte man meinen, es handle sich um zwei ineinandergeschobene Metaphern: Berührung übertragen auf (oder in) die Ferne, und/oder Ferne übertragen auf Berührung: gesprengte Immanenz gegenüber transzendentaler Begrenztheit. Die aristotelische Beschreibung der Sachlage benennt das Oxymoron von innen, zeigt die Eignung der Berührung als eine protogrammatische Metapher. Als solche berührt sie semantisch: metonymisch. So in der strukturalistischen Neufassung der Poetik durch Roman Jakobson, in der die Figur der Metonymie als Metapher für die poetische Funktion der syntagmatischen Achse bei der Projektion auf die paradigmatische Achse dient (Jakobson). Alle Tropen sind seit Quintilian spezifizierte Instrumente solcher meta-metaphorischen Übertragungen. Dass sie sich als mannigfache Varianten des Übertragens auf syntagmatische Implikationen verlassen, ist eine Weisheit, der sich das Figurenpaar von Allegorie und Ironie verdankt. Dass diese Impliziertheit dagegen wesentlich auf Berührung *statt* (oder, genauer, an der Stelle von) Übertragung beruht, mithin unterhalb metaphorischen Übertragens stattfindet, ist neu. Man kann auch sagen (muss es fairerweise tun): Es erschien mit guten Gründen und aus verständlichen Anlässen als neue Möglichkeit, deren rhetorisches Potenzial indessen weitgehend unrealisiert blieb. Berührung ist Tiefenlatenz.

Puttenhams Intuition, die sich in einem Paradigmawechsel der rhetorischen Hintergrund-Metaphoriken Bahn brach (‚Renaissance' genannt) und in einer wenig erfolgreichen, aber dafür viel belächelten Neubenennung der Tropen und Figuren niederschlug, ging in puncto Berührung mit einer symptomatischen Verschiebung im figuralen Gefüge einher. Sie zog – reformiert schlüssig – in die theoria-beherrschte poetische Logik der Tropen eine Scheidung der Sinne zwischen Augen und Ohren, Gesicht und Gehör ein. Nicht die Nähe als Qualität des Berührens, das visuell bewährte Kriterium, sondern die Ferne des Gehörten ist Beweis des Berührtseins, nicht der Augenzeuge, der daneben stand, sondern wer Ohren hat zu hören (Puttenham: 183). Erfindung und Auffindung der ‚auricular tropes' bringen im Gesehenen Ungesehenes hervor und Berührungen *mit* zur Sprache, die in Lauten lautlos, unhörbar mit gehört werden: Anklänge, deren syntagmatische Intention unmarkiert liegt und der semantischen Implikation entgeht. Sie liegen auf der Schwelle zum Impliziertsein in ana-grammatischen Einschreibungen, welche die Schrift nur ‚berühren' – lautlosem Lauten. Ihre Anagrammatik beruht auf und resultiert in reiner Berührung.

Als literale Figur jedweden Wahrnehmens für ästhetische Bezüge besteht Berührung in un-thematisierten, der Thematisierung entzogenen Metaphoriken materialer Distanz. Nach Nähe und Ferne und der ihnen so oder so räumlich eingebauten Zeitlichkeit, reguliert die Proto-Grammatik der Berührung, was sich unter ihr, in ihrem Vorfeld, von ferne in unklarer Nähe – weit vor jedem *clare et distincte,* der skeptischen Wende von Renaissance und Reformation – berührt.

Die Unmittelbarkeit des Hörens von Ohren, die sich nicht wie die Augen schließen lassen, ist auf eine andere Weise berührungsaffin als das Sehen, das Distanz setzt und voraussetzt. Hören geht nahe; man kann sich der Laute (und erst recht des Lärms) nur erwehren, indem man sich entfernt oder abschottet. Die Metapher des Berührens ist im Hören deshalb keine Übertragung, die Unmittelbarkeit des Berührtseins ist dieselbe. Im Lärm fliegen die Haare wie im Wind. Diese meta-metaphorische Rolle des Berührens, für die Jakobson intuitiv (aber noch traditionell) die Metonymie *als* einzig genuine Metapher einsetzt, trifft in der strukturellen Äquivalenz des Hörens mit der Berührung auf ein genuines Übertragungsmoment, das die Evidenz des Sehens in der Sprach-Materie unterläuft. Dort trifft sie sich mit der ebenso magischen wie neurotischen ‚Allmacht der Gedanken' von *Totem und Tabu*, deren „großartige Verschiebbarkeit auf irgendwelchen Wegen", schreibt Freud treffend ungenau, fern aller optischen Klarheit und Distinktheit verläuft – auf Wegen, die zwischen den fernen Wilden und dem unmittelbaren Alltagsleben nur der Analytiker entwirren kann (Freud: 319, 373f.) Die darin waltende ‚Ambivalenz der

Gefühlsregungen', die Freuds Gegenstand sind, mag ihre unüberwindliche Attraktion, für die ‚Assoziation' eine zu schwache Bezeichnung kontingenter Nachbarschaft darstellt, aus dieser unvordenklichen Latenz beziehen; Doderers „Tiefe der Jahre" benennt ihren Ort.

„Schon ist alle Nähe fern" – die Ferne der Nähe ist der Ort der Sprach-Wahrnehmung. Das Gedicht ist zu komplex, um es hier in Gänze zu drucken und der Szenerie des Gartenhauses an der Ilm in die Verzweigung „Schlanker Weiden Haargezweige" nachzusteigen. Die Bruchstücke der Entfernung gehen beim alten Goethe der Tiefe der Jahre auf den Grund und bringen mit momentaner, trügerischer Verjüngung eine sänftigende Linderung (Preisendanz). Berührungsrelevant, Kern von Freuds ‚Berührungslust', ist die Ferne, die im „Zittern" von „Lunas Zauberschein" das Auge zum Ohr macht und so ein Grundgesetz von Poetik seit alters illustriert: „durchs Auge schleicht" sie, die „Kühle", direkt, in ungetrübter Unmittelbarkeit, „ins Herz hinein." Das Schleichen der Kühle, die von minimaler Berührungsqualität ohne jede rhetorisch-narrative Hitze ist, metaphorisiert einen unterhalb der konventionellen Übertragungsleistungen verlaufenden Transport, der ins Auge eingeht, als wär' es ganz Ohr: ins Ohr geht die auricular-anagrammatische, lautlos-lautliche Sprachmaterie reiner Berührung.

Es gibt sie so, rein, nur in der Poesie, und sie ist dort ab und an erinnert wie im ‚Gedichteten' bei Walter Benjamin. „Sänftigend ins Herz hinein" geht der Sprachmodus dieses Er-innerns beim alten Goethe, dem „Dichter im höchsten Alter", der Benjamin „in einem Traum" bei „ungeheurer Hitze" zu Herzen ging (Benjamin: 11–12): „Ergriffenheit" ist bei Benjamin der Berührungsinbegriff von ‚Traumarbeit', des dialektischen Vorbilds von Dichtung.

Literatur:

PUTTENHAM, George: *The Arte of English Poesie* [1589], hg. von Gladys Doidge Willcock und Alice Walker, Cambridge: Cambridge University Press 1970.

BENJAMIN, Walter: *Einbahnstraße* [1928], Frankfurt am Main: Suhrkamp 1972.

COSERIU, Eugenio: „Lexikalische Solidaritäten", in: *Poetica* 1 (1967), S. 293–303.

DODERER, Heimito von: *Die Strudlhofstiege oder Melzer und die Tiefe der Jahre,* München: Biederstein 1951.

FREUD, Sigmund: *Totem und Tabu* [1912–13], in: ders., *Studienausgabe*, Bd. IX, hg. von Alexander Mitscherlich, Angela Richards, James Strachey, Frankfurt am Main: Fischer 1974.

GOETHE, Johann Wolfgang: „Chinesisch-deutsche Jahres- und Tageszeiten" (1827), *Gedenkausgabe*, hg. von Ernst Beutler, Zürich: Artemis 1948–54, 1962, II: S. 53–54.

JAKOBSON, Roman: „Linguistics and Poetics: Closing Statement", in: Thomas A. Sebeok (Hg.), *Style in Language*, Cambridge: MIT Press 1960, S. 350–377.

PREISENDANZ, Wolfgang: „Goethes ‚Chinesisch-deutsche Jahres- und Tageszeiten'", *Jahrbuch der Deutschen Schillergesellschaft* 8 (1964), S. 137–152.

FIEBER (SIGMUND FREUD, MARY SHELLEY

Franziska Humphreys

> „Nach einigen Stunden Schlafs träumt der Vater, *daß das Kind an seinem Bette steht, ihn am Arme faßt und ihm vorwurfsvoll zuraunt: Vater, siehst du denn nicht, daß ich verbrenne?*“
>
> Sigmund Freud, *Die Traumdeutung*

Ein Kind verzehrt sich im Fieber. Ein Vater hält die Totenwache, ergibt sich aber schließlich dem Schlaf. Ein Greis, der über die „teure Leiche“ wachen soll, kommt dieser Pflicht nicht nach und sieht die brennenden Kerzen nicht, die die Bettstatt erfassen und „die Hüllen und einen Arm“ des toten Kindes verbrennen. Im Traum aber erscheint dem Vater sein Kind, das ihn am Arm fasst, an eben jener Stelle, die in Flammen steht, und ihm entgegenruft: *Vater, siehst du nicht, daß ich verbrenne?* Der Vater schrickt auf und kann gerade noch rechtzeitig das Feuer löschen. Fieber, Kerzen, Hitze, Brand – die sengende Metonymie kulminiert in einer Berührung und einer vorwurfsvollen Ansprache: *Mein Vater, mein Vater, und siehst du nicht dort?* Ein anderer, berühmter Text, die Stimme eines zweiten Kindes, das mit dem Tod ringt, hallt in diesem Traum nach: *Mein Vater, mein Vater, jetzt faßt er mich an!* (Goethe: 304) Zwei sterbende Kinder, zwei um das Leben ihrer Kinder ringende Väter, die doch gegen den Tod nichts ausrichten können und mit ihrem brennenden Schuldgefühl zurückbleiben. Das dem Kind gegebene Versprechen auf Rettung mussten sie brechen, ihre Hand war nicht stark genug, um es im Leben zu halten. *Er hat den Knaben wohl in dem Arm, / Er faßt ihn sicher, er hält ihn warm.* Die tröstende

Illusion väterlicher Allmacht verliert ihre Substanz, wenn ein Kind vor seinem Vater stirbt und das widernatürliche Unrecht eines solchen Todes das die Generationen einende Band durchtrennt. Es ist, wie Freud sagt, ein im Wortsinn „rührender Traum", der berührt, anrührt, angreift. Dadurch, dass das Kind im Traum seinen Vater an der brennenden Stelle berührt, durch diesen Einfall der *tyché*, des kontingenten Zusammentreffens im Realen, ermöglicht es ihm die Ohnmacht der Trauer zu überwinden und ihm, dem Kind, ein letztes Mal zu Hilfe zu eilen. Das Leben konnte er seinem Kind nicht retten, aber es im Traum doch wenigstens noch einmal lebendig sehen und den geliebten Leichnam vor dem Verbrennen bewahren.

Und doch bleibt das Geschehen, dessen „Erklärung", wie Freud betont, „einfach genug" sei, zutiefst rätselhaft; die *rührende* Tragödie des brennenden Kindes greift noch immer jeden seiner Leser an. So greift das Fieber weiter um sich, schreibt sich das Rätsel metonymisch fort, in den zahllosen Kommentaren zu diesem Traum, die ihm ein gespenstisches Nachleben verleihen. Diese ungemein verdichtete Traumerzählung, die tatsächlich Dichtung wird und mit anderen gedichteten Texten verstohlene, beklemmende Beziehungen unterhält, zieht ihre Wucht aus etwas, das ungenannt bleibt. Trotz seiner scheinbaren Evidenz rührt der Traum an Monströses, Geheimes, Unaussprechliches, zu dem wir nicht vordringen können. Das Schuldgefühl des Vaters, sein Kind nicht gehört zu haben, führt zu anderen, unerzählten Episoden aus dem Leben des Vaters mit seinem Kind, zu etwas Ungesagtem, das vermutlich schon seit früheren Generationen auf der Familie lastet und unzugänglich bleibt. Die Berührung des Kindes weist auf diesen Punkt hin, diesen „Nabel des Traums, die Stelle, an der er dem Unerkannten aufsitzt" (Freud: 503) und die an sich ungreifbar bleibt. Es ist, als würden die Kinder ihre Stimmen zu einer gespenstischen Anklage an die Väter vereinen: Du hast nicht sehen wollen, was ich dir zeigen musste; du hast nicht gehört, was ich dir zu sagen hatte. In diesem Versäumnis liegt deine Schuld und Schuldigkeit – mir gegenüber, immerdar. Ohne die aufschlüsselnden Assoziationen des Träumers erstarrt der Traum so zum machtvollen Mythos, der ursprungslos und im Hörensagen seine affektive Kraft entfaltet.

In diesen unheimlichen Kinderchor stimmt ein weiterer Untoter ein. In Mary Shelleys Erzählung von Frankenstein und seinem Monster lesen wir eine Art Spiegelszene zu Freuds Traumbericht von dem brennenden Kind. In der Nacht des unseligen Experiments weicht Frankenstein entsetzt vor seinem eigenen Geschöpf zurück und lehnt es ab, schlicht weil es nicht nach seinem Bilde ist. „Unable to endure the aspect of the being I had created" (Shelley: 57), lässt er seine Kreatur den Preis dafür zahlen, dass seine physische Hässlichkeit nicht der „beauty of the dream" (57) seines allmächtigen Schöpfers entspricht. Umso größer ist sein Entsetzen, als er plötzlich aus seinem Schlaf aufschreckt und sein *monster* in ganz ähnlicher Haltung wie das brennende Kind an seinem Bett steht: „I started from my sleep with horror; a cold dew covered my forehead, my teeth chattered, and every limb became convulsed: when, by the dim and yellow light of the moon, as it forced its way through the window shutters, I beheld the wretch -- the miserable monster whom I had created. He held up the curtain of the bed and his eyes, if eyes they may be called, were fixed on me. His jaws opened, and he muttered some inarticulate sounds, while a grin wrinkled his cheeks. He might have spoken, but I did not hear; one hand was stretched out, seemingly to detain me, but I escaped, and rushed down stairs." (57) Frankenstein erlebt in gewisser Weise die monströse Entstellung der Ansprache des brennenden Kinds, die ihn selbst in ein schweres Nervenfieber stürzt. Auch ihm streckt sich eine hilflose Hand aus dem Totenreich entgegen, die ins Leben will, auch an ihn werden flehende, wenngleich unverständliche Worte gerichtet. Hier geht es nun nicht um die Berührung durch ein gestorbenes Kind, sondern um die ausgestreckte Hand eines zum Leben erweckten Geschöpfs, das aus Leichenteilen zusammengesetzt wurde. Aber Frankenstein weigert sich, diese Hand zu ergreifen, und stößt seine Kreatur, die ihn durch ihren Anblick entsetzt, zurück. Viktors Geschöpf wird zum Monster, weil sein Vater ihm Namen, Sprache, Gehör und Anteilnahme verweigert und so zur Einsamkeit verurteilt. Und das Monster wird zum Mörder, als es keinerlei Hoffnung mehr hat, je Liebe zu erfahren, also Anerkennung als lebendiges, fühlendes Wesen im Blick eines Gefährten. Im Unterschied zu dem Vater des brennenden Kindes lässt Frankenstein sich nicht rühren. Nur tritt sein Monster daraufhin nicht in die schweigenden Schatten des Todes zurück, sondern sieht sich an einen Nichtort zwischen Leben und Tod verbannt, von dem es nur mit äußerster Gewalt entkommen kann. Die Verweigerung der Berührung durch seinen Schöpfer verstößt das Monster nicht nur aus dem Reich der Menschen, sondern aus dem Leben selbst, an dem es als symbolisch Untoter keine Teilhabe finden kann. Als Frankenstein den Pakt mit seinem Geschöpf endgültig aufkündigt, sterben seine Lieben im Würgegriff jener Kreatur, der er den Handschlag versagte. Frankenstein mag all die blutigen Verbrechen nicht selbst begangen haben, schuldlos, wie er immer wieder beteuert, ist er dennoch nicht.

Frauen und Mütter fehlen in beiden Texten auffallend, und erscheinen sie im *Frankenstein* doch, dann als merkwürdig passive, willenlose Wesen. So träumt Frankenstein in der Nacht, in der er sein Monster erschafft, von der geliebten Adoptivschwester und Verlobten Elisabeth, „my more than sister, since till death she was to be mine only." (Shelley: 35) Diese engelgleiche Pflegeschwester ist sein Ein und Alles, vor allem aber ist sie sein. In der Familie ist sie zugleich Tochter, Cousine, Verlobte und Mutter, deren Rolle sie nach deren frühem Tod einnimmt. Die Mutter starb an einem schweren Fieber, nachdem sie ihre Elisabeth, die an Scharlach litt, zwar aufopferungsvoll gesund pflegte, dabei jedoch selbst fatal erkrankte. In Frankensteins Traum verwischen sich die Figuren von Elisabeth und der Mutter und bilden eine fieberhafte Allegorie von Tod und Verwesung: „I slept, indeed, but I was disturbed by the wildest dreams. I thought I saw Elizabeth, in the bloom of health, walking in the streets of Ingolstadt. Delighted and surprised, I embraced her; but as I imprinted the first kiss on her lips, they became livid with the hue of death; her features appeared to change, and I thought that I held the corpse of my dead mother in my arms; a shroud enveloped her form, and I saw the grave-worms crawling in the folds of the flannel." (Shelley: 57) Dieser *imprinted first kiss* löst eine grauenvolle Metamorphose aus. In Viktors Armen tauschen Braut und Mutter ihren Platz, der blühende Körper der Jungfrau wandelt sich zum von Würmern zerfressenen Leichnam. Das Fieber, das die Mutter dahinraffte, gerät auch hier zu einem metonymischen Prinzip, das die Mutter und die Geliebte auf ewig zu einer Figur des Todes verschmilzt. Da wo die Berührung Leben bejahen soll, stiftet sie, vermittelt über die Metonymie, Verderben. Dieser aufgedrückte, aufgedruckte erste Kuss bekräftigt den Verdacht, dass Viktor eigentlich an einem sprachgemachten Fieber leidet, welches ihn letztlich steril macht. Viktor erkennt sein Geschöpf nicht an, weil er es nicht als etwas Eigenes, ihm Zugehöriges erkennt. Er bezeichnet es als hässlich, weil es ihm nicht ähnelt. Wer aber der Metapher nicht fähig ist, die notwendig das Bekannte entfremdet und das Unvertraute zur Kenntlichkeit entstellt, dem bleibt nur das unheilvolle Fieber einer ziellosen, ungebremsten Metonymie, die alles in ihrem assoziativen Sog mit sich reißt und doch nie an das Eigentliche, an eine Wahrheit rührt.

Geschildert werden hier, so scheint es, Väter und Söhne, auch wenn dem Kind bei Freud im Grunde kein Geschlecht eindeutig zugeordnet wird. Die selbstbestimmt handelnden weiblichen Charaktere, die auf der Ebene der Erzählung fehlen, stehen tatsächlich als Erzählerinnen hinter den Texten.

Freud wurde der Traum vom brennenden Kind von einer Patientin hinterbracht, Frankenstein ist das literarische Geschöpf einer weiblichen Autorin. Über Freuds Patientin und ihre Assoziationen wissen wir nichts, über Mary Shelley aber lässt sich immerhin sagen, dass sie mit neunzehn Jahren, im Moment der Niederschrift von *Frankenstein*, bereits zwei Schwangerschaften hinter sich und ihre erstgeborene Tochter Clara kurz nach der Geburt verloren hatte. Immer wieder soll ihr das tote Kind im Traum erschienen sein, bevor nur ein Jahr später ihr Sohn William geboren wurde – das einzige ihrer Kinder, das überleben sollte. Mary Shelleys eigene Mutter war ihrerseits zehn Tage nach ihrer Geburt gestorben, am Kindbettfieber. Bezieht man diese weibliche Erzählposition mit ein, spiegeln die bleierne Schuld der Väter, ihre Reue und ihre Aggression, ihr Streben nach Wiedergutmachung und ihre unversöhnliche Zerstörungswut, die Ambivalenz der Mütter, für die die Geburt zugleich Leben und Tod, Verheißung und Drohung bedeutet, für sich selbst und für ihr Kind. Das brennende Kind, das Kindbettfieber, die verfehlte Berührung, die Hand, die das Kind zugleich sicher fasst und würgt, bilden in beiden Texten ein metonymisches Feld, das es ermöglicht, den Trauminhalt zu entstellen und den Zwiespalt der Mütter auf das Gebiet der Väter zu verschieben. Das Gestammel des Monsters erinnert dann an das unartikulierte Geschrei eines Neugeborenen, das die Arme nach der Mutter streckt, die aber der absoluten Hilflosigkeit dieses so befremdlichen Wesens nichts entgegnen kann. Der Nabel des Traums mag der tatsächlichen Nabelschnur somit näher sein als zunächst vermutet, wenn der im Traumtext verborgene Konflikt an eine dramatische Erfahrung der Niederkunft rührt, die sich über Generationen fortschreibt, an das Schuldgefühl der Mütter, das eigene Kind nicht im Leben gehalten zu haben. Vermittelt durch die brennende Berührung im Fieber werden die Vater-Sohn-Erzählungen so zu Zeugnissen traumatischer Mutterschaft.

Literatur:

FREUD, Sigmund. *Die Traumdeutung*, Studienausgabe, Bd. 2, hg. von Alexander Mitscherlich, Angela Richard, James Strachey, Frankfurt am Main: S. Fischer 1972.

GOETHE, Johann Wolfgang: „Erlkönig", in: ders., *Sämtliche Werke. Briefe, Tagebücher und Gespräche*. I. Abt., Bd. 1: *Gedichte 1756–1799*, hg. von Karl Eibl, Frankfurt am Main: Suhrkamp 1987, S. 303–304.

SHELLEY, Mary: *Frankenstein or the Modern Prometheus*, New York: Penguin Classics 1985.

GEGENSEITIGKEIT (ANN VERONICA JANSSENS)

Mieke Bal

Ausstellungseinblick: Ann Veronica Janssens, Blue, Red and Yellow, 2001–offenes Datum, Stahl, Holz, Polycarbonat, blaue, rote und gelbe Folien, künstlicher Nebel / künstliches Licht nur für Innenrauminstallationen, variable Größe (je nach Örtlichkeit); Foto: Pascual Mercé /Courtesy: EACC Espai d'Arte Contemporani de Castello, Spain.

Sehen und Berühren [*touching*] sind zwei Formen der sinnlichen Wahrnehmung, neben Riechen, Schmecken und Hören [A.d.Ü.: Das Verb *berühren* soll das weite semantische Feld des englischen *to touch* transportieren]. Allgemein wird angenommen, dass Sehen dem Berühren gegenüberstehe, weil Sehen auf Distanz stattfindet, während Berühren enge körperliche Nähe erfordert. Ich behaupte, dass die zwei Akte der Wahrnehmung nicht allzu unterschiedlich sind, vorausgesetzt, dass wir die Gegenseitigkeit des Sehens berücksichtigen, wie wir es tun, wenn es um das Berühren geht. Dies aus dem Erleben [*from experience*] zu lernen, ist eine unglaublich bereichernde Einsicht. Sie kann sogar Einfluss auf unser soziales und politisches Verhalten haben.

Kurz, Sehen ist Berühren. Dies ist, was wir aus dem Erleben der berühmten Nebelräume der zeitgenössischen belgischen Künstlerin Ann Veronica Janssens lernen können. Deshalb muss ich mit einer Beschreibung eines solchen Erlebnisses beginnen. Im Prolog meines Buchs über ihre Arbeit und die politische Kraft der Abstraktion habe ich mein erstes Erleben von einer jener Arbeiten beschrieben und werde im Folgenden daraus zitieren (manche Zitate sind überarbeitet). Die abgedruckte Fotografie stammt von der jüngsten jener Arbeiten, die im Herbst 2018 im Museum De Pont in Tilburg gezeigt wurden. Die schon aus einer längst vergangenen Zeit stammende Beschreibung und die Fotografie der jüngsten Installation bilden zusammen eine Pointe, auf die ich gegen Ende dieses kurzen Essays zu sprechen kommen werde.

„Es war ein Hundstag in Lissabon im Jahr 1998. Die Tür öffnete sich leichtgängig und schloss sich schnell. Ich hatte es verpasst, die kleinen Lettern zu lesen, die den Raum identifizierten, und fand mich komplett in eine Arbeit eingetaucht, die, um erlebt und verstanden werden zu können, exakt solch gedankenlose, totale Versunkenheit erforderte. Der Raum, der mich umgab, war wohlig, hell und komplett opak; in ihm war jegliches Geräusch gedämpft."

Die Idee, dass Sehen, im Gegensatz zum Berühren, eine distanzierte Form der Wahrnehmung sei, ist von Kunstwerken wie denen von Janssens und in der Philosophie von Theorien des Sehens untergraben worden, die die Gegenseitigkeit zwischen Bild und Betrachter*in stärken [*enhance*]. Sehen ist kein passives Konsumieren, sondern ein Versuch, zum visuellen Bild ‚vorzudringen', ihm nah zu kommen und, wie es die deutsche Redewendung möchte, mit ihm auf Tuchfühlung zu gehen [*to get in* *touch with*]. Wie Janssens' Arbeiten zu verstehen geben, ist das erste Erleben zutiefst räumlich.

„Wo war ich? In einem starken, wörtlichen Sinne war ich nirgends. Mit meinen weit geöffneten Augen sah ich nichts. Der dichte, undurchdringliche Nebel, der in den Raum gepackt war, dessen Begrenzungen ich nicht einmal erraten konnte, war hell. Er würde Wolken von Gemälden aus Renaissance und Barock ähneln, nur dass diese eine umrissene Gestalt hätten, was der Nebel nicht hatte. Welche Gestalt auch immer er gehabt haben mochte, war für mich unsichtbar. Da Umrisse immer nur von außen gesehen werden können und ich mich innerhalb der Wolke wiederfand, fühlte ich mich im Nichts eingeschlossen."

Eine solche Vorstellung vom Sehen wurde vor dem Hintergrund von Deleuzes und anderer Theorien des „haptischen" Sehens diskutiert. Diese reichen mindestens bis zum Beginn des zwanzigsten Jahrhunderts zurück, als Alois Riegl mit dieser Idee in seinem Artikel „Das holländische Gruppenporträt" von 1902 aufwartete. Deleuze und Guattari entwickelten sie in *Tausend Plateaus* dann weiter.

Haptisches Sehen, vom Griechischen *haptô* (‚berühren'), ist durch drei primäre Merkmale charakterisiert. Es wirbt um Nähe, indem es die Betrachter*innen einlädt, das Bild mit den Augen zu streicheln; es ist gestaltlos; und Linien wechseln ihre Funktion, begrenzen nicht länger Felder, sondern bewegen sich zwischen Punkten. All diese Merkmale sind für die Nebelräume von Janssens zentral, unabhängig davon, ob sie primär weiß sind, wie der in Lissabon, oder ob sie Farbwechsel zu dem Ereignis hinzufügen, sodass zusätzlich zur Form auch Übergänge von einer Farbe zur nächsten ungreifbar werden.

„Nach einer Weile kamen vage Linien durch. Der Wechsel im Raum bestand aus einem allmählichen, unvollständigen Rückgang der absoluten Undurchsichtigkeit des Weiß, das mich komplett umgeben hatte. Als dieser Rückgang statthatte, wurde ich meiner eigenen Auflösung gewahr."

Dies ist bereits ein Beispiel für eine Gegenseitigkeit im Sehen; jene zwischen dem Subjekt und dem Raum. Janssens dekliniert [*inflects*] diese Merkmale des haptischen Sehens durch, während sie sie in fast übertriebener Kraft aufrechterhält. Nähe führt in ihrer Arbeit nicht zur impressionistischen Verschmelzung von Vordergrund und Hintergrund. Stattdessen verhindert die Arbeit Verschmelzung, indem sie das intensive Erleben der Inkommensurabilität von Distanz und Nähe aufrechterhält. Gestaltlosigkeit schaltet ebenso in einen anderen Gang. Die Zuschauer*in ist Teil von ihr, wie klar wird, wenn jemand anderes schemenhaft [*vaguely*] aus dem Nebel auftaucht. Während schließlich die verschwommenen Linien zwischen den Punkten beweglich bleiben, wie haptische Linien es tun, schließt ihre Bewegung den Zugriff auf irgendeinen der Punkte aus.

„Die Unsicherheit, die im Kontrast und nachträglich erzeugt wurde, kam ‚von Herzen', um auf den Barockphilosophen Blaise Pascal (1623–1662) anzuspielen. Er schrieb in einer berühmten Passage: ‚Das Herz hat seine Vernunftgründe [*raisons*], die der Verstand [*raison*] selbst nicht kennt' (423/277) [A.d.Ü.: auch im von Bal zitierten Englischen ergibt sich die paradoxe Doppelung von *reason* als ‚Grund' und ‚Verstand']. Das war, was ich entdeckt hatte; das Herz als Sitz eines Feldes des Verstandes, das der Verstand entweder nicht kennt oder aktiv ignoriert. Der Geistes-Körper [*mind-body*], oder der Körper-Geist [*body-mind*], handelt von alleine [*acts on its own*]."

Es braucht keine Psychoanalyse, um das wiederzuerkennen, obwohl Pascals Ausspruch die Erfindung dieses Zweigs der Philosophie-Psychologie gewissermaßen prophezeit. Innerhalb dessen zu sein, was man sieht, ist ein extremes Erlebnis, kann aber auch als wesentlich erachtet werden für das, was Sehen ist. Im Raum sind das gesehene Objekt und das sehende Subjekt miteinander, umgeben von und eingetaucht in einen Raum, von dem wir nicht einmal Notiz nehmen, weil er so offensichtlich ist. Es ist nur eine unberechtigte Annahme, dass Sehen ein autonomer Akt des Unterscheidens von Subjekt und Objekt sei; das Subjekt in Machtposition, das Objekt verfügbar für die visuelle Inbesitznahme. Es handelt sich um eine kolonialisierende Vorstellung vom Sehen, die durch die insistierende Praktik der linearen Perspektive historisch gefördert wurde. Die Nebelräume haben keinerlei Perspektive.

Und falls der einstmals selbstverständliche Raum unauflösbar mit dem Sehen verknüpft ist, hat diese Dimension ein unvermeidbares Gegenstück. Janssens' Nebelarbeiten brechen auch mit der selbstverständlichen Natur der vergehenden Zeit.

„Im Inneren der Wolke zu sein, war nicht nur mit dem Sehen ihrer Gestalt unvereinbar. Sehen war nicht nur ein langsam gewährtes und langsam entwickeltes Privileg. Zusätzlich war die Dauer der Wahrnehmung unstet in ihrem Rhythmus, instabil in ihrer Linearität, dicht und durchdringend in ihrem Eindruck und schwankend in ihrem Ort, sie schlug sich wechselnd mal auf die Seite des Subjekts (auf meine), mal auf die des Objekts. Diese Vorstellungen aber – Subjekt, Objekt – und die Unterscheidung, die sie proklamieren, hatten selbst ihre Grenzen, ihre getrennten Identitäten, verloren. Sie waren genauso vage und verschwommen geworden wie der Nebel, in den ich eingetaucht war."

Wie vollzieht sich dann das Berühren des Sehens? Dies ergibt sich aus dem entmachtenden [*disempowering*] Effekt und dem Realitätstest, der erforderlich wird. Die Arbeiten stellen die Notwendigkeit in den Vordergrund, wieder laufen zu lernen, kleinen, langsamen Schritt für kleinen, langsamen Schritt, weil man sich nichts sicher sein kann. Anstatt von visueller Beherrschung ist hier eine Ahnung von Gefahr dominant, von Unsicherheit in Bezug auf den Akt des Sehens. Es handelt sich bereits um ein starkes Gefühl, das körperlich erlebt wird. Und entsprechend der oben erwähnten Transformation der Dauer steht die Verlangsamung, die das Erlebnis erzwingt, für die Notwendigkeit im Allgemeinen, sich Zeit zu nehmen oder zu geben, um zu sehen.

Aber selbst wenn diese Transformationen des Empfindens [*sensation*] unser Körperbewusstsein zutiefst verändern, macht sich das Berühren am stärksten bemerkbar, wenn andere Besucher*innen den Raum betreten. Im Hinblick auf diesen Aspekt habe ich das oben abgebildete Foto ausgewählt, um einen Eindruck von dieser Kunst zu vermitteln.

„Während dieser ganzen Zeit konnte ich nicht laufen. Ich war am Boden festgenagelt, hatte sogar Angst davor, vorwärts zu schlurfen, so wie die Blinden sich fühlen mögen, wenn sie plötzlich ihrer Hilfen beraubt werden. Selbst wenn man es sicher glaubt, ist Laufen unmöglich ohne die Unterstützung der Wahrnehmung. Ein bisschen später konnte ich langsam laufen, vorsichtig, wachsam, immer nur einen kleinen Schritt. Aus dem Nebel taucht eine kaum identifizierbare Kreatur auf; ich weiß nicht, ob männlich oder weiblich, Opfer, Kamerad*in oder Bedrohung. Ich stelle mir vor, ich sitze in diesem Nebelraum und beobachte, wie andere Besucher*innen hereinkommen, sehe ihre Entschleunigung, interpretiere ihre Verwirrung [*bewilderment*].“

Die haptische Natur, einen Raum zu teilen, wird emphatisch, und die gegenseitige Schwierigkeit, einander zu sehen, bringt die Besucher*in dazu, eine Hand auszustrecken, um die Wände zu fühlen oder zu berühren – so wie Blinde ihren Stock verwenden würden. Zu verhindern, gegen eine Wand oder in diese andere Figur zu rennen, verleiht der Gleichung von Sehen und Berühren Evidenz. Aber aufgrund der Präsenz von anderen wird eine weitere Dimension dieser Gleichung unvermeidbar: die Gegenseitigkeit. Wie uns die lacansche Psychoanalyse gelehrt hat, schaut die sichtbare Welt uns genauso an wie wir sie.

Im Foto halten sich zwei der Besucher*innen bei der Hand – ein symbolischer Akt des Berührens, der gegenseitigen Unterstützung und der geteilten Unsicherheit. Die Figur auf der rechten Seite scheint extrem unsicher und der Unterstützung der Begleiter*in bedürftig. Eine dritte Figur kommt auf die beiden zu. Er oder sie hält eine Tasche oder einen Beutel in einer Hand. Die Bewegung in Richtung des Anderen ist sichtbar im leicht schrägen Winkel auf beiden Seiten der Komposition. Wir sehen also hier nicht nur, dass Sehen berührt und dass diese Berührung gegenseitig ist, sondern auch, dass auf dieser kleinen Ebene, in dem mysteriösen Raum, dessen Begrenzungen nicht gesehen werden können, eine soziale Interaktion konfiguriert und vollzogen wird. Das ist der Aspekt des Berührens, der die Welt bedeutet [*that signifies the world*], wo wir stets dem Berühren nah, aber wachsam sind, ungewolltes Berühren zu vermeiden.

„Dies öffnet das Feld der Philosophie der Wahrnehmung, der Kunstpraxis und ihrer Rolle in der zeitgenössischen Welt. Ich habe den irreduziblen Bund der Wahrnehmung mit der Dauer erfahren; die Einheit der Wahrnehmung und des Empfindens, die die Unterscheidung zwischen Subjekt und Objekt untergräbt, welche die bildenden Künste immer für die Basis ihrer Spezifizität oder ‚Natur' gehalten haben."

Wenn ich hier meine frühesten Erfahrungen eines janssensschen Nebelraums, bevor ich wusste, dass er existiert, und meine jüngsten, Jahrzehnte später, zusammengeflickt habe, geht es mir darum, in diese Reflexion noch eine weitere Gegenseitigkeit einzufügen. Diese letzte Gegenseitigkeit ist diejenige zwischen historischen Momenten. Wie ich in einem anderen Buch über bildende Kunst argumentiert habe, ist Geschichte nicht an Linearität gebunden. Chrono-Logik kann uns nur zurück zu der falschen Annahme von Distanz und Aneignung im Sehen führen; zur Arroganz von Fortschritt und Entwicklung und zur dünnen Linie, die die Dicke und Dichte der Dauer ignoriert. Ein Grund dafür ist, dass Sehen ein Akt der Wahrnehmung in der Gegenwart ist. Wir können keine älteren Objekte sehen, ohne sie von innerhalb des gegenwärtigen Moments zu sehen, in dem wir sehen.

Das macht die Rekonstruktion der Geschichte, welche ihr primäres Bestreben ist, aus Prinzip unmöglich. Stattdessen ist die Vor-und-zurück-Bewegung, die Geschichte als zwischenzeitlich, inter-temporal betrachtete Geschichte ist, ebenso gegenseitig in diesem Sinn von Zeit: vor-und-zurück, statt sich in nur eine Richtung zu bewegen.

„Diese Installation artikuliert einen Gedanken, der das verändert, was vorher da war. Die Welt, wie wir sie kennen, Kunst, wie wir sie kennen, die Grenzen und Begriffe und Unterscheidungen, nach denen wir gelebt haben: Sie werden alle durch das kurze Empfinden, die Klarheit zu verlieren, verändert."

Das Empfinden mag kurz sein, seine Konsequenzen aber sind dauerhaft. Der Verlust von Klarheit mag sehr wohl der nützlichste, kreativste Aspekt des Sehens und seiner gegenseitigen Beziehung zum Berühren sein. Dies ist, denke ich, was im emotiven Sinne am rührendsten am Sehen ist. Von innerhalb dieses Verlusts können wir uns zu neuen Ideen hin öffnen. Das ist, wofür wir Kunst brauchen.

Basierend auf meinen Büchern *Endless Andness: The Politics of Abstraction According to Ann Veronica Janssens*, London: Bloomsbury 2013 und *Quoting Caravaggio: Contemporary Art, Preposterous History*, Chicago: University of Chicago Press 1999.

Übersetzung aus dem Englischen von Johannes Ungelenk

Literatur:

DELEUZE, Gilles/GUATTARI, Félix: *Tausend Plateaus*, übers. von Gabriele Ricke und Ronald Voullié, Berlin: Merve 2005.

PASCAL, Blaise: *Gedanken*, hg. von Jean-Robert Armogathe, übers. von Ulrich Kunzmann, Stuttgart: Reclam 2002.

—*Pensées*, hg. von Michel Le Guern, Paris: Gallimard 1977.

GRIFF, DER RETTENDE (JEAN-LUC GODARD)

Armin Schäfer

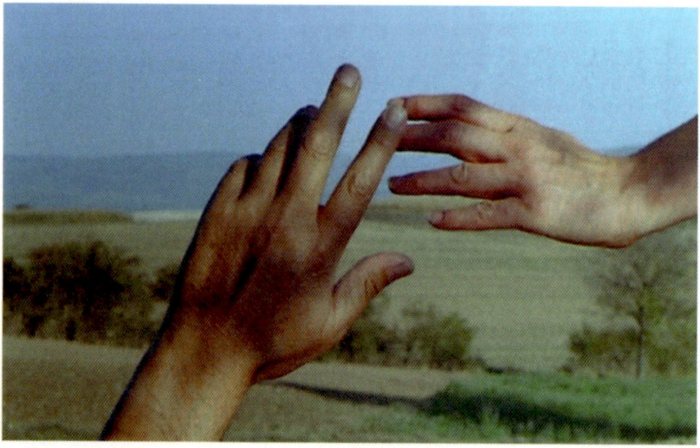

Filmstill aus NOUVELLE VAGUE. R.: Jean-Luc Godard, F 1990, Fassung: DVD. Cahiers du cinéma 2005, 85 Min., TC: 00:05:38.

In Jean-Luc Godards NOUVELLE VAGUE (1990) (vgl. Silverman/ Farocki) fällt im ersten Teil des Films Alain Delon, der einen Mann namens Richard Lennox spielt, in den Genfer See. Er streckt die Hand nach seiner Geliebten aus, die ihn jedoch nicht retten kann oder mag. Er ertrinkt oder scheint zu ertrinken. Im zweiten Teil des Films kommt es zu einer Verschiebung und Wiederholung jener Szene: Delon, der jetzt einen anderen Vornamen trägt und vielleicht auch ein anderer Mann ist, rettet seine frühere und jetzige Geliebte, die in den See fällt, vor dem Ertrinken. An den zwei Szenen ist nicht so sehr die asymmetrische Rollenaufteilung von Rettern und Geretteten von Interesse, sondern der Moment des gelingenden oder misslingenden Kontakts zwischen den Händen.

Godard hat in seinen Filmen immer wieder die Arten und Weisen gezeigt, wie eine Hand die Hand eines anderen greift: Zum einen gibt es einen festen Griff, der die Hand, die erfasst wird, bewegungsunfähig macht. Zum anderen gibt es die Berührung zweier Hände, in der die Rollen der Akteure noch nicht verteilt sind. Solch eine Berührung wird in einer Szene aus NOUVELLE VAGUE in einer Großaufnahme zweier Hände vor einer Landschaft gezeigt. Die Berührung lässt, anders als der feste Griff, offen, wie eigentlich die Rollen von Rettern und Geretteten verteilt sind. Was solche Berührungen in die Verkettung von Wahrnehmungen und Handlungen hineinholen, ist ein Moment der Unentschiedenheit, das von der Ungewissheit, wie der Rettungsversuch ausgehen wird, zu unterscheiden ist: Die Bilder tragen in sich einen Überschuss an Möglichkeiten ihrer Fortsetzung. Die Aufmerksamkeit wird auf den gegenwärtigen Augenblick gelenkt, in dem noch nicht entschieden ist, was als Nächstes geschieht. So wie in einem Film, der auf dem Schneidetisch langsam hin und her gespult wird, um die geeignete Stelle zu finden, die trennt und verbindet, scheinen Bilder auf, deren kategoriale Einordnung schwerfällt: Sie sind weder Zeitlupe noch Fotografien und rufen den Eindruck einer Bewegung eigener Art hervor, die zu insistieren scheint, aber offenlässt, ob und wie sie fortgesetzt wird. Die Bilder streben nicht mehr nach ihrer linearen Fortsetzung, sondern eröffnen virtuelle Anschlüsse, die in jede Richtung erfolgen können.

Die Zeit der Rettung ist die vollendete Gegenwart. Am Ereignis der Rettung kann eine Verlaufsphase, in der es stattfindet, von einer Ergebnisphase unterschieden werden, in der seine Verwirklichung abgeschlossen ist: Man sagt nicht „Ich rette", sondern „Ich habe gerettet", nicht „Ich verunglücke", sondern „Ich bin verunglückt". Godard hingegen hält die Rettung in ihrer persistierenden Gegenwart fest, die sich in einer Berührung dehnt und zuallererst als Gegenwärtigkeit sichtbar wird. Man kann jetzt dem Tod bei der Arbeit zusehen.

Literatur:

SILVERMAN, Kaja/FAROCKI, Harun: „Derselbe, und doch ein Anderer. NOUVELLE VAGUE", in: dies., *Von Godard sprechen*, übers. von Roger M. Buergel, Berlin: Vorwerk 8, 1998, S. 224–258.

HÜLLE (JACQUES DERRIDA)

Florian Sprenger

> „Das Berühren jedenfalls bleibt so limitroph, es rührt an das, was es nicht berührt, es berührt nicht, es hält sich davon ab, an das zu rühren, was es berührt, und, in einer Abstinenz, die es im Herzen seines Begehrens und seines Bedürfnisses zurückhält, in einer Hemmung, die in Wahrheit seinen Appetit konstituiert, ißt es, ohne zu essen, das, wovon es sich nährt, das berührend, ohne daran zu rühren, was es alsdann kultivieren, aufziehen, erziehen, aufrichten wird."
>
> Jacques Derrida, *Berühren: Jean-Luc Nancy*, S. 88.

Der Akt des Lesens vollzieht sich im Zwischenraum zwischen dem Text, seinem materiellen Medium und dem Körper der oder des Lesenden. Dieser Zwischenraum ist ein Raum der ständigen Berührung in wechselnden Modalitäten. Das Buch und der lesende Körper sind auf vielfältige Weise miteinander verbunden. Das Berühren im Lesen ist stets aktiv und passiv: Der lesende Körper berührt das Buch und wird von ihm berührt. Lesen ist ein ebenso sehr haptischer und taktiler wie ein visueller Akt. Man liest mit den Augen, aber die Hände oder zumindest ein stützendes Körperteil halten das Buch in der Sicht- und damit Lesbarkeit. Ein Buch zu lesen, sei es auf Papier, sei es auf einem digitalen Lesegerät, bedeutet, ständig Kontakt mit ihm zu halten – eine Hand, einen Arm oder die Beine am Buchrücken oder auf der Geräterückseite, die andere Hand in regelmäßigen Abständen die Seiten wechselnd, sie am oberen oder unteren Ende umschlagend oder eine Taste drückend.

Ein am Seitenende abbrechender Satz oder Abschnitt zeigt die Notwendigkeit der Berührung des Buchs an, die den Fortgang der Lektüre durch das Aufdecken und Sichtbarmachen einer neuen Seite sicherstellt. Der Fortgang der Lektüre wird vom Umblättern getaktet. Der Takt des Berührens bringt die Zeit in das Buch und unterbricht die Lektüre, um sie fortzusetzen. Der Kontakt mit dem Buch ist die Bedingung der Kontinuität lesender Erfahrung: „Weit davon entfernt, zunächst und allein als absolute Nähe der Selbstgegenwärtigkeit eines räumlichen *Hier* zu sein, wäre der Kontakt das, was die Zeitigung der Zeit möglich macht." (Derrida: 290) Dieser Takt kann vom Lesenden beschleunigt werden: Der Suchakt des raschen Durchblätterns verlässt sich auf das Taktgefühl des Fingers, um die Länge des Buchs oder des zu lesenden Kapitels abzuschätzen, eine Stelle, Abbildungen oder die Endnoten zu finden. Der Takt des Lesens ist die Zeit des Berührens, mit der die Seiten gewendet werden.

Dass das Buch so unterschiedlichen Operationen des Berührens unterzogen werden muss, hängt mit seiner Widerspenstigkeit zusammen. Als geschlossenes Objekt wehrt es sich gegen die Lektüre. Es widersetzt sich auf unterschiedliche Weise: dadurch, dass es bestimmte Körperhaltungen und damit Orte der Lektüre aufzwingt, dadurch, dass es in seinem Gewicht und seiner Größe gehalten werden muss, dadurch, dass die Seiten aufeinanderliegen. Manche Bücher sind nicht gemacht, um gelesen zu werden. Manche Bücher sind so anschmiegsam, dass die Seiten aus ihnen herausfallen. Der Erfolg des Taschenbuchs mit weichem Einband hat das Buch anpassungsfähiger gemacht, seine Taktilität flexibilisiert, es aber zugleich zum Wegwerfprodukt werden lassen. Das Softcover ist dadurch jedoch nicht weniger widerspenstig geworden – es widersetzt sich der Lektüre genauso wie das Hardcover.

Ein Buch zu lesen bedeutet, ihm durch Berührung Gewalt anzutun. In antiquarischen Büchern findet man manchmal noch unzerschnittene Bögen, bei denen man die an den oberen oder unteren Enden zusammenhängenden Seiten auftrennen muss – eine Operation, die früher dem Leser oder der Leserin überlassen wurde. Sie ist ein Indiz für die formgebende Gewalt, der ein Buch, bedruckte Papierbögen also, schon vor der Lektüre unterworfen ist. Auch während der Lektüre braucht Lesen Kraft: Kraft wird auf das Buch nur von der Hand ausgeübt, die den Druck aufrechterhält, der nötig ist, damit eine Seite nicht durch die Spannung des Buchs selbst umblättert. Die Bindung, die Seiten aneinanderhaften lässt, wird mit jedem Umblättern – oder noch schlimmer: mit dem Aufklappen zum Zweck des Scannens – weiter zerstört. Nach der Lektüre ist das Buch der Entropie unterworfen. Steht es unberührt im Regal, verblasst es bei zu viel Sonneneinstrahlung und beginnt über die Jahre hinweg zu zerfallen.

Die Gewalt, die das Buch beim Lesen erfährt, und die Anstrengung, die es dem lesenden Körper aufzwingt, sind die körperlichen Bedingungen seiner Lektüre. Diese Gewalt bleibt den lesenden Augen so lange verborgen, bis die Spuren des Berührens dauerhaft geworden sind. Auf vielgelesenen Büchern sind die Spuren der haltenden und blätternden Hände sichtbar, von außen wie von innen.

Doch wie berühren sich die Seiten eines Buches, wenn sie in einem geschlossenen Buch aufeinanderliegen? Was ist zwischen ihnen? Mit jeder Berührung stellt sich die Frage, ob die Trennung zwischen den beiden Körpern bestehen bleibt oder aufgehoben wird. René Descartes schreibt 1637 in seinen *Principia Philosophiae*: „Wenn nämlich zwischen zwei Körpern nichts dazwischenliegt, so ist es unausweichlich, daß sie sich gegenseitig berühren und es ist offensichtlich widersprüchlich, daß sie voneinander entfernt sind, d.h. zwischen ihnen ein Abstand sein solle, und gleichwohl dieser Abstand nichts sein solle, weil alle Distanz ein Zustand der Ausdehnung ist und von daher ohne ausgedehnte Substanz gar nicht sein kann." (Descartes: 113) Für Descartes gibt es keinen leeren Raum, auch nicht zwischen zwei Seiten, weil Materie als *res extensa* ausgedehnt ist und *res cogitans* keinen Raum hat. Das bedeutet, dass zwei Körper, zwischen denen nichts ist, sich Descartes zufolge trennungslos berühren. Doch zwei Körper können sich, *contra Descartes*, nicht unmittelbar berühren, bis die Trennung zwischen ihnen aufgehoben würde. Jeder Kontakt ist, wie Jacques Derrida in seinem Buch *Berühren – Jean-Luc Nancy* immer wieder aufs Neue in unterschiedlichen Bezügen zeigt, von einer Trennung durchzogen. Ohne Trennung gibt es keinen Kontakt, weil es zwei Elemente geben muss, die in Kontakt treten und dabei ihren Takt bewahren, um zwei zu bleiben und nicht eins zu werden. Jede Wirkung geschieht durch Kontakt, und wenn ihre Ursache in einer Distanz liegt, muss es ein Medium dazwischen geben, wie Aristoteles folgend im spätscholastischen Mittelalter formuliert wurde: „[O]mnis actio fit per contactum, quo fit ut nihil agat in distans nisi per aliquid medium." (Eustachius: 340; „Jede Wirkung geschieht durch Kontakt, weil nichts ohne Medium in die Ferne wirkt.", Ü.d.A.) Um in Kontakt treten zu können, muss zwischen zwei Körpern ein trennender Raum oder eine unterscheidende Zeit liegen. Der Takt wahrt diesen Abstand und diesen Anstand. Die Aufhebung des Taktes der Taktilität beschreibt Derrida in seiner dekonstruktiven Lektüre der Schriften Aristoteles', Thomas von Aquins und der Bibel als „intuitio-kontinuistische Logik des Unmittelbaren", die sich „so ununterdrückbar zeigt wie das Begehren selbst" (Derrida: 168).

Derridas Buch *Berühren* zu lesen bedeutet, berührt zu werden. Das Buch ist selbst ein berührbarer, immer schon berührter Gegenstand. Die vielfältigen Weisen des Berührens hinterlassen Spuren der Lektüre auf dem Buch. Die Übersetzung von *Le Toucher – Jean-Luc Nancy* (2000), im Jahr 2007 bei Brinkmann & Bose erschienen, verkörpert diese Materialität des Berührens, indem sie den Inhalt des Buches, Derridas ständige Variationen des Motivs der Berührung, auf den Umschlag, den Einband und die Form des Buches überträgt. In der Gestaltung des

Buchs ist das ganze Buch verborgen: eine Schutzhülle aus semitransparentem Material, die erst dann durchsichtig wird, wenn sie das Buch berührt und auf dem Einband aufliegt. Der Zwischenraum zwischen Hülle und Einband lässt dessen Aufdruck hervortreten. Die Schutzhülle ist unempfindlich gegen Fingerabdrücke, aber anfällig für Risse. Das Papier des Einbands hingegen ist empfindlich für Berührungen, denn die Hände des Lesers hinterlassen rasch Spuren, die durch das dicke Papier noch farbiger wirken. Ist die Schutzhülle nicht in Kontakt mit dem Buchdeckel, erscheint dieser durch die milchige und undurchsichtige Hülle gebrochen. Durch Berührung enthüllt sie erst den Titel und den Namen des Autors. Sie verbirgt und verhüllt, solange sie unberührt bleibt. Transparenz ist keine Kategorie der Taktilität.

So kann man Derridas Buch ohne Derrida als Derrida-Buch lesen. Berühren als solche Bewegung der unaufhebbaren Trennung ist das Verfahren der Dekonstruktion – und *Berühren* ein Buch über die Lektüre durch Berühren. Es ist ein Buch der Differenz, des Dazwischen, bei dem jede Lektüre Spuren hinterlässt. Das Buch beginnt sein Motiv ständig neu und wiederholt die Bewegung der Berührung als unterbrochene Annäherung und kontaktlose Abwendung, setzt sie performativ um, indem es die ersten Takte moduliert, bis aus der Wiederholung eines Motivs eine Melodie wird, die dann abbricht. Das Buch ist durch und durch getaktet – JD wird DJ, wenn er die Versatzstücke ständig neu ordnet. Diese Leseerfahrung des Pendelns kann unerträglich werden, ist aber konsequent. Derridas ständige Annäherung und Abwendung von seinem Freund Jean-Luc Nancy, ein Akt ununterbrochener Höflichkeit, setzt das Buch auch als Geste um. Ein intimer Text, der den Leser Berührungen beobachten lässt, die Kontakt vermeiden und nie unmittelbar werden.

Zwischen den Seiten eines Buches, so kann man Derrida lesen, liegt die *différance*: „[D]iese elementare *différance* der Zwischen-setzung oder des Intervalls zwischen zwei Oberflächen ist zugleich die Bedingung des Kontakts und die originär verräumlichte Öffnung, die unverzüglich nach der technischen Prothese ruft und sie damit möglich macht." (Derrida: 292)

Die Distanz sowie ihr Abstand enthalten Verräumlichung und damit unweigerlich Verzeitlichung. Um A von B zu unterscheiden, muss A bestimmt werden, indem B bestimmt wird, und dies impliziert einen Aufschub. A liegt damit zeitlich vor B. Man liest Seite 1 vor Seite 2. Diese Zeit ist schon in der Unterscheidung der beiden Seiten vorausgesetzt: Sie ist die Verzeitlichung der Differenz. Gleiches gilt für die Differenz des Raumes: Wo A ist, kann B nicht sein. Deshalb muss es eine differenzierende Distanz zwischen ihnen geben. Das Phantasma der Unmittelbarkeit hebt all das auf: Es macht aus B A und tilgt alle Trennung. Das berührbare Buch der Berührung darf sich nicht unmittelbar berühren, um lesbar zu bleiben. Die Seiten müssen sich trennen und getrennt bleiben, um zu berühren.

Literatur:

DERRIDA, Jacques: *Berühren: Jean-Luc Nancy*, übers. von Hans-Dieter Gondek, Berlin: Brinkmann & Bose 2007.

DESCARTES, René: *Die Prinzipien der Philosophie*, übers. von Artur Buchenau, Hamburg: Meiner [1637] 1992.

EUSTACHIUS a Sancto Paulo: *Tertia Pars Summae Philosophicae*, Paris 1614.

INNIG (WALTER BENJAMIN)

Sandra Fluhrer

> „Zu groß war die Versuchung, meine Fingerspitzen gegen die Mitte der Oblate anzustemmen, zu innig die Befriedigung, wenn sie riß und ich das Loch darunter tastete."
>
> Walter Benjamin, „Der Nähkasten", *Berliner Kindheit um Neunzehnhundert*

Zu Beginn der Erzählung „Der Nähkasten" in *Berliner Kindheit um Neunzehnhundert* spricht Walter Benjamin vom „Bescheid[wissen]" des Zeigefingers in der „finsteren Höhlung" des Fingerhuts (289). Es handelt sich um ein Erfahrungswissen. Wie die meisten Erzählungen der *Berliner Kindheit* betrifft „Der Nähkasten" nicht das Unerhörte. Mal werden singuläre Erlebnisse exemplarisch, mal formt, was in Variation wiederkehrte, ein Bild aus; alle Texte sind mit Erfahrungen des Erwachsenen durchsetzt, mit Literatur, Kulturgeschichte, Reise- und Liebeserlebnissen. Auch das Durchstoßen der „Oblate" – gemeint ist der Firmenaufkleber, der an den Enden einer Garnrolle das innenliegende Loch verdeckt – ist ein Gewohnheitsakt, wie das „wenn" verrät, das sich in dunkler Komplizenschaft mit „zu groß" und „zu innig" zum ‚*immer* wenn' verwandelt und das Bild einer ganzen Reihe durchstoßener Garnrollen hervorruft. Das Übermaß, das im doppelten „zu" aufscheint, verbindet sich mit dem halb handwerklichen, halb erotischen Vokabular zu einem Moment haptisch-sündhaften Genusses – ein „Stelldichein" (Benjamin *Berliner Kindheit*: 250) des Tastsinns mit dem Material, wie es in „Die Speisekammer" heißt, wo die Hand dem Mund den Weg bahnt, nicht ohne vorher selbst auf ihre Kosten zu kommen.

In solchen Zusammenhängen steckt der Kern von Benjamins Denken, das Adorno als „zweit[e] Sinnlichkeit" beschrieben hat: als ein Der-Sache-auf-den-Leib-Rücken, so, „als wollte [der Gedanke] in Tasten, Riechen, Schmecken sich verwandeln." (300) Es handelt sich um ein Denken, das historische, literarische und philosophische Erfahrungsräume mit dem buchstäblich zu verstehenden Schwellenraum der Kindheit um 1900 verwebt. Die wichtigste Methode dafür ist eine bis zur Erotik reichende körperliche Annäherung an die eigene Umgebung und die Sprache: innige Beobachtung, inniges Schreiben.

Was heißt innig? Das Grimmsche Wörterbuch schlägt *„im innern wurzelnd, nicht blosz an der auszenseite haftend"* als erste Bedeutung vor (*Deutsches Wörterbuch*: Bd. 10, Sp. 2134). Innig scheint in mehrfacher Hinsicht ein Gegenteil zu oberflächlich zu sein. Im Mittelhochdeutschen – dort kann die Herkunft des Wortes ausgemacht werden – meint *innec* oder *innic* nicht nur innerlich und inbrünstig, sondern auch andächtig (Sp. 2135) und ist so dem Vergaffen verwandt, mit dem Benjamin besonders intensive Momente kindlicher Wahrnehmung beschreibt. Die innecheit ist darüber hinaus die Eingezogenheit (Lexer: Bd. 1, Sp. 1438), ein solitärer, aber andächtiger und wohliger Rückzug, etwa in der Weise, wie sich das Kind in Benjamins „Pult"-Miniatur „im Gehäuse" (*Berliner Kindheit*: 282) fühlt oder – so heißt es in „Mummerehlen": „im neunzehnten Jahrhundert [haust]" „wie ein Weichtier in der Muschel" (*Berliner Kindheit*: 261). Innig meint die nach außen getragene Autonomie einer Innerlichkeit, besonnene Intensität und fühlbaren Kontakt – und scheint mit der Jahrhundertwende im Verschwinden begriffen.

Nun sind die Befriedigung über das Zerstören der Oblate und das Ertasten des darunterliegenden Lochs aber *„zu* innig". Das Grimmsche Wörterbuch weiß von vielfältigen Fortentwicklungen in der *„geschichte des* zu" zu berichten, die dem Adverb und der ihm verbundenen Partikel ein weites semantisches und pragmatisches Spektrum verschafft haben (*Deutsches Wörterbuch*: Bd. 32, Sp. 142 bis 235). Dazu gehört das Changieren zwischen Überschreitung, Erfüllung und sanfter Ironie, zu der Benjamin das Adverb dadurch treibt, dass er ihm zunächst seine gängige Bedeutung lässt – das fast floskelhafte Übermaß im „zu groß" –, die Konstruktion dann aber in einer Variante wiederholt, die sich auf die Grenze des Grammatischen zubewegt. Dass die Steigerung von innig als zulässig gilt, scheint rhetorischen Prinzipien der Empfindsamkeit und ihren Fortsätzen geschuldet; aus dem Superlativ klingt der Verbundenheitsterror goethescher Briefschlüsse heraus (*„knapp 500 Belege; häufig superl"*, steht unter „innig" im *Goethe-Wörterbuch*, Bd. 5, Sp. 24). Semantisch bleibt das Innigste am Ende wohl doch nur innig. Benjamins „zu" suggeriert aber mit der Möglichkeit des Überschrittenwerdens einen Maßstab der Innigkeit. Zugleich rückt das Moment des Übermaßes im Vergleich mit „zu groß" in den Hintergrund. Ist die Versuchung so groß, dass das Kind sich ihr nicht entziehen kann, fehlt der Befriedigung die Abfuhr; der dem „innig" beigestellte Überschuss bleibt bestehen. Ihn braucht die Erinnerung, um den Vorgang zur Wiederholung zu bringen. Die (beinahe) überfließende Intensität der Befriedigung verspricht neues Anstemmen, Reißen, Tasten und weist den Weg zum Bescheidwissen, das sich ebenfalls der Wiederholung verdankt.

Der untersuchte Gegenstand, die Garnrolle, erhält ihre Bedeutung in der Erfahrung. Vom Loch unter der Oblate fühlt sich das Kind gelockt; im Durchbrechen des Siegels verschwindet die Lockung; sie fließt unmittelbar in das haptische Erleben über. Die Erkenntnistheorie dazu findet sich in der Erzählung „Schränke". Das Kind versenkt darin die „Hand so tief wie möglich in [das] Inner[e]" der zu kleinen Taschen eingeschlagenen Strümpfe: „[N]un ging ich daran, ‚Das Mitgebrachte' aus seiner wollenen Tasche auszuwickeln. Ich zog es immer näher an mich heran, bis das Bestürzende vollzogen war: ‚Das Mitgebrachte‘ seiner Tasche ganz entwunden, jedoch sie selbst nicht mehr vorhanden war. Nicht oft genug konnte ich so die Probe auf jene rätselhafte Wahrheit machen: daß Form und Inhalt, Hülle und Verhülltes, ‚Das Mitgebrachte‘ und die Tasche eines waren. Eines – und zwar ein Drittes: jener Strumpf, in den beide sich verwandelt hatten.“ (Benjamin *Berliner Kindheit*: 284)

Das Medium der Erkenntnis ist die tastende Hand. Die Verwandlung des Strumpfes, sein Werden, geschieht allein in seiner Handhabung – wie das begehrte Loch im Druck auf die Oblate entsteht, der das Geheimnis der Garnrolle zugleich verschwinden lässt. Das meint innige Erfahrung: Entstehung und Vernichtung des beobachteten Gegenstands im Prozess seiner Erkundung, Untrennbarkeit von Beobachter, Medium und Gegenstand. Der Fluchtpunkt liegt in der Verwandlung des Beobachters.

Die Struktur dieser Erfahrung entspricht der romantischer Empirie. In seiner Dissertation beschreibt Benjamin die Form der Beobachtung bei Novalis: „Ob das Experiment gelingt, hängt davon ab, wie weit der Experimentator imstande ist, durch Steigerung seines eigenen Bewußtseins, durch magische Beobachtung, wie man sagen darf, sich dem Gegenstand zu nähern und ihn endlich in sich einzubeziehen. [...] Das Medium der Reflexion, des Erkennens und des Wahrnehmens fällt bei den Romantikern zusammen.“ („Der Begriff der Kunstkritik“: 60) Eine Fußnote zieht Goethe in diesen Horizont. „‚Es gibt eine zarte Empirie‘“, zitiert Benjamin aus den *Wanderjahren*, „‚die sich mit dem Gegenstand innigst identisch macht und dadurch zur eigentlichen Theorie wird.‘“ („Der Begriff der Kunstkritik“: Anm. 144): Vorher schon im *Romantik*-Buch führte Benjamin eine Wendung Hölderlins an, die „einen innigen, höchst triftigen Zusammenhang ausdrück[t]“ und darin der romantischen Struktur der „Unendlichkeit der Reflexion“ gleichkommt: „‚unendlich (genau) zusammenhängen‘.“ („Der Begriff der Kunstkritik“: 26)

Was passiert nun mit der von Goethe und Hölderlin geteilten, im Kern romantischen Figur der Innigkeit bei Benjamin? Sie tritt in Kontakt mit den Medien und Gegenständen der Beobachtung des frühen 20. Jahrhunderts und tauscht – zu ihrer Rettung – einen Teil des romantischen Pathos für einen materialistischen Realismus ein. Kafkas „Sorge des Hausvaters", die im „Nähkasten" steckt und ebenfalls von der Nähe zwischen Beobachtung und Gegenstand handelt, sei einmal vernachlässigt. Es führt vom ‚innig' auch ein Weg in Benjamins Fotografie-Essay. Das Goethe-Zitat aus seiner Dissertation verwandelt Benjamin darin in eine Beschreibung der „‚unmittelbaren Beobachtung'" des Fotografen August Sander: „Sie ist bestimmt eine sehr vorurteilslose, ja kühne, zugleich aber auch zarte gewesen, nämlich im Sinne des Goethischen Wortes: ‚Es gibt eine zarte Empirie, die sich mit dem Gegenstand innigst identisch macht und dadurch zur eigentlichen Theorie wird.'" („Kleine Geschichte der Photographie": 380)

Die Innigkeit August Sanders reicht in die Tiefen des (nicht mehr romantischen) Untertagebaus hinab, mit denen Sander aufwuchs. Die Wahrnehmungsformen eines Bergarbeiterkinds sind in Sanders „Antlitzen" spürbar. In seinen meist aus leicht abgesenkter Kameraposition aufgenommenen Porträts scheint die Verbindung aus Konsterniertheit, Geblendetsein und Erleichterung über das Entkommensein auf, die derjenige mitbringt, der gerade aus dem Schacht gestiegen ist.

Von Sander aus lässt sich daran erinnern, dass mit der Innigkeit der Erfahrung des Kindes nur die desjenigen verschwistert ist, der dem Tod nahekommt. Benjamin wusste um diese Verwandtschaft. In „Verstecke" heißt es über das kindliche Anverwandeln an die Möbel: „Hier war ich in die Stoffwelt eingeschlossen. Sie ward mir ungeheuer deutlich, kam mir sprachlos nah. So wird erst einer, den man aufhängt, inne, was Strick und Holz sind." (*Berliner Kindheit*: 253)

Literatur:

Benjamin, Walter: „Der Begriff der Kunstkritik in der deutschen Romantik“, in: ders., *Gesammelte Schriften*, Bd. I.1, hg. von Rolf Tiedemann, Frankfurt am Main: Suhrkamp 1991, S. 7–122.

– „Kleine Geschichte der Photographie“, in: ders., *Gesammelte Schriften*, Bd. II.1, hg. von Rolf Tiedemann, Frankfurt am Main: Suhrkamp 1991, S. 368–385.

– *Berliner Kindheit um Neunzehnhundert*, in: ders., *Gesammelte Schriften*, Bd. IV.1, hg. von Rolf Tiedemann und Tillmann Rexroth, Frankfurt am Main: Suhrkamp 1991, S. 235–304.

Adorno, Theodor W.: „Charakteristik Walter Benjamins“, in: ders., *Prismen. Kulturkritik und Gesellschaft*, Frankfurt am Main: Suhrkamp 1955, S. 283–301.

Deutsches Wörterbuch von Jacob und Wilhelm Grimm, 16 Bde. in 32 Teilbänden, Leipzig: Hirzel 1854–1961. Online verfügbar über das Wörterbuchnetz der Universität Trier: <http://woerterbuchnetz.de/cgi-bin/WBNetz/wbgui_py?sigle=DWB>.

Goethe-Wörterbuch, hg. v. der Berlin-Brandenburgischen Akademie der Wissenschaften, der Akademie der Wissenschaften zu Göttingen und der Heidelberger Akademie der Wissenschaften, Stuttgart: Kohlhammer 1978ff. Online verfügbar über das Wörterbuchnetz der Universität Trier: <http://woerterbuchnetz.de/cgi-bin/WBNetz/wbgui_py?sigle=GWB>.

Lexer, Matthias: *Mittelhochdeutsches Handwörterbuch*, 3 Bde. Leipzig: Hirzel 1872–1878. Online verfügbar über das Wörterbuchnetz der Universität Trier: <http://woerterbuchnetz.de/cgi-bin/WBNetz/wbgui_py?sigle=Lexer>.

KLEIDEN (SIMONE DE BEAUVOIR)

Barbara Vinken

> „Durch den Schmuck, so sagten wir, hat die Frau teil an der Natur, der sie zugleich die Notwendigkeit des Künstlichen anlastet. Für den Mann wird sie Blume und Edelstein. Sie wird es auch für sich selbst. Ehe sie dem Mann ihre Wasserwellen, die sanfte Wärme ihrer Pelze schenkt, macht sie sich diese zu eigen. Noch inniger als ihre Nippsachen, ihre Teppiche, ihre Kissen, ihre Sträuße liebt sie die Federn, Perlen, Brokate und Seiden, die sie am *Körper* trägt. Der schillernde Glanz, der zarte Hautkontakt sind ihr ein Ausgleich für die rauhe Männerwelt, die ihr erotisches Universum ist, und sie schätzt ihren Wert umso höher, je weniger sie sinnlich auf ihre Kosten kommt. Wenn viele Lesbierinnen sich männlich kleiden, so nicht nur, um die Männer nachzuahmen und die Gesellschaft herauszufordern: sie haben kein Bedürfnis, sich an Samt und Seide zu schmiegen, weil sie deren passive Eigenschaften am Körper einer Frau erfassen. [...] Die Frau, die der rohen männlichen Umarmung ausgeliefert ist, hat – selbst wenn sie diese genießt, und erst recht, wenn sie keine Lust dabei verspürt – keine andere fleischliche Beute zu umarmen als ihren eigenen Körper: sie parfümiert ihn, um ihn in eine Blume zu verwandeln, und der Glanz der Diamanten, die sie am Hals trägt, geht über in den Glanz ihrer Haut."

Simone de Beauvoir, *Das andere Geschlecht: Sitte und Sexus der Frau*

Mode, Kleider, werden meistens nach Bildern beschrieben und nach Image gekauft. Als ein Image, das man sich zulegt, in das man sich verwandeln möchte. Toll, sagen Passantinnen, der Look. Selten fragen sie, ob sie den Stoff anfassen oder gar streicheln dürfen. Wie es aussieht, wie man damit aussieht, scheint wichtiger, als wie es sich anfühlt.

Zunehmend wird nach Fotografien im Internet gekauft. Also ohne dass passiert, was Yohji Yamamoto das Ereignis der Mode schlechthin genannt hat: das Aufeinandertreffen von Kleid und Körper in der Berührung beider. Elfriede Jelineks Protagonistin möchte unbedingt diesen einen Rock, der ihr von den Plakaten entgegenstrahlt – aber nicht etwa, weil er sich wunderbar anfühlt, wenn er die Schritte beschwingt oder die Hüften umfasst. Sie hofft, sie sieht mit diesem Rock so aus wie das Model, das ihn auf dem Bild trägt. Klar ein Missverständnis. Fühlen kann man in einem Bild nicht, wie ein Stoff fällt, wie schwer das Tuch ist oder wie weich, wie anschmiegsam oder steif ein Wollstoff. Wie die Seide raschelt oder der Baumwollbatist sich im Wind bauscht. Ob es sich um Köper- oder Atlasbindungen, um Chiffon, um Georgette, Crêpe de Chine, Satin oder Jersey handelt. Gerade noch kann man auf Bildern erkennen, ob es ein stumpfer, das Licht aufsaugender, oder ein spiegelnder Stoff ist. Aber nicht, wie er sich anfühlt und wie man sich in ihm bewegt; nur wie es aussieht, scheint wichtig.

Wenn es bei Kleidern um so etwas wie Berührung geht, wird das nicht unter Sinnlichkeit, sondern unter Funktionalität in Extrembedingungen abgehandelt. Land's End, Globetrotter, North Face: atmungsintensiv, thermodynamisch, wasserabweisend. Die Adressaten, die sich dieser widrigen Witterung ausgesetzt sehen, sind eher Männer. Die unglaubliche Akribie der Spezialisten in diesen Dingen zeigt, dass deren Leidenschaft und Vergnügen Funktion ist. Das Trottoir, die Stadt, die Passantin, all das ist völlig aus dem Blick gerückt. Sinnlich-Ästhetisches, Vergnügliches spielt in dieser bitterernsten Angelegenheit so gut wie keine Rolle.

Image, ist ein Schlüsselwort beim Aussuchen von Kleidern. Bilderstrecken in Modezeitschriften oder auf Instagram entwerfen das Image einer Marke, ihr Logo, reduziert auf die sogenannte DNA. Die beruht, glaubt man, auf visueller Wiedererkennbarkeit, und das Geschäft damit blüht vielleicht am üppigsten bei Chanel, das zur Marke aller Marken geworden ist. Dabei waren sich einmal alle Coco-Chanel-Kundinnen einig, dass ihre Kostüme sich, wunderbar bequem, vor allen Dingen gut anfühlen. Sind Kleider, ist Mode, also heute wesentlich etwas geworden, das hauptsächlich den Gesichtssinn betrifft? Sehen und gesehen werden? Der Gesichtssinn ist der kälteste, ein kontrollierender, der distanzierteste der Sinne. Berührung dagegen setzt Nähe voraus, berührt werden, zu berühren, geht nahe.

Oft als zweite Haut beschrieben, sind Kleider dem Körper nah; so nah, dass man sie sich gegebenenfalls vom Leibe halten muss. Große Seuchen wie die Pest in Venedig sind über die Berührung mit verpesteten Kleidern von der Isolationsinsel San Servolo in die Stadt übertragen worden, weiß die Stadtgeschichte. Die Berührung mit den Kleidern anderer birgt die Gefahr der Ansteckung oder doch des Ekels. Kleider verlängern Berührung, übertragen, ja intensivieren Berührung. Deshalb ist die Distanz der Kleidung zum Körper peinlich genau geregelt, unterschieden nach drunter vom drüber – Unterwäsche, Dessous, Leibwäsche drunter – und innen vom außen – Negligé, Hauskleid innen. Im Innersten des Hauses, dem Schlafzimmer trägt man des Nachts Nachthemden und Pyjamas, am Tag Negligé, Hauskleider oder *robes de chambre*, die sich informeller, intimer von auf Repräsentation bedachten Ausgehkleidern und nahezu staatstragenden Anzügen der Leistungsträger deutlich unterscheiden.

Das strahlende Weiß der Unterkleider war seit dem immer hygienischer werdenden 18. Jahrhundert ein Ausweis von Sauberkeit und Vornehmheit. Seide wurde in der Leibwäsche weitgehend durch Baumwolle, die man kochen und bei Bedarf auch stärken konnte, ersetzt. Enorm war die investierte Arbeit. In Waschmittelreklamen spukt das unbefleckte Weiß bis heute.

Den Duft über Brombeerbüschen in der Sonne getrockneter, natürlich gebleichter Wäsche soll das Parfüm *Mure et musc* einfangen. Den Körper berühren darf nur strahlend sauberer, duftender Stoff. Flecken, die er zurücklässt – Schweiß, Blut, aber auch Bakterien und Bazillen –, müssen routinemäßig entfernbar sein. Die Stoffe der Ausgehkleider werden geschont vor den allfälligen Ausdünstungen; man hält sie sich vom Leib und sie halten einem die Welt vom Leib. Weil Körper Spuren in den Stoffen hinterlassen, trugen die Vorführdamen der großen Häuser unter den Haute-Couture-Kleidern Unterkleider, sodass ihre Körper die der Kundinnen nicht indirekt über den Stoff berührten. Betuchte Kundinnen gingen keinesfalls auf Tuchfühlung mit Mannequins.

Wenige, die über Mode schreiben, fassen die Sinnlichkeit der Kleider ins Auge – allbeherrschend, auch in meiner Formulierung, die Metapher des Augensinns. Zola gibt in seinem Stoffrauschroman *Das Paradies der Damen* der Sinnlichkeit nicht der Schnitte, aber der Stoffe breiten Raum. In Stoffbergen zu wühlen, verzückt Samt und Seiden zu streicheln, versetzt die Damenwelt in einen Sinnesrausch. Aber das Begehren richtet sich letzten Endes nicht auf den Tastsinn, nicht darauf, vom Kleid berührt zu werden, in ihm zu kuscheln oder durch es streng gefasst zu werden, sondern darauf, sich selbst in eine Stoffpuppe zu verwandeln, die zu berühren unwiderstehlich ist. Die taktile Qualität von Haut und Stoff, ihre Austauschbarkeit steht im Zentrum. Wo Fleisch war, soll Stoff werden: samtige Schenkel, satinschimmernde Busen, seidenweiche Arme. Lüstern wird ohne Rücksicht auf Verluste alles Geld der Welt darauf verschwendet, sich in das seidenweiche, samtige Idol der Weiblichkeit zu verwandeln. Aber dieses Seidige, Samtige ist eine Anmutung des Augensinns, die den Tastsinn nur retroaktiv aktivieren kann, nachdem sie kühl durchs Auge gegangen ist.

Selbst bei Roland Barthes steht nicht, wer oder was ein Kleid trägt und von ihm berührt wird. Er hat nicht die reale Berührung von Stoff und Haut im Blick, sondern die durch das Kleid modisch suggerierte Berührbarkeit der Körper. So wird Barthes die durch das Kleid produzierte Berührbarkeit von Körpern zum Unterscheidungskriterium zwischen Chanel und Courrèges. Berührbarkeit ist hier nicht im eigentlichen Sinne gemeint, sondern eine durch die Kleidergestalt konstruierte Figur. Während das Chanel-Kostüm den Körper im Dienste der gesellschaftlichen Distinktion aufsaugt, um die Trägerinnen von der kleinbürgerlichen Mode abzusetzen, setzt die Mode von Courrèges den Körper als Zeichen. Sie bringt durch Schnitte und Farbe den Körper im ‚Gewagten' scheinbar näher; sie gibt das Gefühl, diesen Körpern freundschaftlich begegnen zu können, schreibt Barthes (vgl. 1245–1246). Der berührbare Körper ist in der Mode das Ergebnis einer komplexen Zeichenoperation. Das Begehren, durch Kleider einen zeichenhaft berührbaren Körper herzustellen – *to fashion* im *self-fashioning* –, hatte Zola schon früh als Wurzel des weiblichen Modebegehrens ausgemacht und als fetischistisches Begehren des Schwankens zwischen Totem und Belebtem beschrieben. Benjamin wird dieses Schwanken als den Kern der Mode ausmachen (vgl. Benjamin: 3, 8), so, wie der Fetisch schon bei Freud als Ersetzung des Lebendigen durch das Tote erkannt worden ist (Freud: 387–388).

Es ist eine Frau, für die die Berührung von Stoff und Haut zentral wird. Aber mehr als hilflose Kompensation für fehlende, männliche Liebeskunst kann Simone de Beauvoir darin nicht erkennen. Das zarte Kosen der Stoffe entschädigt für die Rauheit der erotischen Welt der bürgerlichen, verheirateten Frau: „und sie schätzt ihren Wert umso höher, je weniger sie sinnlich auf ihre Kosten kommt" (de Beauvoir: 669). De Beauvoir hat dabei auch den fetischistischen Aspekt der Mode mit im Auge, denn sie versteht die modische Frau als Inbegriff der Entfremdung und Verdinglichung. Die Mode fesselt die Frau in der Immanenz, was man mit Stofflichkeit übersetzen kann. Genau besehen geht die modische Frau einem Haufen Perversionen nach. Sie wäre eine Fetischistin, denn sie verwandelt sich, wenn sie sich schmückt, in Totes: Die Frau naturalisiert sich als Blumenbouquet oder wird als Bild der großen Meister zu einem Kunstwerk. Der Schimmer der (toten) Diamanten und ihrer (lebendigen) Haut sind an ihr eins. Kurz, nichts setzt die vertrackte Situation der Frau in der Moderne, die ihr jede Übersteigung ihres So-Seins verwehrt, ihre Unfähigkeit zu jedem geistigen Aufschwung und ihr wahnhaftes Verstrickt-Sein in blinde Immanenz, so treffend ins Bild wie ihr modisches Verhalten.

Das Berührt-Werden durch den Stoff der Kleider beschreibt de Beauvoir überraschend negativ. Die Weichheit der Stoffe scheint für sie nichts als eine bloße Ersatzbefriedigung angesichts der ungelenk-rauen Umarmungen der Männer – eine Form der Masturbation fast. Jede sich der Mode hingebende Frau wäre Autoerotikerin. Aber diese Autoerotik hat mit narzisstischer Verblendung nichts zu tun; sie folgt der Berührung und hängt nicht an dem Bild des im Bild gespiegelten Narziss.

Wer etwas von Kleidern versteht, wird nie auf das Anprobieren, das probeweise Aufeinandertreffen von Kleid und Körper, von Stoff und Haut verzichten. Nur wer sich in Kleidern bewegt, weiß, wie ein Rock schwingt und was er mit dem Körper macht. Nur während man ein Kleid trägt, kann es rascheln oder rauschen. Man kann überlegen, ob und was man daran mag. Das Zusammenspiel von Körper und Kleid ist schließlich bei jedem anders, so wie jeder Körper anders ist. Deswegen steht jeder und jedem anderes und sieht dasselbe immer anders aus. Jede Frau hat andere Vorlieben: Lieben wir es, in ein festes, köpergebundenes Etuikleid, mit *en biais* geschnittener Seide gefüttert, eingefasst zu werden? Fühlt sich der Bleistiftrock gut an, wenn er mit Polyester gefüttert ist? Oder wollen wir lieber eine zwanglos weich fallende *Crêpe de Chine*-Bluse, die einen nackten Körper in klassische Falten hüllt oder ein Woll- oder Seidenjersey, das sich wie angegossen um den Körper schmiegt und alles zeigt? Einen vierfädigen Kaschmirpullover, der immer noch die beste Thermokleidung ist, in der wir schneidendem Wind trotzen oder lieber ein aufs erste Gefühl wärmeres, wolkiger wirkendes Mischgewebe? Natürlich kann man auf einem Bild nicht sehen, ob sich ein Stoff kühl oder warm anfühlt, welche Bewegungsfreiheit ein Kleid gewährt, wie kosend, weich oder steif, leicht oder schwer es fällt, ob man es überhaupt fühlt oder sofort vergisst, dass man es anhat. Gießt es den Körper in eine Form, gibt ihm Halt oder gar gepanzerte Sicherheit, oder ist es ein leichtes Nichts ohne Ecken und Kanten?

Ob wir Kleider mögen und auch wie wir darin aussehen, hängt davon ab, wie wir uns darin fühlen. Dagegen verfängt der Umkehrschluss, den die Modebild-Industrie mit ihrer Abbildungspolitik unterstellt, nicht: Denn wer fühlte schon in Bildern, wie sich das mit ihrer Hilfe herbeifantasierte Aussehen anfühlt. Ein jedes Image von Frau ist fühllos. In Kleidern, in denen wir uns besser fühlen, die sich besser anfühlen, sehen wir vielleicht auch schlicht besser aus.

Literatur:

de Beauvoir, Simone: *Das andere Geschlecht: Sitte und Sexus der Frau*, Neuübers. von Uli Aumüller und Grete Osterwald, Reinbek bei Hamburg: Rowohlt [1949] 1992.
Barthes, Roland: „Le match Chanel-Courrèges“ [1967], in: ders., *Œuvres complètes*, Bd. 2: 1962–1967, hg. von Éric Marty, Paris: Seuil 2002, S. 1245–1249.
Benjamin, Walter: „Konvolut B: Mode“, in ders., *Das Passagen-Werk*, Bd. 1, hg. von Rolf Tiedemann, Frankfurt am Main: Suhrkamp 1982, S. 110–132.
Freud, Sigmund: „Fetischismus“, in ders., *Studienausgabe*, Bd. 3: *Psychologie des Unbewußten*, hg. von Alexander Mitscherlich, Frankfurt am Main: Fischer 1997, S. 379–388.
Zola, Émile: *Das Paradies der Damen* [1884], übers. von Hilde Westphal, Berlin: Aufbau Verlag (1957) 2008.

KOKAIN (MERLEAU-PONTY)

Philippe P. Haensler

> „Wenn etwa bei einem Amputierten sich an die Stelle der vom Bein ausgehenden Reize solche setzen, die auf der Leitung vom Stumpfende zum Gehirn lokalisiert sind, so empfindet der Amputierte ein Phantomglied [...]. Was hat die moderne Physiologie darüber zu sagen? Kokain-Anästhesie läßt das Phantomglied nicht verschwinden [...]."
>
> Maurice Merleau-Ponty, *Phänomenologie der Wahrnehmung*

Erstens, Name eines Scheiterns: „Kokain" kommt in Maurice Merleau-Pontys wahrnehmungstheoretischem *opus magnum* von 1945 ein einziges Mal zur Sprache und auch nur insofern, als ihm – paradoxe Berufung – versagt ist, zu beseitigen, was nicht mehr da ist. Es lässt das Phantomglied unberührt – und sich, wenn es nach der *Phänomenologie der Wahrnehmung* geht, gerade deshalb als Fingerzeig nehmen: für eine grundlegende Neukonzeptualisierung nicht nur des Partikularproblems der Phantomempfindung, sondern auch der empfindenden Instanz, die dem fehlenden Glied Statt ist, im (eben nicht mehr) Ganzen.

Konkret bildet „Kokain" den Auftakt zu einer Serie von Beispielen, die einsichtig machen sollen, dass die Ex- und Persistenz von (in biologistisch-mechanistischer Perspektive) ursachelosen körperlichen Schmerzen „in der Tat von ‚psychischen' Determinanten ab[hängen]. Eine Gefühlsbewegung oder an die der Verletzung erinnernde Umstände lassen das Phantomglied plötzlich auch bei Verletzten erscheinen, die es sonst nicht kannten. Es kommt vor, dass ein Phantomarm nach der Operation zuerst riesengroß erscheint, dann sich allmählich zusammenzieht und endlich – ‚wenn der Verletzte dazu gelangt sich mit seiner Verstümmelung abzufinden' – im Stumpf verschwindet. Das Phänomen des Phantomglieds verdeutlicht sich hier durch das der Anosognosie, das seinerseits offenbar psychologisch erklärt werden will." (Merleau-Ponty: 100f.)

Unter dem Horizont dieser Textpassage wird Kokain gleichsam zur Metonymie: Was die Phantomempfindung anbelangt, ist sein Unvermögen das des physiologischen Erklärungsversuchs überhaupt. „Ist also", so Merleau-Pontys naheliegende wie weitreichende Frage, „zu schließen, das Phantomglied sei eine Erinnerung, ein Wille oder ein Glaube, muß an die Stelle der versagenden physiologischen die rein psychologische Erklärung treten?" (101) Doch auch das wird, wenn nicht geradewegs verneint, so doch grundlegend in Zweifel gezogen mit dem Verweis auf den – die Form des Kokain-Beispiels exakt spiegelnden – Umstand, dass nach vollständiger „Beseitigung der sensitiven Leiter zum Hirn das Phantomglied verschwindet." (101) Merleau-Ponty fasst zusammen und greift vor: „Das Phantomglied ist weder einfach die Folge objektiver Kausalität, noch auch einfach nur eine *cogitatio*. Ein Gemisch [*mélange*] aus beidem könnte es nur sein, wenn es möglich wäre, eines zum anderen in Bezug zu setzen: ‚Psychisches' und ‚Physiologisches', ‚Für-sich' und ‚An-sich', und einen Ort der Begegnung beider aufzuweisen [...]." (101)

Dass dies „möglich" *ist*, steht für Merleau-Ponty entgegen der hier in Anschlag gebrachten Rhetorik nun ganz außer Frage. In Anlehnung an einen (durch Jean-Paul Sartre vermittelten) frühen Martin Heidegger führt Merleau-Ponty besagten „Ort der Begegnung" mit dem ‚Zur-Welt-Sein', wie es die menschliche ‚Existenz' auszeichne, eng (vgl. 102) – um, in Abgrenzung gegenüber Heidegger, festzustellen, dass sich solches ‚Zur-Welt-Sein' wesentlich im „Leib [*corps propre*]" (106) artikuliere, um nicht zu sagen: mit diesem *zusammenfalle*. Dieser entscheidende Schritt über Heidegger hinaus ist, historisch betrachtet, auch einer zurück: Mit der Wendung des ‚corps propre' zollt Merleau-Ponty der Unterscheidung zwischen ‚Körper' (für den sich im Französischen der etymologisch verwandte ‚corps' anbietet) und ‚Leib' (für den eine französische Entsprechung fehlt) Tribut, wie sie im Denken Edmund Husserls von zentraler Bedeutung ist. (Zu nennen sind hier insbesondere die Materialien im Umkreis des [zu Lebzeiten unveröffentlichten] zweiten Bands von Husserls *Ideen zu einer reinen Phänomenologie und phänomenologischen Philosophie*, die Merleau-Ponty im Vorfeld der Abfassung der *Phänomenologie der Wahrnehmung* im Husserl-Archiv in Leuven konsultiert [vgl. van Breda].)

Während Husserl den Leib primär als *im* (freilich nicht länger ‚psychologisch', sondern ‚transzendental' gedachten) *Bewusstsein konstituierten* in den Blick nimmt, gilt das Interesse Merleau-Pontys am Leiblichen (stärker) dessen Rolle als *genuines Drittes* (das heißt *zwischen* Bewusstsein und Körper). In einem, Merleau-Pontys Wort: Wenn der Leib eine ‚mélange' bildet, dann insofern, als ‚Mixtur' hier in einer schwierigen Wendung gleichursprünglich wie das in ihr Vermischte ist. In diesem – auf Bewusstsein und Körper irreduziblen, gleichzeitig doch nicht von ihnen getrennten – leiblichen „Mittel" (106) unterscheidet Merleau-Ponty weiter zwischen dem ‚aktuellen' Leib einerseits und dem (‚habitualisierten') Leib als Archiv vergangener (und Grundlage möglicher zukünftiger) Erfahrungen andererseits (vgl. Wehrle: 9–10). Diese Differenzierung erlaubt, die Aporien, in welchen sich die bisherigen (rein physiologischen oder aber rein psychologischen) Erklärungsversuche verstricken, erfolgreich zu umgehen – beziehungsweise der ursprünglichen Problemstellung eine andere, produktivere zu substituieren: „Den Phantomarm haben, heißt für alles Tun, dessen allein der Arm fähig ist, offen bleiben, heißt das vor der Verstümmelung besessene praktische Feld sich bewahren. [...] Die aus dieser [der Schicht des aktuellen Leibes, Anm. P.P.H.] verschwundenen hantierenden Gesten bleiben in jener [der

Schicht des habituellen Leibes, Anm. P.P.H.] erhalten, und die Frage, wie ich mich im Besitz eines Gliedes fühlen kann, das ich in Wirklichkeit nicht mehr besitze, ist schließlich die Frage, wie der habituelle Leib den aktuellen Leib zu gewährleisten [*se porter garant pour*] vermag. Wie kann ich Dinge als Gegenstände der Hantierung wahrnehmen, da ich doch nicht mehr mit ihnen hantieren kann?“ (Merleau-Ponty: 106–107)

Theoriepoetologisch höchst interessant ist in diesem Konnex, dass die Beantwortung dieser (neuen) Fragestellung, ihrerseits, mit einer gewissen ‚mélange‘, nämlich mit einer Kontaktaufnahme oder Umarmung zwischen zwei Diskursen, zwei Sprechweisen konfrontiert: „Auf dem angedeuteten Wege nähert sich das Phänomen des Phantomgliedes dem der Verdrängung [*refoulement*] an [...]. Das Phänomen der Verdrängung, von dem die Psychoanalyse spricht, besteht darin, daß jemand einen einmal eingeschlagenen Weg [...] versperrt findet, ihm aber sowohl die Kraft, das Hindernis zu überwinden, fehlt, als auch die, auf sein Vorhaben zu verzichten, so daß er in seinem Versuch sich festläuft und all seine Energie damit vergeudet, ihn unentwegt im Geist zu erneuern. [...] Der Phantomarm ist derselbe Arm, den einst Granatsplitter zerrissen und dessen sichtbare Hülle längst irgendwo verbrannt oder verfault ist, der aber noch jetzt im gegenwärtigen Leib herumspukt, ohne sich doch mit ihm zu vereinigen. Der Phantomarm ist so, einer verdrängten Erfahrung gleich, einstige Gegenwart, die sich weigert, zur Vergangenheit zu werden.“ (Merleau-Ponty: 107–110)

Zweitens also, Name eines anderen (Scheiterns): Sigmund Freud kommt hier, wie auch im Rest des Kapitels, nicht vor. Anders: Er ist nicht da, um sich im Augenblick der Inanspruchnahme des von ihm geprägten Begriffs der ‚Verdrängung‘, gleichsam nachträglich, als von Anfang an heimlich im Text anwesend zu entpuppen. Denn nicht nur beim „Phänomen der Verdrängung, von dem die Psychoanalyse spricht“, wird Freud – ‚jetzt‘, ganz Phantom – nicht direkt beziehungsweise direkt nicht genannt: Die anästhetischen Eigenschaften von Kokainlösungen werden im September 1884 von dem österreichischen Augenarzt Carl Koller publik gemacht; wesentliche Inspirationsquelle für die Versuche, die Koller zu seiner einflussreichen Entdeckung führen, bildet Freuds einige Monate zuvor veröffentlichte Studie *Über Coca* (vgl. Lohmann). Im Hintergrund letzterer wiederum stehen eine Reihe von eigenhändig durchgeführten Versuchen, von denen einer – *like a sore thumb*, wie man wird sagen müssen – heraussticht: Zur Heilung von dessen Morphinsucht empfiehlt Freud seinem Freund Ernst Fleischl von Marxow die Behandlung durch Kokain; mit dem fatalen Resultat, dass Fleischl nun von zweierlei Alkaloid abhängig ist (vgl. Lohmann).

„Kokain-Anästhesie läßt das Phantomglied nicht verschwinden", schreibt Merleau-Ponty und setzt so in Szene, was hier, unter anderem, verhandelt, was, beziehungsweise *wer*, hier, unter der Hand, angesprochen – noch einmal, namentlich: *verdrängt* – wird. Im Leib (‚corps propre', besser: ‚chair', *Fleisch*) eines Worts, nämlich „Kokain", ein-, zum Cocablatt zusammengefaltet, berühren sich zwei Stimmen und, in eins, zwei Glieder, die fehlen (die „Zuordnung bei der Hand und bei dem Hand-Tastfeld", schreibt Husserl an einer Stelle, „ist die, daß, wo immer ich Berührung [...] an der Hand erfahre, in meinem Tastfeld ‚Berührungsempfindungen' auftreten, bzw. – bei Berührung einer fremden Hand – in der Weise der Appräsenz mit da sind" (164) – wie wäre im Anschluss daran die Berührung zwischen zwei Phantomgliedern zu begreifen?): Fleischls Griff zum Morphium, wie er sich durch Freud zu dem zu Kokain verdoppelt, hat seinen Grund ursprünglich in Schmerzen, die von einem amputierten Daumen herrühren.

Literatur:

MERLEAU-PONTY, Maurice: *Phänomenologie der Wahrnehmung*, übers. von Rudolf Boehm, Berlin: De Gruyter 1966.

HUSSERL, Edmund: *Ideen zu einer reinen Phänomenologie und phänomenologischen Philosophie. Zweites Buch. Phänomenologische Untersuchungen zur Konstitution*, hg. von Marly Biemel, Den Haag: Nijhoff 1952.

LOHMANN, Hans-Martin: „Die Kokain-Schriften", in: ders. und Joachim Pfeiffer (Hg.), *Freud-Handbuch. Leben – Werk – Wirkung*, Stuttgart: Metzler 2013, S. 79–81.

VAN BREDA, Herman: „Maurice Merleau-Ponty et les Archives-Husserl à Louvain", in: *Revue de Métaphysique et de Morale* 67.4 (1962), S. 312–330.

WEHRLE, Maren: „Medium und Grenze: Der Leib als Kategorie der Intersubjektivität. Phänomenologie und Anthropologie im Dialog", in: Thiemo Breyer (Hg.), *Grenzen der Empathie. Philosophische, psychologische und anthropologische Perspektiven*, München: Wilhelm Fink 2013, S. 217–238.

KONTAKTABZUG (RINGELBLUM-ARCHIV)

Georges Didi-Huberman

Jewish child begging by the wall, Reproduktion einer Fotografie aus dem Ringelblum-Archiv (ARG | 683–63), Jewish Historical Institute, Warsaw.

Als ich durch die laminierten Seiten des Ordners blätterte, der die Fotografien des Ringelblum-Archivs enthält – die Dokumentation über das Ghetto in Warschau, die von denjenigen zusammengestellt wurde, die dort zwischen 1939 und 1943 interniert waren –, bin ich für einen Moment an dem Bild eines kleinen Lagerjungens hängen geblieben, der auf der Straße bettelt. Er hat eine helle Blechbüchse in der rechten Hand und macht mit der linken die unvordenkliche Geste des Bettlers. Hinter ihm ist eine Backsteinmauer. Seine Mütze ist von der gleichen Art wie die des berühmten „jüdischen Kinds von Warschau", das bald darauf – im April oder Mai 1943 – bedroht von den Gewehren der Deutschen seine Arme heben wird. Spontan habe ich mein eigenes Gesicht über das Foto gebeugt, ohne zu wagen, es aus seiner schützenden Plastikhülle herauszunehmen. Ich habe davon meinerseits ein größeres Detail fotografiert. Indem ich mich auf diese Weise dem Gesicht des Kindes genähert habe, habe ich da nicht etwas der fotografischen Geste selbst nachgespielt, die Geste des *Kontakts*? Habe ich nicht aber im Innern der Emotion selbst, die mich in dem Moment ergriffen hat, eine Distanz bewahrt, insofern ich das Bild in seiner Schutzhülle gelassen habe, was auf meinem eigenen Foto eine Art leuchtende Wolke, eine Art verschwommene Atmosphäre geschaffen haben wird, die auf dem Bild selbst nicht existiert?

Antwortet eine Fotografie nicht meistens auf diese Phänomenologie selbst? Ist sie nicht gleichzeitig Kontakt und Distanz? Mehr oder weniger Kontakt und mehr oder weniger Distanz? Eine Fotografie transportiert wie das filmische Bild [*photogramme*] gleichzeitig Kontakt und Distanz. Die Wörter „Abzug" [*cliché, tirage, épreuve*] oder „Kontaktabzug" [*planche contact*] genügen, um zu zeigen, dass die fotografische Sichtbarkeit, zumindest im Zusammenhang mit der Technik der Silberplatten, aus etwas wie einer *Ähnlichkeit durch Kontakt* hervorgeht. Im Ausdruck „Aufnahme" [*prise de vue*] verlängert und realisiert sich jedoch das Wort *nehmen*, das einen Kontakt bezeichnet, in einem *Sehen*, das seinerseits bereits die Distanz voraussetzt. Von Abzug zu Abzug reproduziert und zerstreut sich der Kontakt, um dadurch selbst den Raum einer Distanz zu erzeugen. Davon ausgehend wird es absurd, die Aufzeichnung des Kontakts und der Distanz angesichts ein und desselben Bildes entwirren zu wollen.

Und in einem weiter gefassten Sinne: Drücken wir nicht das aus, was uns „berührt" [*touche*], indem wir Distanz erzeugen, aber auf eine Weise, dass wir diese in einen zerstreuten Kontakt [*contact disséminé*] umformen, die der Welt gegenüber offen ist und weithin als Gesetz reproduziert wird, *verstreut trotz Kontakt*? Spricht nicht der Philosoph Giorgio Colli vom *Ausdruck* im Allgemeinen als etwas, das aus den tiefsten Tiefen herausquillt (vergleichbar dem klebrigen Sekret, das aus dem Gedärm der Spinne dringt), um hier und da herumzuwandern, bis das Denken selbst die ganze *Repräsentation* verpflichtet (nun vergleichbar mit dem wunderbaren Netz, das die Spinne zwischen zwei Bäumen aus ihren eigenen Eingeweiden heraus spinnt (vgl. *Philosophie de l'expression*: 71))? In den posthumen Notizheften seiner *Philosophie du contact* hat Colli lapidar geschrieben: „Wahr ist, was sich von einem Kontakt ableitet." (*Philosophie du contact*: 95) Wäre der Kontakt Träger der Wahrheit, dann muss man zu Recht das „Ableiten" [*dériver*] in Richtung des Denkens verstehen. Darüber hinaus darf man den Kontakt nicht als abstrakten Moment denken, sondern als eine ethische Geste, die ihre eigene Zerbrechlichkeit annimmt: „eine Teilung zwischen zwei benachbarten Punkten", die sich also als Öffnung eines „Zwischenraums" (*Philosophie du contact*: 39f.) konstituiert. Bereits ein Abstand. Die Bewegung eines „Abdriftens" im Akt des Kontakts selbst: ein Aufbruch zum Verstreuten.

Übersetzung aus dem Französischen von Cornelia Wild

Literatur:

COLLI, Giorgio: *Philosophie de l'expression (1969)*, übers. von M.-J. Tramura, Montpellier: Éditions de l'éclat 1988.

—*Philosophie du contact. Cahiers posthumes II (1961–1977)*, hg. von E. Colli, übers. von P. Farazzi, Paris: Éditions de l'éclat 2002.

KONTROLLE (VLADIMIR TATLIN)

Susanne Strätling

Fotografie von Vladimir Tatlin, Tevel' Šapiro und Iosif Meerzon vor dem Projekt eines Denkmals für die III. Kommunistische Internationale, 1920 (Fotograf*in unbekannt). © Staatliches Russisches Archiv für Film- und Fotodokumente, Archiveinheit Nr. Gr-3295. Hier reproduziert nach: Vladimir Tatlin, *Retrospektive*, hg. von Anatolij Strigalev und Jürgen Harten. Köln 1992, S. 32.

„Wir unterstellen das Auge der Kontrolle des Tastsinns“

(Vladimir Tatlin)

„Ставим глаз под контроль осязанья“

(Владимир Татлин)

Als Vladimir Tatlin im November 1920 gemeinsam mit Tevel' Šapiro, Iosif Meerzon und Michail Vinogradov an den Staatlichen Freien Kunstwerkstätten in Petrograd seinen Entwurf für ein Denkmal der III. Kommunistischen Internationale der Öffentlichkeit vorstellt, steht das Modell nicht allein. Wandflächen und Decke bedecken politische und ästhetische Losungen, die das präsentierte Objekt diskursiv rahmen. Eine der Losungen deklariert: „Wir unterstellen das Auge der Kontrolle des Tastsinns“ („Stavim glaz pod kontrol' osjazan'ja“) (vgl. Abb). Man wird den ‚Tatlin-Turm‘, wie er heute zumeist verkürzt genannt wird, nicht auf den ersten Blick mit diesem Postulat in Verbindung bringen. Als moderner Turmbau zu Babel, dessen dynamisch gegen die Schwerkraft dem Kosmos zustrebende Spirale in sich wiederum drei rhythmisch kreisende Baukörper birgt, verkörpert der Entwurf die idealtypische „Agitplastik“ (Punin: 2) der Revolution. So überrascht es nicht, dass eine der Parolen, die das Modell umgeben, den kommunistischen Kampfruf des global vereinigten Proletariats aufgreift: „Metallarbeiter aller Länder, produziert Elemente einer neuen Form zum Gedenken an die III. Kommunistische Internationale“ („Rabočie metallisty vsech stran, izgotovljajte časti novoj formy v pamjat' III Kommunističeskogo Internacionala“). In diesem Aufruf steckt gleichwohl mehr als ein Tribut an den ideologischen Auftrag des Projekts. Er modifiziert den Wortlaut des Manifests der Kommunistischen Partei, prägt die Formel von Marx/Engels um und trägt den Klassenkampf der Arbeit in die Formkrise der Kunst hinein.

Diese Krise aber betrifft in ihrem Kern das, was Martin Jay „scopic regime of modernity" genannt hat. Der moderne Optozentrismus, dem bereits Herders Studien über die Plastik vehement Widerstand leisten, beginnt nicht erst mit den massenreproduzierbaren und zunehmend bewegten Bildern, wie sie die Betrachter*innen im frühen 20. Jahrhundert faszinieren – und auch überfordern. Unterfüttert durch das Wissen der optischen Wahrnehmungslehren seit Helmholtz und angetrieben durch die apparative Aufrüstung des Auges, wie sie in den technomorphen Metaphern „Kino-Auge" („kino-glaz", Dziga Vertov, 1924) oder „Foto-Auge" (Franz Roh/Jan Tschichold: 1929) zum Ausdruck kommt, wird die Privilegierung des Gesichtssinns spätestens ab 1900 so dominant, dass das „Neue Sehen" zum Inbegriff der Avantgarde gerät. Erstmals ausformuliert wird das in der Literatur- und Kunsttheorie des frühen Formalismus, genauer in Viktor Šklovskijs Essay „Kunst als Verfahren" („Iskusstvo kak priem", 1917) und der hier begründeten Verfremdungsästhetik. Verfremdung heißt, formalistisch gedacht, in erster Linie: Perspektivwechsel. Indem das künstlerische Objekt durch seine formalen Verfahren eine erschwerte, entschleunigte Wahrnehmung erzwingt, eröffnet es einen neuen Blick auf ästhetische Produktionsprozesse und die Materialität des Artefakts. Im Zentrum des Verfremdungskonzepts steht deshalb explizit ein Antagonismus zwischen Sehen (*videnie*) vs. Wiedererkennen (*uznavanie*): „Ziel der Kunst ist es", so heißt es bei Šklovskij, „ein Empfinden des Gegenstandes zu vermitteln, als Sehen, und nicht als Wiedererkennen" („Cel'ju iskusstva javljaetsja dat' oščuščenie vešči, kak videnie, a ne kak uznavanie"; 14/15).

Innerhalb weniger Jahre setzt sich dieses Programm kunst-, medien- und kulturübergreifend durch. Mit institutionellen Zentren in Weimar und Dessau (Bauhaus), Petersburg (Ginchuk) und Moskau (Vchutemas) sowie Leiden (De Stijl) ist das Neue Sehen eine gesamteuropäische Bewegung, die über migrierende Künstler*innen und Theoretiker*innen wie László Moholy-Nagy (der 1937 das New Bauhaus Chicago gründet) auch die US-amerikanische Kunst der Moderne prägt. Mit der internationalen Werkbund-Ausstellung „Film und Foto“ 1929 in Stuttgart etabliert sich das Neue Sehen als Name einer internationalen Avantgarde-Bewegung und das Auge als Primärorgan ästhetischer Wahrnehmung. Was Kunst ist, wird nun in Begriffen der Optik bestimmt. Dem Tastvermögen hingegen bescheinigt Max Raphael ein „kärgliches, fast heimatloses Dasein in unserer Zeit“. Noch zu Beginn des 20. Jahrhunderts seien „die meisten Menschen Barbaren des Getasts“ (123).

Was heißt es, unter diesen Bedingungen „das Auge der Kontrolle des Tastsinns zu unterstellen“? Einen Hinweis darauf gibt Moholy-Nagy – einer der zentralen Protagonisten des Neuen Sehens und Verfasser der Monografie *Vision in Motion* (1947), zugleich aber auch Denker der Berührung. Als Leiter des Vorkurses am Bauhaus (zunächst in Weimar, ab 1925 in Dessau) lässt Moholy-Nagy seine Studierenden mit verbundenen Augen die Tastwerte verschiedener Materialien und Oberflächen ermitteln – Übungen, wie sie auch die psychophysische Taktilitätsforschung dieser Jahre einsetzt, man denke etwa an die Versuchsanordnungen aus David Katz' *Aufbau der Tastwelt* (1925). Im Anschluss an diese Berührungsstudien sieht Moholy-Nagys Propädeutikum den Bau von Tastleitern, Tasttrommeln und anderen taktilen Objekten vor. Impuls für Moholy-Nagys Haptoästhetik ist der 1921 von Marinetti proklamierte „Taktilismus“ (*Tattilismo*) in den Künsten. Marinetti hatte – ausgelöst durch ein Blindheitserlebnis im Ersten Weltkrieg – umfangreiche Tastexerzitien zur Schulung seines taktilen Empfindens durchgeführt, hatte „Tasttafeln“ (*tavole tattili*) für „Handreisen“ (*viaggi di mani*) entworfen und schließlich eine totale Durchtastung der Welt antizipiert. Während Marinetti allerdings dem klassischen Paragone zwischen Augen- und Handkünsten verhaftet bleibt und Berührung stets mit einem Visualitätsveto verbindet, geht es Moholy-Nagy um eine wechselseitige Verschränkung von Optik und Haptik. Er beobachtet, dass intensive visuelle Stimuli taktile Reize auslösen. Dies gilt insbesondere für fotografische Close-ups oder Aufnahmen aus ungewohnten Perspektiven: „die dokumentarisch-exakten fotos von material-(tast)werten, ihre vergrößerten bisher kaum wahrgenommenen erscheinungsformen regen fast jeden [...] zur erprobung seiner tastfunktion an." So habe paradoxerweise „das auftreten der fotografie [...] die tastkultur gefördert" (Moholy-Nagy: 33). Anders als Marinettis Modell des blinden Berührens, laboriert Moholy-Nagy an einem Tasten mit weit offenen Augen, an einem optisch optimierten Tasten.

Solche Hybridbildungen eines tastenden Sehens oder eines sehenden Tastens, wie sie seit dem Molyneux-Problem immer wieder in variierenden Konstellationen verhandelt werden, betreffen jedoch nur einen Aspekt von Tatlins These. Denn diese zielt auf eine Subordination des Auges unter die Hand, die im Begriff „Kontrolle" unmissverständlich zum Ausdruck gebracht ist. Sie meint mehr als eine „Umkehr der Sinneshierarchie" (Zeuch), welche den klassischen „Adel des Sehens" (Jonas) entmachtet, um an seine privilegierte Position die proletarische Hand zu setzen. Vielmehr steht hier ein prinzipielles Kontrollbegehren der Sinneswahrnehmung zur Debatte. Artikuliert sich dieses optisch vor allem in Ideologien der Supervision, so kommt der taktile Machtanspruch primär in der Assoziation von Berührung und Realitätsbeweis zum Tragen. Einer der frühesten Belege dieses ‚Beweises' liegt im Thomaszweifel vor. Der im Kap. 20 des Johannesevangeliums als Alternative von Sehen vs. Spüren ausgestaltete Konflikt zwischen Glauben und Wissen führt mitten hinein in die kaum zu stabilisierenden Verortungen des Tastens im Spannungsfeld von intimer Nähe, übergriffiger Aneignung und fingerfertiger Beherrschung. In der sich vergewissernd ausstreckenden Hand des Apostels zeigt sich nicht nur Skepsis; sie berührt – buchstäblich – einen wunden Punkt in der Begründung von Autoritätsverhältnissen. Denn am Nachdruck des thomistischen Berührungsbegehrens zerbricht das Tasttabu des *noli me tangere*.

Vielleicht lässt sich die eigentümliche Ambivalenz taktiler Erfahrung besonders prägnant als ‚Manipulation' auf den Begriff bringen. Der Begriff ‚Manipulation' umfasst die Bereiche des Taktilen, des Handhabbaren, des Manuellen oder gar Manufakturellen, er betrifft die Techniken der subtilen Veränderung und Formung, meint aber auch Verfahren des gewaltsamen Gefügigmachens, der objektivierenden Verdinglichung und Steuerung, der autoritären Aneignung und Dressur. Der Doppelsinn dieser Verwendungsweisen lässt sich unverhüllt einer Studie Meads über *The Nature of Aesthetic Experience* (1925) ablesen: „The proximate goal of all perception is what we can get our hands upon. If we traverse the distance that separates us from that which we see or hear and find nothing for the hand to manipulate, the experience is an illusion or a hallucination. The world of perceptual reality, the world of physical things is the world of our contacts and our manipulations". (382) Hier verschwistern sich nicht nur Tasterlebnis und Realitätsbeweis. Hier spricht sich auch im manipulativen Gestus der Anspruch auf Unterwerfung der Welt unter die Hand aus. Handhabung heißt Habhaftmachung.

Kann und will aber Berührung dies leisten? Wäre nicht Berührung noch vor dem Anspruch des Besitzes zunächst als Modus der Beziehung zu denken? Über die tastende Bewegung der ausgestreckten Hand, als deren primäres Motiv Katz die „Bipolarität" (261) und Merleau-Ponty den propriozeptischen Chiasmus des „Berührend-Berührtwerdens" („touchant-touché"; 238) bestimmt haben, verankert sich der aktive Leib in einer gegenständlichen Welt und einer Situation; mit ihr vollzieht sich der Kontakt zum Außen und Anderen. Dass zu diesem Wechselspiel des Tastens notwendig auch die Zäsur, die Grenze, der Abstand gehört, daran hat Erwin Straus erinnert.

Die Aura der Nähe, welche das Tasten umgibt und welche nicht zuletzt den Schauder (vor) jeder Berührung ausmacht, speist sich aus der Distanz. Berührung könnte nicht Näherung sein, so Straus, „wenn sie nicht aus der Ferne käme und wenn nicht in der Näherung die Möglichkeit der Entfernung, konkret gesprochen, des Loslassens, Entgleitens, Verlierens bestehen bliebe" (407). Schon im Tasterlebnis selbst ist diese Notwendigkeit des Loslassens eingelagert. Jedes Tasten bleibt fragmentarisch, partikulär, denn im Tasten kann nie das Ganze, können stets nur, sich vorantastend, Teile ergriffen werden. Deshalb spricht Straus von der „Leere der Tastwelt" (361); deshalb sieht Jakov Druskin sie einem „Gesetz der Heterogenität" (*zakon neodnorodnosti*; 77) unterstellt. Sie ist gezeichnet durch das „Unbestimmt-Bestimmbare des Dort" (Straus: 361).

Aus dieser suchenden Unabschließbarkeit rührt die Ruhelosigkeit des Tastens, sein fortwährendes ‚Weiter', an ihr bricht sich der Evidenzanspruch des handgreiflichen Wirklichkeitsbeweises und in ihr hat sich auch das taktile Kontrollbedürfnis neu zu orientieren. Denn es formuliert keine schlichte sinnliche Superiorität – vielmehr geht es das Wagnis eines Kontrollverlusts ein. Mit Tatlin „das Auge der Kontrolle des Tastsinns zu unterstellen" heißt, es in die Unschärfen einer Begegnung hineinzuziehen, die nicht Berührung und Beherrschung, sondern Berührung und Bestimmungsoffenheit zusammendenkt. Es gehört zur paradoxen Logik dieses Unterfangens, dass Tatlins Denkmal der III. Kommunistischen Internationale nie gebaut wurde. Es kann als Plastik heute nur noch aus raumzeitlicher Ferne in seinen visuellen Reproduktionen erahnt werden. Möglicherweise aber tritt damit umso deutlicher sein revolutionär-utopisches Potenzial hervor: architektonisch, epistemisch und ästhetisch.

Literatur:

Druskin, Jakov: *Dnevniki*, St. Petersburg: Akademičeskij proekt 1999.

Jay, Martin: „Scopic Regimes of Modernity", in: *Vision and Visuality*, hg. von Hal Foster, Seattle: Bay Press 1988, S. 3–23.

Jonas, Hans: „Der Adel des Sehens. Eine Untersuchung zur Phänomenologie der Sinne" (1953), in: ders., *Das Prinzip Leben. Ansätze zu einer philosophischen Biologie*, Frankfurt am Main: Suhrkamp 1994, S. 233–264.

Katz, David: *Der Aufbau der Tastwelt*, Leipzig: Verlag von Johann Ambrosius Barth 1925.

Mead, George Herbert: „The Nature of Aesthetic Experience", in: *The International Journal of Ethics*, 36. 1 (1925), S. 382–393.

Merleau-Ponty, Maurice: *Das Sichtbare und das Unsichtbare*, übers. von Regula Giuliani und Bernhard Waldenfels, München: Fink 1994.

Moholy-Nagy, László: *Vom Material zur Architektur*, München: Albert Langen 1929.

Punin, Nikolaj: „Das Projekt eines Monuments für die III. Internationale von V.E. Tatlin", in: Richard Lorenz (Hg.), *Proletarische Kulturrevolution in Sowjetrußland (1917–1921). Dokumente des ‚Proletkult'*, übers. von Uwe Brügmann und Gert Meyer, Frankfurt am Main: dtv 1969, S. 176–178.

— *Pamjatnik III internacionala. Proekt chudožnika V.E. Tatlina*. Petrograd: Izdanie Otdela Izobrazitel'nych Iskusstv N.K.P. 1920

Raphael, Max: *Aufbruch in die Gegenwart. Begegnungen mit der Kunst und den Künstlern des 20. Jahrhunderts*, hg. von Hans-Jörg Heinrichs, Frankfurt am Main: Suhrkamp 1985.

Roh, Franz/Tschichold, Jan: *foto-auge. œil et photo. photo-eye. 76 Fotos der Zeit*, Stuttgart: Akademischer Verlag Dr. Fritz Wedekind 1929.

Šklovskij, Viktor: „Iskusstvo kak priem / Kunst als Verfahren", in: Jurij Striedter (Hg.), *Russischer Formalismus. Texte zur allgemeinen Literaturtheorie und zur Theorie der Prosa*, München: Fink 1969, S. 5–35.

Strätling, Susanne: *Die Hand am Werk. Poetik der Poiesis in der russischen Avantgarde*, München: Fink 2017.

Straus, Erwin: *Vom Sinn der Sinne*, Berlin: Springer 1956.

Vertov, Dziga: „‚Kinoglaz'", in: Franz-Josef Albersmeier (Hg.), *Texte zur Theorie des Films*, Stuttgart: Reclam 1998, S. 50–51.

— „Naše tečenie nazyvaetsja ‚kino-glaz'" (1924) in ders., *Iz nasledija*. Bd. 2: *Stat'i i vystuplenija*, Moskau: Ėjzenštejn-centr 2008, S. 400–401.

Zeuch, Ulrike: *Umkehr der Sinneshierarchie. Herder und die Aufwertung des Tastsinns seit der frühen Neuzeit*, Tübingen: Max Niemeyer 2000.

LEBEN (ARISTOTELES)

Luce Irigaray

> „Doch unterscheidet sich das Tastbare vom Sichtbaren und Tönenden, weil wir diese dadurch wahrnehmen, daß das Medium in uns etwas bewirkt, das Tastbare aber nicht durch Einwirkung eines Mediums, sondern zusammen mit dem Medium. Dadurch ist auch klar, daß das Wahrnehmungsvermögen des Tastbaren innen liegt; denn so dürfte bei ihm geschehen, was auch bei den übrigen Sinnen geschieht. [...] Daher ist das Fleisch das Medium des Tastvermögens [*du toucher*]."
>
> Aristoteles, *Über die Seele*

Der Vorrang des Sehens und des Hörens in unserer Tradition hat uns nach und nach von uns selbst isoliert. Diese beiden Sinne nehmen nämlich nur durch die Einwirkung eines Mediums [*intermédiaire*] wahr, wohingegen das Medium des Berührens das Fleisch selbst ist. Unser kulturelles Universum hat die Rolle eines visuellen und akustischen Vermittlers eingenommen – mehr oder weniger zufällig hinsichtlich unserer natürlichen Zugehörigkeit, die uns immer mehr von der ganzheitlichen Wahrnehmung von uns selbst entfernt hat. In einer Zeit, in der das Leben selbst in Gefahr ist, nicht nur das Leben von Pflanzen- und Tierarten, sondern unser Leben als Menschen – wie verhindern wir da, von dem weltweiten ökonomisch-politischen Mechanismus aufgezehrt zu werden, in den sich unsere Welt gewandelt hat. Eine Kultur des Berührens kann uns erlauben, zu uns selbst zurückzukehren.

Zunächst auf individueller Ebene durch eine Praxis der Selbst-Affektion, nicht als Autoerotismus oder Narzissmus, sondern um uns einen Ort zu verschaffen, an dem wir Schutz finden. Ist unser Körper nicht unsere erste Bleibe? Indem wir die verschiedenen Ränder unserer Körper miteinander in Berührung bringen – unsere Lippen, unsere Lider, unsere Handflächen aber auch die Ränder unserer Füße – können wir einen inneren Raum erschaffen, in dem wir uns aufnehmen und uns bewohnen können. Uns Menschen fehlen die Wurzeln, durch die wir als Lebewesen existieren können. Die Selbst-Affektion ist ein Mittel [*dispositif*], das unsere Abwesenheit von natürlichen Wurzeln und einer natürlichen Welt, ausgehend von der wir die Grenzen unserer Körper sich berühren könnten – seine äußere Partie, seine Haut, mehr noch in Verbindung mit dem Mentalen, in dem man seine intimere, muskuläre Partie beherbergt, die für den unmittelbaren Affekt rezeptiver ist, also verwundbarer und dem Bewusstsein weniger direkt zugänglich.

In der ursprünglichen griechischen Sprache gab es eine grammatikalische Form, um die Selbst-Affektion auszudrücken: das sogenannte Medium oder mediale Passiv. Diese Form, die es uns erlaubt hat, gleichzeitig Aktivität und Passivität zu bezeichnen, haben wir leider verloren. Sie impliziert auch einen physischen und sensiblen Einsatz – sich versammeln, sich sammeln, sich berühren – und nicht allein ein mentales oder durch das Mentale vermitteltes Sich-Sehen, wie es der Fall für die reflexive Verbform ist, die einer Logik Subjekt-Objekt und nicht Subjet-Subjekt gehorcht.

Das Medium wird auch verwendet, um die Reziprozität in einer Geste auszudrücken, die gleichermaßen das Physische wie das Mentale einschließt: Wir umarmen uns. Außerdem gab es in dieser Sprache zwei unterschiedliche Begriffe, um den anderen zu bezeichnen: *heteros* und *allos*. *Heteros* wurde verwendet, wenn es sich um den anderen von zweien handelte, die zusammen ein Paar bilden: die andere Hand, die andere Lippe, aber auch das andere Geschlecht. Dieses Wort, das in einem Verhältnis zwischen zwei verwendet wurde, zugleich zwei und zwei unterschiedliche, wurde durch den Begriff *allos* verdrängt – unser Begriff „autre“ [der andere] –, der jedweden anderen in einer Gruppe bezeichnet.

Eine solche Ersetzung, die mit dem Verschwinden des Mediums und den zwei Formen zugunsten eines nicht weiter differenzierten Plurals einhergeht, beraubt uns sowohl der Möglichkeit, eine Selbst-Affektion auszudrücken wie auch eine Fremd-Affektion, die unser ganzes Sein betrifft, auch auf sensibler, physischer Ebene, besonders auf der Ebene des Berührens. Die Art und Weise, einen ganzheitlichen Bezug zu sich zum Ausdruck zu bringen, ist damit verschwunden; aber auch einen Bezug zum anderen zum Ausdruck zu bringen, der nur zwischen zwei statthaben kann, besonders zwei unterschiedlich sexuierten Körpern, ist damit verschwunden – zumindest in den meisten unserer heutigen Sprachen. Dies hat eine noch bestehende Teilung und eine Hierarchie zwischen Körper und Geist mit sich gebracht und bewirkt, dass uns ein Ort fehlt, an dem wir uns wiederfinden, uns wieder selbst sammeln können, aber auch ein Ort, an dem wir unser ganzes Selbst mit einem anderen wechselseitig teilen können. Zudem geht mit der Trennung Körper-Geist eine Trennung und Hierarchie zwischen Aktivität und Passivität einher, die sich auf das Verhältnis zwischen männlichem Subjekt und weiblichem Subjekt überträgt. Dies spaltet die Subjektivität selbst, aber macht auch die Intersubjektivität unmöglich, indem sie den einen unter den anderen oder beide allgemeinen abstrakten Werten unterwirft. Daher die Vorherrschaft einer Subjekt-Objekt-Logik, die eine Subjekt-Subjekt-Logik verdrängt.

Der Mensch entwickelt sich nicht unabhängig von der Sprache [*langage*]. Mangels einer Möglichkeit, die Selbst-Affektion und die Fremd-Affektion durch das Sprechen [*parole*] auszudrücken, haben wir die Praxis solcher Gesten und solcher Wahrnehmungen verloren. Denn die Selbst-Affektion erlaubt es uns, eine gleichzeitig fleischliche wie spirituelle Autonomie zu erlangen. Sie repräsentiert einen notwendigen Übergang zwischen der Abhängigkeit zum anderen und teilt dies mit dem anderen – zwischen der Beziehung zwischen Eltern oder Erwachsenen und Kindern und zwischen Liebenden, Freunden oder Bürgern. Um den anderen gegenüber gegenwärtig zu sein, muss man sich selbst gegenüber gegenwärtig sein. Die Selbst-Affektion ist es, was es uns erlaubt, in uns zu bleiben und uns dem anderen zu öffnen.

Die Selbst-Affektion befähigt uns auch zu Beziehungen innerhalb der Differenz – uns selbst treu zu sein, indem wir den anderen als anderen respektieren. Die Begegnung in der Differenz hat zunächst dank einer Berührung – einer Fremd-Affektion – statt, sei das Berühren unmittelbar physisch oder durch das Begehren oder die Emotion vermittelt. So kann die Distanz zwischen zwei unterschiedlich sexuierten Individuen durch ein Berühren überbrückt werden – durch ein wechselseitiges Berühren, das nicht der traditionellen Verteilung zwischen Aktivität und Passivität zwischen Frau und Mann gehorcht. Die Abwesenheit einer Kultur des Berührens hat das Verhältnis zwischen unterschiedlichen Personen sehr unsicher gemacht. Unsere Tradition privilegiert im Übrigen die Ähnlichkeit gegenüber der Differenz. Die Differenz wird darin nicht wirklich anerkannt außer als quantitative Differenz, wobei der andere allgemein als geringer betrachtet werden würde, wie es der Fall ist für die Frau im Verhältnis zum Mann, wie es auch der Fall ist für die Ausländer im Verhältnis zum Einheimischen. Wir bewohnen uns nicht genug, um den anderen als einen mehr und einen weiter zu empfangen in Bezug auf uns und zu dem, was uns vertraut oder ähnlich ist.

Selbst das sexuelle Begehren im strengen Sinn wird häufig als Streben, ein Objekt zu besitzen, evoziert und nicht als Begehren, die Fremd-Affektion auf die bestmögliche Art und Weise zu leben – das heißt als ein Verhältnis, in dem wir einander berühren, von dem Zugänglichsten und Bewusstesten der Haut bis zum Intimsten und Unbewusstesten der Muskeln. Das sexuelle Verhältnis ist von Philosophen wie Sartre, Merleau-Ponty und Lévinas als eine Art des Kampfes zwischen Herr und Sklave beschrieben, in dem der andere durch den Blick oder die Liebkosung beherrscht wird. Das Band [*communion*], das zwischen Liebenden dank der Berührung existieren könnte, existiert nicht. Für sie operiert das Berühren nicht als Vermittlung zwischen Selbst und Selbst, zwischen Selbst und anderem. Und Michel Henry, der nichtsdestotrotz als ein Philosoph der Inkarnation bezeichnet wurde, spricht von dem unvermeidbaren Scheitern der amourösen Umarmung durch die Unfähigkeit der Liebenden, zwischen ihnen eine Verbindung zu stiften [*communier*], aufgrund einer „Mauer", die sie trennt – eine Mauer, die allein die Vermittlung des Berührens durchdringen könnte. Diese unterschiedlichen Philosophen wie auch beispielsweise Heidegger betrachten die Hand als ein Mittel des Begreifens – wohl gemerkt die andere Hand (Merleau-Ponty), aber auch die Partnerin oder den Partner in der Liebesbeziehung, indem sie das Bewusstsein nichtig macht (Sartre, aber auch Lévinas) – oder als ein Werkzeug, aber nicht als Möglichkeit, mit sich oder mit dem anderen dank des Berührens der eigenen Handflächen oder der Berührung der Hände von anderen Personen in Verbindung zu treten. Und wenn die Liebkosung in ihre Reden eingreift, zielt sie mehr darauf, sich des anderen zu bemächtigen, als sich diesem anderen durch ein Berühren zwischen Häuten und Muskeln zu nähern – in Hinblick auf eine amouröse Verbindung, aber auch als eine Art von Engagement, ein durch einen Händedruck geschlossenen Schwur.

Das Berühren kann uns tatsächlich erlauben, in ein gemeinschaftliches Verhältnis als lebendige Personen zu treten und nicht als neutrale oder neutralisierte – im Sinne von kastrierten – Individuen, die einem Gesetz und äußeren Gesetzen unterworfen sind, die sie der Ausübung ihres eigenen Willens berauben – eines Willens, der durch den Respekt der Sensibilität reguliert werden könnte, ihrer Sensibilität und der der anderen. Dies bedeutet, dass er durch eine Kultur des Berührens reguliert werden könnte. Tatsächlich kann das Berühren verschiedene Formen annehmen. Es ist nicht notwendig, dass es immer direkt körperlich ist. Wir können im Rühren berühren: durch unsere Schönheit, unser Benehmen, unsere Worte, unser Werk. Es ist das Berühren, das dem gemeinschaftlichen Leben besser entspricht. Und ein Berühren zwischen uns vollzieht sich besser durch die Emotion oder durch die Kunst als durch moralische oder politische Imperative.

Die Intervention des Berührens ist zugleich notwendig und problematisch auf kollektivem Niveau. Es existiert kein gemeinschaftlicher Zusammenhalt ohne Verbindung [*communion*]. Aber womit und wie kann diese Verbindung auf demokratische Weise vollzogen werden? Mit Sicherheit nicht durch die Entfremdung der Affekte der Bürger zugunsten der Autorität und des Prestiges eines Herrschenden. Sie kann auch nicht in einer Art von mehr oder weniger unbewusster und mühelos manipulierbarer Empathie bestehen. Sie kann mit der Zustimmung zu einem Projekt korrespondieren und mit der Teilhabe an einem gemeinsamen Werk, in dem die Affekte der Bürger mobilisiert sind und bewusst und willentlich investiert. Dies scheint heutzutage zu fehlen, vielleicht, weil die Bürger aufgerufen sind, mehr zugunsten einer Person zu stimmen als zugunsten eines Projekts, das von ihnen selbst geteilt wird. Umso mehr als diese Person, um gewählt zu werden, meistens nicht zögert, die Bürger zu trennen und sogar miteinander in Opposition zu bringen, um auf diese Weise jede gemeinschaftliche Verbindung unmöglich zu machen. Daher der Rückzug der Bürger in sich selbst und die Zerstörung [*destruc(tura)tion*] jeder Verbindung zwischen ihnen.

Was heutzutage noch problematischer ist, ist, dass die Technik und selbst die Wissenschaft dazu beitragen, uns zu desinkarnieren und in Roboter zu verwandeln, die jeder Selbst-Affektion und jedes eigenen Begehrens beraubt sind – wobei jeder durch seine Bedürfnisse, seine Umgebung und durch Imperative bewegt wird, die ihm auf beinahe automatische Weise fremd und des Affekts beraubt sind. Ist das Notwendige nicht, dass alles funktioniert? Aber ein solches von unserem individuellen und kollektiven Willen unabhängiges Funktionieren wird durch eine abstrakte und neutrale Energie in Gang gesetzt, durch die wir bewegt sind und die ein Diktator jeder Art – sei es politischer, ökonomischer, kultureller oder religiöser – nach seinem Willen und sogar ohne unser Wissen manipulieren kann.

Wenn kein wirkliches Berühren statthaben kann zwischen den neutralen Individuen, die zu sein wir kollektiv aufgerufen sind, beraubt uns die Tatsache einer gemeinsamen, künstlich erzeugten Energie zudem einer natürlichen Energie und einer Sensibilität, die uns erlauben, uns in uns selbst auf autonome und freie Weise zu situieren, Verbindungen, auch affektive Verbindungen zu haben, die uns miteinander vereinen. Was natürlich, körperlich, sensibel ist, soll sich auf das Privatleben beschränken, in dem es häufig an Umgangsformen und Kultur mangelt. Unsere Präsenz im öffentlichen Leben soll sich auf die Einhaltung von Gesetzen und Rechten und auf die Befriedigung von Bedürfnissen begrenzen, ohne unsere Begehren zu berücksichtigen. Sind sie es nicht aber, die Brücken zwischen Natur und Kultur, zwischen Körper und Geist, in uns und zwischen uns bauen und die uns auf diese Weise wirklich menschlich machen? Für wen oder was sind wir?

Ist es nicht das Berühren, das uns gewähren kann, zu uns zurückzukommen und uns als Lebende einzeln und gemeinsam zu entwickeln? Das Berühren ist nach Aristoteles der einzige Sinn, dessen Fehlen der Tod bedeutet, „nur beim Verlust dieses Wahrnehmungssinnes [müssten] die Lebewesen sterben“ (Aristoteles: 435b 5–6). Und als „Lebewesen“ versteht

Aristoteles die Körper, die sich durch sich selbst bewegen, also auch wir Menschen, denn durch das Berühren „ist das Lebewesen bestimmt [...] ohne den Tastsinn [kann] kein Lebewesen bestehen" (Aristoteles: 435b 18–19).

Indem sie den Blick und selbst das Hören privilegiert, hat uns unsere Kultur, besonders unsere politische Kultur, in Todesgefahr gebracht. Wie Machiavelli schreibt: „Die Menschen richten sich in ihren Urteilen im Allgemeinen eher nach dem Augenschein als nach den Händen; denn hinsehen kann jeder, aber nur wenige sind in der Lage, die Dinge anzutasten: Jeder sieht, was du zu sein scheinst, doch wenige spüren, wer du tatsächlich bist, und diese Wenigen wagen es nicht, der Meinung der Vielen, die unter dem Schutz der Autorität des Staates stehen, zu widersprechen" (Machiavelli: 137–139). Es ist dringend an der Zeit, dass wir uns von einer solchen Tradition und einer solchen Idee des Staates emanzipieren, um uns um eine Kultur des Lebens und des Berührens zu kümmern, die unsere Kultur benötigt, unsere und die aller Lebewesen, und dass wir unsere Verantwortung als Bürger in dieser Beziehung annehmen.

Übersetzung aus dem Französischen von Hanna Sohns

Literatur:

ARISTOTELES: *Über die Seele*, Griechisch / Deutsch, hg. von Horst Seidel, Hamburg: Meiner 1995.

MACHIAVELLI, Niccolò, *Der Fürst*, Italienisch / Deutsch, übers. und hg. von Enno Rudolph, Hamburg: Meiner 2019.

NACHT (JACQUES DERRIDA)

Gianluca Solla

> „Wenn unsere Augen sich berühren, wird es dann Tag oder wird es dann Nacht?“
>
> Jacques Derrida, *Berühren, Jean-Luc Nancy*

> „Quand nos yeux se touchent, fait-il jour ou fait-il nuit?“
>
> Jacques Derrida, *Le toucher, Jean-Luc Nancy*

1. Wenn wir uns begegnen und dabei nicht wissen, ob es Tag oder Nacht ist, dann ist dem so, weil kein Blick je in der Lage ist, die gesamte Intensität jenes Moments zusammenzufassen, in dem sich die Augen berühren. Deswegen trägt ein jeder Blick das Bedürfnis in sich, wiederholt zu werden. In gewisser Weise überlebt er seinen Moment in den Blicken, die ihm nachfolgen: Auf den einen folgt ein weiterer, in einer Reihe, in der sich alle einzelnen Blicke, einer nach dem anderen, in die Nacht verwickeln – aber vielleicht ist es ein Tag –, die jene unserer Begegnung ist. Aber es gibt keine Zusammenfassung, es gibt nicht einen einzigen Blick oder ein einziges Bild mit der Fähigkeit, uns zu sagen, was in dem Zeitraum passiert ist, in dem sich unsere Augen berühren. Genauso wenig existiert ein Moment, der in der Lage wäre, von den anderen zu wissen, weder von denen, die ihm vorangingen, noch von denen, die ihm nachfolgen werden. Ein jeder dieser Momente, für sich allein genommen, bildet eine reine Erfahrung. Ihr geht kein Zeichen voraus, es begleitet sie kein Wissen, das sie aufhellt. Wenn die Begegnung nachts stattfindet, dann ist dem so, weil wir nicht einmal wissen, ob es Tag oder Nacht ist. Es ist eine tiefere Nacht

als alle anderen, dunkler, aufgrund eines schlichten zeitlichen Vermerks. Wenn zwei Blicke oder zwei Körper in Kontakt treten, dann wissen wir nie, „ob sie sich liebkosen oder ob sie sich einen Schlag versetzen (*donnent un coup*) – und wo der Unterschied wäre" (Derrida *Berühren*: 8). Von vielen dieser Blicke, die Begegnungen sind, wissen wir im Nachhinein nicht einmal mehr, was sie waren. Irgendetwas hat uns berührt oder wir sind losgezogen, um zu berühren oder um mit etwas Anderem zusammenzustoßen, in der vollen Zärtlichkeit und Wucht der Begebenheit. Manchmal zweifeln wir sogar daran, ob diese Begegnungen überhaupt stattgefunden haben. Wie beim Träumen sind wir nicht sicher, ob wir sie erlebt oder imaginiert haben oder vielleicht auch bloß herbeigesehnt. Eine reine Erfahrung verknüpft ihre Momente niemals in Form eines Wissens, es sei denn, sie begnügte sich mit einem Wissen, das nicht mehr ist als die parodistische Version jener Erfahrung, die auf unserem Körper stattgefunden hat. Wenn wir uns in diesen Fällen auf ein Wissen berufen, dann tun wir dies gleichsam, um das Feuer jener Erfahrung zu löschen.

2. Was sehen wir in dieser Nacht, in der sich unsere Augen begegnet sind, ohne sonst irgendetwas zu wissen? Vielleicht nichts weiter als einen Blitz. Hier ertrinken die Augen, aufgrund eines Überflusses an Licht, im Dunkeln, entzogen wird ihnen jegliche Sichtbarkeit, im umgangssprachlichen Sinn des Wortes. Wenn sie einer Blendung entgegengehen, dann ist dem so, weil es hier nicht mehr darum geht, etwas zu sehen, aber sich zu fühlen, sich der Begegnung zu nähern und ihrem Geheimnis. Dies ist der Grund, warum die eingangs zitierte Textstelle den fundamentalen Zweifel setzt: Wir wissen nie, ob es bei dieser Begegnung Tag oder Nacht sein wird. Wir wissen im Grunde nicht, ob nicht genau dort die unerhörte Klarheit eines neuen Tages beginnt, wie beim Sich-Verlieben. Oder aber, etwas hat dort begonnen, weil uns das aufklärerische und beru-

higende Privileg unseres Blicks entrissen wurde, was uns Zugang zu einer neuen Sichtweise erlaubt, zu jenem Zustand, den, fern von jeglicher Sichtbarkeit, Jacques Derrida den Zustand der Vorsehung (*voyance*) nennt.

Diese Blicke, die über die Oberfläche der Dinge eilen, vielleicht auch dann, wenn sie davon besessen sind, eine nie gesehene Tiefe zu erreichen, sind kein bloßes Sehvermögen, sondern der Akt einer Erfahrung, in dem sich etwas in der Nacht begegnet. Welche Notwendigkeit besteht? Wieso diese Blicke, die nachts kommen? Wieso sind sie gleichwohl Liebkosungen und Ohrfeigen?

Es besteht eine Notwendigkeit der Begegnung, die aus der Feststellung herrührt, dass sich niemand jemals bei sich fühlt; dass das Sich-Fühlen weder eine Fähigkeit ist noch unter die besonderen Eigenschaften fällt, die man bisweilen großzügig vortäuscht. Vielmehr besteht stets die Notwendigkeit einer oder eines Anderen, eines Außerhalbs und ihrer beider Erfahrung, damit Fühlen sein kann. Das führt auch dazu – mit der größtmöglichen Synthese – zu schlussfolgern, dass die Bewegung des Blicks, so wie jene der Berührung im Allgemeinen, in deren Sinn sie zu denken ist, immer eine Bewegung der Affektiertheit und der Selbst-Affektiertheit ist. Man geht niemals schadlos aus der Begegnung des Kontakts hervor. Das heißt, man geht nicht im selben Zustand, in dem man den Kontakt aufgenommen hat, aus der Begegnung hervor. Sich-Fühlen bedeutet anderes fühlen, bedeutet tastend durch jene Nacht schreiten, von der es keine Sicherheiten gibt und auch kein Wissen. Sich-Fühlen bedeutet, dass wir Anderen begegnen, so wie uns selbst, in einem einzigen Abstandnehmen der Körper. Nur dort, im Berühren der oder des Anderen, gelingt es, das eigene Leben zu berühren. Dies bedeutet, dass wir Anderen dort begegnen, wo sich der Unterschied im Inneren unseres eigenen Körpers breitmacht. Diese Differenz besteht nicht einfach zwischen Körpern – so wie zwischen Körpern das Verhältnis besteht, das sie verbindet. Falls diese Differenz verkörpert wird, dann geschieht dies zuallererst auf unserem eigenen Körper: Ein jeder Körper wird stets aus den Differenzen konstituiert, die ihn durchziehen. In seiner Einzigartigkeit ist ein jeder Körper von den Abständen diktiert, vom Sich-niemals-vollkommen-Entsprechen, vom Sich-Fehlen oder vom Sich-nicht-Erkennen. In einem gewissen Sinn – aber dies ist eine andere Geschichte und eine andere Lexik – besteht im Körper stets etwas vom Unbewussten. Ja der Körper selbst, in seiner scheinbar so vertrauenerweckenden Ausdehnung, ist unbewusst. Insofern man ihn messen, kartieren, organisieren kann, übersteigt jeder Körper das Maß, auf das ihn unsere Wissensformen und unsere Praktiken übertragen wollen. In seiner Einzigartigkeit weist sich ein jeder Körper einer Inkommensurabilität zu, die jene aller Körper ist, auch wenn ein jeder seine eigene hat.

3. Wenn jene Nacht, in der sich unsere Blicke berührten, so tief war, dann ist dem so, weil wir, indem wir die oder den Anderen berühren, uns selbst berühren und andersherum. Diese Nacht stellt in einem gewissen Sinn die Kontraktion zwischen Drinnen und Draußen dar, zwischen sich und Anderem, zwischen einem Körper und dem anderen, zwischen einem Blick und einem anderen. In jener Nacht der Begegnung mit dem anderen Körper ist es der Abstand selbst, aus dem mein Körper besteht, sodass wir nicht wirklich wissen, wo der eine anfängt und der andere aufhört. Dieser Blick ist eine Ohrfeige, weil er das vermeintliche Wissen destabilisiert, das wir von den Anderen, aber auch von uns selbst kultivieren. Die Nacht ist auch die Erfahrung einer einzigartigen Machtlosigkeit: die Machtlosigkeit, unsere eigene Erfahrung präventiv zu kontrollieren, sie im Voraus zu organisieren, allein schon sie so geschehen zu lassen, wie wir sie uns vorgestellt haben. Man berührt nicht, man hat sich nie berührt, ohne diesen traumatischen Abstand, der sich zwischen dem, was passiert, und den eigenen Erwar-

tungen öffnet. Man berührt nicht, man hat sich auch nie berührt, ohne modifiziert zu werden oder infrage gestellt zu werden. Jede Berührung, jede auf ihre Weise, ist ein neues Ins-Spiel-Bringen des Körpers. Kein Körper wird im Register des Identischen beibehalten. Und dies gilt auch, wenn dieses Berühren ein Berühren der Augen oder der Blicke ist, auch wenn es so scheint, als ob die Distanzen, die Benimmregeln, die Moral gewahrt würden.

Dort war die Nacht, in der Verleugnung einer jeden erwarteten Gegenseitigkeit. Dort begegnen sich die Blicke, der eine im anderen sich verlierend. In der Nacht, die sie zusammenrückt, wird die Symmetrie allein von der Tatsache verleugnet, dass die Begegnung jene Affektion ist, infolge derer nichts mehr wie vorher ist. Am Tag, der sie überrascht, zerfällt jegliches Wissen, das wir uns vielleicht vormachten, über die Nacht, über die Begegnung, über die Berührung. Jenseits jeglicher unserer Erwartungen ereignete sich jene Nacht, in der ich nicht weiß, ob ich berühre oder berührt werde.

Das ist der Grund, warum Derrida sagt, dass eine Liebkosung ausreicht, „eine ganze Idee der Phänomenologie erbeben zu lassen" (Derrida *Berühren*: 107). Denn die Liebkosung ist, in einem gewissen Sinn, die Erfahrung schlechthin, diese reine Erfahrung, die „vor jedem Begriff" entsteht (Derrida *Berühren*: 107). Jedes Mal, wenn eine Berührung dieser Art stattfindet, sind wir mit einer radikalen Erfahrung konfrontiert, in der die oder der Andere, wer auch immer sie oder er sei, auch unser eigener Körper, immer da ist, vor uns, in der Begegnung mit dem, was sie oder ihn berührt. Aber die oder der Berührende, die oder der sich die Initiative des Gestus anmaßen könnte, riskiert jedes Mal, im Kontakt mit dem, was anfangs die Außenwelt zu sein scheint, von dieser Begegnung erschüttert zu werden. Die Alterität der weder antizipierten noch garantierten Erfahrung stellt die Frage nach den Grenzen der Kontrolle und der Initiative selbst.

Jedes Mal, wenn es uns so scheint, als würden wir die Initiative ergreifen, um zu berühren, ist es auch richtig, dass das, was wir berühren, so träge es auch sei, uns ebenfalls berührt. Es ist diese Oberfläche, auf der, und vielleicht auch gegen die, die Erfahrung des Berührens stattfindet. Es braucht Widerstand, Opposition. Wenn die oder der Andere einverleibt wird – oder, wenn man uns diese Möglichkeit vorgaukelt – gibt es kein Berühren. Dann existiert Gewalt, Raub, Vergewaltigung, aber kein Berühren.

4. Selbst wenn die Abstände respektiert werden, als ob man aus der Ferne hinblickte, selbst wenn die Begriffe oder die Bedingungen geklärt sind, besagt die Ungewissheit zwischen Tag und Nacht dennoch, dass das Missverständnis niemals ausgeschlossen ist. Im Übrigen gäbe es ohne Missverständnis weder Mitteilung noch Begegnung. Wenn alle dasselbe sagen würden, insofern der Sinn unserer Liebkosungen oder unserer Blicke bereits vorbeugend festgemacht wäre, da er in seiner Reichweite durch einen Kodex umgrenzt würde – ist nicht gerade dies die große Gewährleistung eines Kodex, auch jener Kodizes, auf deren Grundlage sich die Verführung in bestimmten Umgebungen abspielen? Wenn alles nichts außer sich selbst bedeuten würde und daher niemand Gefahr laufen würde, sich zu irren, dann existierte nicht einmal die Nacht der Begegnung, dann existierten weder Begegnungen noch Entdeckungen. Das ist der Grund, wieso – Derrida wiederholt dies im gesamten *Le toucher* unermüdlich – viel Vorsicht erforderlich ist. Es ist einzigartig, dass die Vorsicht im Deutschen auf die Semantik des Sehens verweist. In den romanischen Sprachen, wie dem Französischen oder dem Italienischen, wird dieses selbige Verhalten „Takt“ bzw. „Tastsinn“ (frz. *tact*, it. *tatto*) genannt, was auf das Berühren verweist. Es ist erforderlich, taktvoll vorzugehen, aber dies ist schwierig, da Berühren oder auch bloß Schauen das Risiko des Verstoßes impliziert, der Überschreitung, der

konstanten Übertretung der Grenzen, die gegeben sind oder als gegeben angenommen werden. Takt kommt vor und der Takt ist nie, er ist nie einfach von vornherein gegeben, angesichts der Tatsache, dass darüber hinaus eine jede Situation ihren eigenen Takt verlangt.

5. Vom Tastsinn (*tatto*) sagt man, er sei einer der fünf Sinne. Trotzdem, wie schon Aristoteles wusste, stürbe das Tier, obwohl alle anderen Sinne das Wohlbefinden des Tieres sichern, wenn es des Tastsinns beraubt würde. Der Tastsinn ist also kein Sinn unter anderen, sondern koextensiv mit dem Leben. Im Tastsinn liegt immer eine Frage von Leben und Tod. Das Leben überlebt sich selbst nicht, wenn es des Tastsinns beraubt wird. „Es ist der einzige Sinn, das Berühren, der für die Existenz des Lebendigen als solchem unabdingbar ist. Die anderen Sinne sind nicht dafür bestimmt, das Sein des Tieres oder des Lebendigen zu sichern, sondern nur sein *Wohlsein* (435 b 20–25). Aber ohne das Berühren könnte das Tier nicht existieren." (Derrida *Berühren*: 63, Kursive im Original) Eine schwindelerregende Überlegung, die die unentschlossene Tag-Nacht, von der wir ausgegangen sind, verlängert. Aber worin besteht dieses Schwindelgefühl? Was bedeutet es, „das Sein des Tieres oder des Lebendigen zu sichern"? Dass die Existenz vom Berühren abhängt, welches sie mit dem „Sein" (*l'être*) eines anderen Tieres oder eines anderen Lebewesens in Verbindung bringt, setzt die Unentbehrlichkeit dieser Verbindung voraus. Das Leben erhält sich, sagt uns das Berühren, einzig und allein, indem das Lebende sich der Ordnung des Außerhalbs, der Berührung der Anderen, sowie der eigenen Berührung und den Empfindungen und den Reaktionen dessen, was es berühren wird, exponiert.

Aber wenn Berühren auch In-Kontakt-Treten bedeutet, dann bedeutet es auch Kontaminieren und Sich-Kontaminieren, und in seinem Schwindelgefühl endet es darin, Sich-der-Dinge-zu-

Enteignen zu bedeuten und die Alterität anzuerkennen. Von dem Moment an, in dem die Erfahrung des Berührens die Abwesenheit einer bereits *a priori* definierten Beziehung zwischen Berührenden und Berührten impliziert, ist diese Ungenauigkeit oder Enteignung der Beziehung, wie jeder Form des Eigentums, das fürs Leben Essenziellste. Dass Berühren uns mit dem in Kontakt bringt, was uns nicht gehört, beweist vielmehr – falls von einem Beweis gesprochen werden kann –, wie das Andere, das wir berühren oder das uns berührt, immer ein Anderes ist. Und dass, falls wir es berühren können, dies nur unter der Bedingung dieser seiner Unaneigenbarkeit möglich ist.

Übersetzung aus dem Italienischen von Daniel Graziadei

Literatur:
DERRIDA, Jacques: *Berühren, Jean-Luc Nancy*, übers. von Hans-Dieter Gondek, Berlin: Brinkmann & Bose 2007.
—*Le toucher, Jean-Luc Nancy*, Paris: Galilée 2000.

NACKT (MAURICE BLANCHOT)

Vera Kaulbarsch

> „Jener Moment, der derjenige der ‚Begegnung' ist, geht diesem zur gleichen Zeit voraus, verortet sich an einer beweglichen Grenze, an der, vom Grund der nicht-ursprünglichen Tiefe aus – ein Bereich, der immer dem Anderen zugehört, ein Raum der Leere und der Zerstreuung – diese Leere, diese Nacktheit, das nackte Gesicht der Begegnung wird, und die Überraschung des Angesichts. So zeigt sich Eurydike in der Unterwelt, in dem Moment, in dem Orpheus sich anschickt, sie mit seinem Blick zu berühren, wenn er sie als dasjenige sieht, was sie ist, sieht, wer sie ist: Hölle, Horror der Abwesenheit, die Maßlosigkeit der *anderen* Nacht. Und dennoch, in dieser Fügung, sieht er, dass die Leere auch das nackte Gesicht der Eurydike ist, wie es die Welt immer vor ihm verborgen hat."
>
> Maurice Blanchot, *L'entretien infini*

Auf denkbar abwegige Weise kommt Maurice Blanchot in seiner weitläufigen Textsammlung *L'entretien infini* auf die Berührung zu sprechen, wenn er den Moment ausgestaltet, in dem Orpheus sich zu Eurydike zurückwendet. Bereits in *L'espace littéraire* (*Der literarische Raum*) hatte sich Blanchot in diese Szene versenkt, die ihm so zentral und gleichzeitig ungreifbar erschien, dass er in einer dem Buch vorangestellten Notiz davon spricht, dass sich die gesamte Studie eigentlich auf die Beleuchtung dieser Konstellation richtet. Gleichzeitig entzieht sich dieses Gravitationszentrum des Schreibens aber dem engeren Zugriff, und es erscheint daher paradigmatisch, dass auch in der Bezugnahme auf das Kapitel „Der Blick des Orpheus" („Le regard d'Orphée") von einer Berührung gesprochen wird: „Wer das Buch schreibt, schreibt es aus dem Wunsch nach diesem, aus der Unkenntnis dieses Zentrums. Das Gefühl, es berührt zu haben, kann durchaus nur die Illusion sein, es erreicht zu haben [...]." (Blanchot *Der literarische Raum*: 10) Die Anordnung der Notiz, die auf einen Text vorausgreift, der dem Leser noch nicht bekannt ist, doppelt dabei das Verhältnis des Schreibenden zu diesem Zentrum: Denn das Schreiben wird nur ermöglicht durch die „Unkenntnis" dessen, worauf der Schreibende hinarbeitet; so gestaltet sich das Zentrum des Buches als eine Leere, die dennoch eine Art Kraft ausübt. Auf welche Weise lässt sich in Hinsicht auf dieses Verhältnis von einer Berührung sprechen? Wie lässt sich eine Begrifflichkeit der Berührung in jenen Augenblick der Umwendung eintragen, in dem Orpheus sich zur Hölle dreht?

In dem Moment, in dem sich Orpheus zu Eurydike umwendet, findet eine Begegnung mit einem Nichts statt. All diese Elemente: der Moment des Umwendens, die Begegnung und schließlich das ‚Nichts', die Abwesenheit, verknoten sich in einer suggestiven Szene oder Denkfigur, zu der Blanchot immer wieder zurückkehrt, die er gleichsam immer wieder erneut auspuzzelt. Die verschiedenen Komponenten verknoten sich. Oder aber: Sie berühren sich. So wenig der Augenblick des Umwendens von der Begegnung mit der Abwesenheit zu trennen ist, so sehr müssen sie auch getrennt sein, um sich berühren zu können. So verhandelt die Szene, die Blanchot unter dem Titel „Blick des Orpheus" fasst, einen minimalen Abstand, ein Intervall, das auf paradoxe Weise unmöglich zu visualisieren ist. Nehmen wir das nicht als Zufall hin, sondern überlegen stattdessen, dass in dem Fokus auf *Sehen* und *Blicke*, die dem Thema der Berührung zuwiderzulaufen scheinen, auf diese Weise ein zentraler Widerspruch eingelassen ist. Blanchot arbeitet mit einem ikonischen Bild – der Flucht der beiden Liebenden aus der Unterwelt, der entscheidenden Körperbewegung von Orpheus hin zu dem, was hinter ihm liegt – und spricht nicht nur über eine Figur, die unsichtbar ist oder die nicht darstellbar wäre, sondern er trägt vielmehr das Sichtbare in das Unsichtbare ein. Und in dieser Konstellation kommt der Berührung eine zentrale Rolle zu.

„[E]r hat sie unsichtbar gesehen, er hat sie unversehrt berührt“ (Blanchot *Der literarische Raum*: 178): So lautet die Gleichordnung, die Blanchot vornimmt, um die Bewegung der Zuwendung einzufangen. Orpheus wendet sich zu Eurydike mit einem Blick, der sie unsichtbar sieht, der sie unangetastet berührt, wobei dieses Zusammenfallen der Zustände (das Sichtbare, das Unsichtbare) selbst diese Konstellation reproduziert. Das Sehen berührt das Unsichtbare, aber lässt es ungesehen, unberührt. „[D]enn dort, wo das Schwert den Knoten zerschneidet, bleibt er im Wesentlichen geschürzt.“ (Blanchot *L'entretien infini*: 274) So stellt sich wenigstens der Moment dar, bevor (das ist allerdings nicht chronologisch zu denken, wie Blanchot betont) der Blick von Orpheus ein gewaltsamer Zugriff wird, der diese Bewegung zerstört und auflöst. Der Moment der intakten Berührung ist nicht auf Dauer zu stellen, ist vielmehr überhaupt nur zu denken, indem er sich sofort entzieht. Der Moment der Begegnung ist dabei auch nicht abzuleiten aus einem vorherigen: Er ist eine Überraschung, eine zufällige Fügung („hasard“, 274). Und in dieser Fügung scheint auch eine Lücke auf, jenes Intervall, in welchem die Leere als das nackte Gesicht der Eurydike begegnet. Die Leere, die Nacktheit, welche auch den „Horror der Abwesenheit“ in sich trägt, wird nicht aufgedeckt. Blanchot scheint so die Metaphorik der nackten Wahrheit (vgl. Blumenberg: 61–76) in eine Bewegung umzuwenden, die nicht etwa einen Schleier wegreißt, sondern in der „[...] sich diese Nacktheit als das enthüllt, was ihr Gesicht ist, diese Nicht-Transparenz, die sich dem Sein entzieht, der Macht des Seins, der Gewalt, die zwingt und die ergreift. Als ob es die Nähe der absoluten Macht bräuchte, derjenigen des Todes, um mit einem Wort (einem bestimmten

Wort) die Figur der Lebenden zu entkleiden – die immer von der Welt bekleidet werden –, um sie zu entblößen und eine Begegnung zu gewährleisten. Nur um gleichzeitig zu entdecken, dass es diese Nacktheit ist, der man begegnet, aber die man nicht ergreift, die sich jedem Zugriff entzieht." (Blanchot *L'entretien infini*: 275)

Nackt ist die *andere* Nacht, ist die Leere in der Begegnung, deren Entkleidung nicht zu greifen ist. In all diesen Wendungen versteckt sich dabei auch gleichsam die Taktilität eines Stoffes, der Falten wirft, die nicht zu glätten sind. Kippt die Nacktheit, die immer entgleitet, in ein Nichts, so begegnet dagegen eine Gewalt, welche das Vokabular der Auslöschung und der Ungeziefer auf den Plan ruft; ein Kontext, der Blanchot aus einem Satz Kafkas über Mauerasseln zukommt. Wo Verstehen mit Auslöschen verbunden wird, wo das Tageslicht (die „Weisheit des Tages" (274)) das Ungeziefer vertreibt und nicht die Wahrheit hervorholt, wird auch der Körper von Orpheus zerteilt. Hier kippt die Begrifflichkeit der Berührung in Zerstörung; wo das Tageslicht in dunkle Keller fällt, werden gleichsam ganze Populationen vernichtet.

Ein solch vernichtender Zugriff liegt auch im Erschrecken über das nackte Gesicht der Eurydike verborgen. So offenbart sich Berührung als aufgespalten in zwei – gleichermaßen unmögliche – Spielformen: eine endlose Annäherung und ein vernichtendes Zugreifen. An der sich ständig verrückenden Grenze zwischen diesen beiden Berührungen nistet dabei ein Zentrum, eine „auf das Äußerste stillgestellte Bewegung [*l'extreme mouvement immobile*]" (275). An diesem Ort scheint die Gewalt momenthaft eingehegt, ruhiggestellt. Dieser Nicht-Ort, der der Ort der Sprache ist, hält sich zwischen und jenseits, aber dennoch immer in Bezug auf die Nacktheit von Eurydikes Gesicht. Das Lied von Orpheus – jene Sprache, welche in die Hölle eindringt („pénètre" (274)) – verleiht dem Abgrund Gehör. Diese Sprache situiert sich in und doch vor dem Blick von

Orpheus. Das ist deswegen wichtig, weil so erneut verdeutlicht wird, dass sich das Erscheinen von Eurydikes Gesicht in ihrer Nacktheit keinem Blick offenbart. Die Begegnung formiert sich in einem Dazwischen, das wesentlich von dem Wort „touche" angezeigt zu sein scheint: Orpheus schickt sich an, sie mit seinem Blick zu berühren. Auf diese Weise stellt Blanchot auf untergründige Weise auch die in der Philosophiegeschichte zumeist als Gegensatzpaar behandelten Begriffe Sehen und Berühren in eine andere Konstellation: Ihr Bezug leitet sich gleichsam durch Blanchots Nicht-Definitionen ab. Ein Sehen, welches kein Sehen ist (ein „Blick, [der] vor dem Licht ist und anders als jedes Sehen" (274)), das eine Nacktheit zu berühren vermag, die unangetastet bleibt.

In dieser Verschlungenheit bleibt auch die Körperlichkeit Eurydikes fraglich. Ihre Nacktheit, die ihre Jenseitigkeit anzeigt und von der Welt unberührt bleibt, besitzt dennoch einen Bezug zur Berührung, und dieser Bezug eröffnet sich gerade im Raum zwischen Orpheus und Eurydike: Ein Abstand, der zwar unmöglich zu schließen ist, der aber dennoch eine Verbindung etabliert, die berührt. So schreibt sich Berührung auf sehr eigene Weise auch in das Begehren ein: „Das Begehren, das Orpheus vorwärtsträgt [...], ist nicht der Impuls, den Abstand zu überwinden und die Abwesenheit zu überspringen, sei es auch diejenige des Todes. Das Begehren ist die Trennung selbst, die sich anziehend macht, es ist der Abstand, der *fühlbar* [*sensible*] wird, ist die Abwesenheit, die sich in Anwesenheit umwendet. Das Begehren ist diese Umwendung, in der, wenn alles verschwunden ist in der Tiefe der Nacht, dieses Verschwinden die Verdichtung des Schattens wird, die das Fleisch gegenwärtiger macht und seine Gegenwart schwerer und seltsamer, ohne Namen und ohne Form, von dem man nicht sagen kann, ob es lebendig oder tot ist, und von dem alle Zweideutigkeiten des Begehrens ihre Wahrheit beziehen." (280–281)

Das Begehren wird fühlbar als Trennung. Was spürbar wird, ist nicht der Körper der Eurydike, sondern die Fleischwerdung ihrer Abwesenheit. Vielleicht erfasst Blanchot hier den paradoxen Kern der Berührung, indem das Fühlbare mit einer Gegenwärtigkeit zusammengedacht wird, die in ihrer Formlosigkeit und Koppelung an das Verschwinden die Unmöglichkeit einer Zeitlichkeit der Berührung miteinschließt. Diese ursprungslose Bewegung, die für Blanchot so wesentlich den Vorgang des Schreibens auszeichnet, erlaubt es schließlich, auch die Berührung in Bezug auf jenen Sprung zu situieren, der die Erfahrung der Inspiration darstellt. „Um zu schreiben, muss man bereits schreiben." (Blanchot *Der literarische Raum*: 182) Dieser Satz ließe sich nun also umformulieren: „Um zu berühren, muss man bereits berühren."

Literatur:
BLANCHOT, Maurice: *L'entretien infini*, Paris: Gallimard 1969. [Übersetzungen im Text von Vera Kaulbarsch]
—*Der literarische Raum*, übers. von Marco Gutjahr und Jonas Hock, Zürich: diaphanes 2012.
BLUMENBERG, Hans: *Paradigmen zu einer Metaphorologie*, Frankfurt am Main: Suhrkamp 1998.

NICHTS (LUCE IRIGARAY)

Johannes Ungelenk

„Die Frau ‚berührt sich' immerzu, ohne daß es ihr übrigens verboten werden könnte, da ihr Geschlecht aus zwei Lippen besteht, die sich unaufhörlich aneinander schmiegen. Sie ist also in sich selbst schon immer zwei, die einander berühren, die jedoch nicht in eins (einen) und eins (eine) trennbar sind."

Luce Irigaray, „Das Geschlecht, das nicht eins ist"

„La femme ‚se touche' tout le temps, sans que l'on puisse d'ailleurs le lui interdire, car son sexe est fait de deux lèvres qui s'embrassent continûment. Ainsi, en elle, elle est déjà deux – mais non divisables en un(e)s – qui s'affectent."

Luce Irigaray, „Ce sexe qui n'en est pas un"

„Und wenn Ihr sie [=die Frauen] insistierend danach fragt, woran sie denken, können sie nur antworten: an nichts." (Irigaray *Das Geschlecht*: 29) Diese Behauptung mag wie ein Klischee klingen – Luce Irigaray aber bejaht sie in einer atemberaubenden Wendung, die dieses „nichts" fundamental umwertet: „an nichts. An alles" (Irigaray *Das Geschlecht*: 29).

Was ist dieses rätselhafte ‚Nichts', das scheinbar schwerelos in ‚Alles' übergeht, das vielleicht schon immer ‚Alles' war und ist?

Auf die Spur dieses ‚Nichts' bringt uns eine Frageszene, denn Luce Irigarays Beobachtung speist sich nicht ausschließlich aus der Alltagserfahrung; sie interpretiert und verallgemeinert vielmehr einen berühmten Dialog, den sie von keinem Geringeren als William Shakespeare erbt:

Hamlet:	Lady, shall I lie in your lap?
Ophelia:	No, my lord.
Hamlet:	Do you think I meant country matters?
Ophelia:	I think nothing, my lord.
Hamlet:	That's a fair thought to lie between maids' legs.
Ophelia:	What is, my lord?
Hamlet:	Nothing.

(Shakespeare: 3.2.108–114)

Hamlet verwickelt Ophelia in einen von Beginn an sexualisierten Dialog. Die Doppeldeutigkeit der Phrase, die Irigaray herausgreift, gliedert Ophelia unausweichlich in Hamlets sexuelles Spiel ein: „I think *nothing*, my lord." Dieses Nichts ist im frühmodernen Englisch eindeutig zweideutig konnotiert; es bezeichnet, was „between maids' legs" liegt/lügt: eben *no thing* (*no member*, *no penis*).

Schon in dem von Shakespeare vielbespielten Wort *nothing* vollzieht sich, was Luce Irigaray mehr als drei Jahrhunderte später als die schwer erträgliche ‚geschlechtliche' Problemlage analysiert: Sexualität – und das heißt vor allem Lust und Begehren – wird vom männlichen *thing* ausgehend konzipiert. Denn wie *nothing* zeigt, ‚gibt es' in der vorherrschenden den Sex regulierenden Logik gar keine *female parts* an sich, kein weibliches Geschlecht ohne Referenz oder Analogbildung zum männlichen. Irigaray legt dies vor allem an Sigmund Freuds Psychoanalyse offen: „Die weibliche Sexualität ist immer von männlichen Parametern ausgehend gedacht worden" (Irigaray *Das Geschlecht*: 22); und zwar auf doppelte Art und Weise: (1) Das weibliche Nichts negiert. Im Gegensatz zum männlichen Geschlecht(steil) sei es keines; die Klitoris halte dem Vergleich mit dem Penis nicht stand, sie verschwinde ins Unzählbare: „Und ihr Geschlecht, das nicht *ein* Geschlecht ist, wird als *kein* Geschlecht gezählt." (Irigaray *Das Geschlecht*: 26) (2) Gerade in der negierenden Entgegensetzung wird das Nichts im vollen

Sinne des Wortes *fruchtbar*. Als Anderes für das Eine, als *nothing* für das wertbesetzte *thing*, übernimmt es eine wichtige Funktion für das Kalkül der (männlichen) Sexualität und garantiert dessen soziale Tragweite. Erst vor dem Hintergrund des Nichts erscheint das ‚Eine' als Eines – Luce Irigaray hat dieses Kalkül „spécula(risa)tion" genannt (vgl. Irigaray *Speculum*). Zwei zentrale psychoanalytische Begriffe, Penisneid und Kastrationsangst, zeugen von der Dynamik, die genau im Wechselspiel von *no/thing* entsteht und die für Freud die Subjektwerdung erklärbar macht. Das weibliche Geschlecht reduziert sich in dieser Funktion auf „ein Nicht-Geschlecht, oder ein männliches Geschlecht, das sich umgestülpt hat, um sich selbst zu affizieren" (Irigaray *Das Geschlecht*: 22). Es fungiert, wenn überhaupt, als passives Instrument, Futteral, Scheide, *vagina*, für das ‚männliche Schwert'. Aktiv und wertbesetzt findet es sich nur im lebendigen Ergebnis, im Kind, das das Kalkül retrospektiv mit scheinbar unabweisbarer natürlicher Autorität belehnt.

Schon Sigmund Freud, der gerne als Gründervater der offenbar schon Shakespeare einschließenden gynäkophoben Tradition gestempelt wird, war jedoch klar, dass das Kalkül um *no/thing* die Lust der Frau keineswegs ‚erhellt': Sein Diktum über das „Geschlechtsleben des erwachsenen Weibes" als *„dark continent"* (Freud: 241) hat allgemeine Bekanntheit erlangt. Die zugrunde liegende Metapher verdient Aufmerksamkeit. Das ‚Dunkel' verhindert die Sicht – der Scopophilie, dem Sehsinn, ist die weibliche *jouissance* offenbar nicht zugänglich. Es gibt *nichts* zu sehen, außer, dass es *nichts* zu sehen gibt: „[S]o repräsentiert ihr Geschlecht den *Schrecken davor, nichts zu sehen*" (Irigaray *Das Geschlecht*: 25). Der starke Affekt des *horreur* unterstreicht dabei, dass dieses ‚Nichts' nicht in seiner Funktion als operationalisierbarer Hintergrund für das Eine aufgeht, für das wertbesetzte *thing*: Die Annahme, dass „[d]ieses Geschlecht, das sich nicht sehen läßt, [...] ebensowenig eine eigene Form

[hat]" (Irigaray *Das Geschlecht*: 25), wirkt auf den unbefragten „Vorrang des Blicks" (Irigaray *Das Geschlecht*: 25) und damit verbunden auf die Wertbesetzung der Form zurück. Zum rätselhaften, passiven Anderen des männlichen Trieblebens wird das weibliche Nichts nur durch die Vorherrschaft des Visuellen. Der „*dark continent*" ist, wie die Metapher selbst schon sagt, kein für Blicke besonders geeigneter Ort – scheint es dort doch schrecklich dunkel zu sein! Nach Luce Irigaray folgt er einem anderen sensuellen Paradigma: „Die Frau genießt mehr durch die Berührung als durch den Blick" (Irigaray *Das Geschlecht*: 25).

Die Verschiebung des Paradigmas von *regard* zu *toucher* ist eine weitreichende. Sie fordert das Denken heraus und entlarvt dabei, wie männlich-sexualisiert die vorherrschende Rationalität und zugleich wie männlich-rationalisiert der vorherrschende Sex ist. Schlaglichtartig exponiert Luce Irigaray in ihrem kurzen Text einige zentrale Unterschiede der beiden ‚Imaginären', wobei das bejahte ‚weibliche' zunächst – und das heißt aus der tradierten *Sicht* des ‚männlichen' – als ein ‚Nichts', als eine bloße Negation der bekannten *things* erscheint. Dem negierten Paradigma stellt Irigaray in einem zweiten Schritt jedoch sogleich eine Alternative zur Seite, die nicht mehr der Logik des Blicks (und damit auch nicht der Logik der Negation), sondern den Bedingungen des Berührens (und damit der Affirmation) folgt.

„*Ce sexe qui n'en est pas un*" ist der Titel des Aufsatzes, der die gewichtigste Verschiebung ausspricht: Dieses Geschlecht ist nicht ein weiteres Ding inmitten der Dinge. Wenn es *nothing* ‚ist', dann in einem starken, angsteinflößenden Sinne: „Dieses Geschlecht, das sich nicht sehen läßt, hat ebensowenig eine eigene Form" (Irigaray *Das Geschlecht*: 25). Die überlieferte und naturalisierte Ontologie des gesunden Menschenverstandes wird heimgesucht. Gewohntes ‚Sein' kann diesem rätselhaften ‚Nichts' ohne Form jedenfalls nicht zukommen; ‚ihm' fehlt es nämlich an Entscheidendem, an Unter-scheidendem: an Identität! Der Horror dieses ‚Nichts' zeugt von dem, was Jacques Derrida *hantologie* genannt hat (vgl. Derrida *Spectres*: 31). Es gibt unzweifelhaft ‚Etwas', das nicht *ist*, das kein mit sich selbst identisches Ding ist: Es gibt *nothing*. In Irigarays Version dieser *hantologie* findet sich das gewohnte ontologische Fundament, das Sein, ersetzt durch zwei nicht-nominalisierte Verben: durch *se toucher, re-toucher* [sich berühren, wieder-berühren].

Um die *hantologie* des Berührens nicht wieder in die gewohnte Ding-Ontologie zurückzuwenden, gilt es, das *se toucher/re-toucher* nicht mit dem instrumentellen Berühren von Dingen zu verwechseln. Es handelt sich eben nicht um ‚sensuelles' Berühren, das ein vorausgesetztes Subjekt mit einem Anderen oder über den instrumentellen Umweg reflexiv mit sich selbst verbünde: „Die Frau aber berührt sich durch sich selbst und an sich selbst, ohne die Notwendigkeit einer Vermittlung und vor jeder möglichen Trennung zwischen Aktivität und Passivität." (Irigaray *Das Geschlecht*: 22) Hier gibt es kein ‚Sehen mit Händen', keine Aktivität des (tastenden) Sich-Richtens auf ein noch unbekanntes Äußeres.

In dieser Logik des sensuellen Berührens wären es wieder die männlichen *things*, die die „scheinbar greifbareren Werte[ ] [*valeurs apparemment plus tangibles*]" (Irigaray *Das Geschlecht*: 31) darstellten – das formlose ‚Nichts' hingegen ist auf diese ‚sensuelle' Weise offenbar nicht zu ‚ertasten'. Anstatt in Form eines hierarchisierten ‚Kontakts' von Eigenem und Anderem („forcer" [zwingen], „pénétrer" [penetrieren], „approprier" [aneignen]) den Status des Eigenen zu einem Seienden (und das heißt zum wahren und zeitlosen, anwesenden Ding) zu verdichten, hält *se toucher/re-toucher* die Spannung einer Beziehung aufrecht: „diese[ ] Berührung von *mindestens zwei* (Lippen), die die Frau in Kontakt mit sich selbst hält, aber ohne mögliche Unterscheidung [*discrimination*] dessen, was sich berührt" (Irigaray *Das Geschlecht*: 25; Übers. angepasst).

In dem von Irigaray affirmierten, spezifisch ‚weiblichen' *se toucher/re-toucher* vollzieht sich eine Erfahrung, die Martin Heidegger für (fast) unmöglich, aber eminent wichtig für das Denken erachtet: „Wir sind nicht, und wenn, dann nur selten und dabei kaum, in der Lage, eine Beziehung, die zwischen zwei Dingen, zwischen zwei Wesen waltet, rein aus ihr selbst her zu erfahren. Wir stellen uns die Beziehung sogleich von dem aus vor, was jeweils in Beziehung steht. Wir sind wenig darüber verständigt, wie, wodurch und woher sich die Beziehung ergibt und wie sie als diese Beziehung ist." (Heidegger *Das Wesen der Sprache*: 188) Es ist kein Zufall, dass es Heideggers Nachdenken über das ‚Nichts' (vgl. Heidegger *Zeit und Sein*) war, das ihn auf den Weg zu der Fragestellung, ja der Sehnsucht nach der reinen Erfahrung der Beziehung geführt hatte. Die Dimension der Sprache, die für den späten Heidegger den Zugang zum Phänomen der Beziehung darstellt, ist auch Irigarays Denken nicht fremd. Sprache ist aber hier nicht strukturierender Hintergrund, sondern folgt in ihrem ‚weiblichen' Modus selbst der ‚Logik' des Berührens. Diese macht Irigarays Affirmation des weiblichen Geschlechts erfahrbar: „Denn wenn ‚sie' [die Frau] es sagt, ist es nicht, nicht mehr, identisch mit dem, was sie sagen will. Es ist auch niemals mit irgendetwas anderem identisch; eher ist es angrenzend. *Es berührt (an)* [*Ça touche (à)*]." (Irigaray *Das Geschlecht*: 28) Nicht nur sprachlich, sondern allgemeiner *hantologisch* löst im Paradigma des Berührens *Nachbarschaft* – und damit eine Beziehung – *Identität* als Grund dessen ab, was es gibt.

Nachbarschaft, oder *ça touche (à)*, bringt im Vergleich mit Identität einen großen Unterschied mit sich: Während Identität auf ein Ding stillstellt, wohnt Kontiguität eine unhintergehbare Zeitlichkeit inne. Das Spatium in *se toucher* bzw. der Bindestrich von *retoucher* markieren die Verschiebung, die sich im Berühren ereignet. ‚Was' sich berührt, bleibt nicht dasselbe – deshalb kann es nicht im Status des (selbstidentischen) Seins erstarren:

ça touche (à), weiter, fortwährend. *Se toucher* und *retoucher* sind für Irigaray synonym; zugleich stellt aber die intrinsische, eingeschriebene minimale Differenz von *se* und *re* die Spannung aus, die der berührenden Beziehung innewohnt. Diese Spannung zeichnet für das sinnstiftende Potenzial ihrer ‚Verräumlichung', ihres *espacements* (vgl. Derrida und Nancy) verantwortlich. Luce Irigarays Antwort auf Heideggers Desiderat könnte also lauten: Die Beziehung ‚ist' als Berührung – und zwar als Berührung von *nothing* – von durch Berührung Berührenden, die, berührt, weiter berühren. Was als ‚unvollständiges' ‚Ding' erscheint, als noch nicht ausreichend zur Form geronnen, befindet sich in einem *hantologischen* Modus, für den Werden, Prozess, Beziehung und ein nicht stabiler Zustand (= Form, Gestalt) charakteristisch sind. „‚Sie' ist in sich selbst unbestimmt und unendlich anders [*indéfiniment autre*]" (Irigaray *Das Geschlecht*: 28), schreibt Luce Irigaray; „die Frau [genießt] gerade durch diese Unvollkommenheit der Form ihres Geschlechts [...], die bewirkt, daß sie unaufhörlich und auf unbestimmte Weise sich berührt [*se re-touche indéfiniment*]" (Irigaray *Das Geschlecht*: 25).

Die Frage, *woran* Frauen denken, ist, genau wie die Frage, *was* Frauen denn nun begehren, schief gestellt. Zugleich ist es aber diese schiefe Frage, die Irigarays Wendung, um die es uns hier geht, ermöglicht: „[D]as, was sie begehren, [ist] genaugenommen nichts und gleichzeitig alles." (Irigaray *Das Geschlecht*: 29) Es ist nichts, was gemäß einem Kalkül ermessbar wäre – es ‚fehlt' ihnen nichts Bestimmtes, nichts, mit dem sich rechnen ließe. Genau deshalb schlägt das Nichts in Alles um: Was sie begehren ist „[i]mmer mehr und anderes als dieses *eine* – das Geschlecht zum Beispiel –, das Ihr ihnen gebt, ihnen leiht" (Irigaray *Das Geschlecht*: 29). Wenn die Begrenzung des Einen, des Seienden – dessen, das möglich ist zu haben und zu geben – unglaubwürdig wird, öffnet sich die Weite für das, was werden kann ...

Literatur:

DERRIDA, Jacques: *Spectres de Marx*, Paris: Galilée 1993.

FREUD, Sigmund: „Die Frage der Laienanalyse", in: ders., *Gesammelte Werke*, hg. von Anna Freud, London: Imago 1948, Bd. XIV, S. 209–286.

HEIDEGGER, Martin: „Das Wesen der Sprache", in: ders., *Unterwegs zur Sprache*, Pfullingen: Neske 1965, S. 157–216.

—„Zeit und Sein", in: ders., *Zur Sache des Denkens*, Frankfurt am Main: Klostermann 2007, S. 3–30.

IRIGARAY, Luce: *Speculum. De l'autre femme*, Paris: Éditions de Minuit 1974.

—„Das Geschlecht, das nicht eins ist", übers. von Gerlinde Koch und Monika Metzger, in: dies., *Das Geschlecht, das nicht eins ist*, Berlin: Merve 1979, S. 22–32.

—*Ce sexe qui n'en est pas un*, Paris: Éditions de Minuit 1977.

SHAKESPEARE, William: *Hamlet*, hg. von Ann Thompson und Neil Taylor, *The Arden Shakespeare, Third Series*, London: Bloomsbury 2006.

ORGEL (BLAISE PASCAL)

Hanna Sohns

> „Unbeständigkeit.
> Man glaubt, gewöhnliche Orgeln zu berühren, wenn man den Menschen berührt. Es sind tatsächlich Orgeln, aber (*deren Pfeifen nicht durch benachbarte Stufen aufeinanderfolgen*) seltsame, wechselhafte und veränderliche. (*Diejenigen, die sich nur darauf verstehen, die gewöhnlichen zu berühren*) würden sich nicht auf jene einstimmen. Man muss wissen, wo die [Tasten] sind."
>
> Blaise Pascal, *Pensées*

> „Inconstance.
> On croit toucher des orgues ordinaires en touchant l'homme. Ce sont des orgues à la vérité, mais (*dont les tuyaux ne se suivent pas par degrés conjoints*) bizarres, changeantes, variables. (*Ceux qui ne savent toucher que les ordinaires*) ne seraient pas d'accord sur celles-là. Il faut savoir où sont les [touches]."
>
> Blaise Pascal, *Pensées*

Dieses rätselhafte, in seiner Vieldeutigkeit jedoch kaum wahrgenommene Fragment der *Pensées* zielt ins Zentrum von Pascals Schreiben. Es denkt das Unternehmen der *Pensées* als eine Berührung: als eine Berührung von Orgeln. Man meint im Berühren des Menschen Orgeln zu berühren, die sich aber im weiteren Verlauf des Fragments als „seltsame, wechselhafte und veränderliche" erweisen. Der Rekurs auf die Figur der Berührung entspricht dem vielbeschriebenen Anliegen der *Pensées* nach einem Ergreifen, einem Ertasten des Menschen, die in diesem Sinne in zahlreichen Ansätzen Versuche seiner Bestimmung und theoretischen Betrachtung geben möchten.

Das beinahe nebenbei genannte „en touchant l'homme" sucht nach einer größtmöglichen Nähe zu seinem Gegenstand, seinem unmittelbaren, wirklichen Ergreifen. In dem Berühren artikuliert sich die Bewegung einer vorsichtig tastenden und prüfenden Annäherung. Gegenüber der Evidenz des Sehens erfasst ein auf Erforschung gerichtetes Berühren seinen Gegenstand nicht in einem Blick oder in einem Akt, sondern in einer langsameren, von Wiederholung geprägten Bewegung, die sich in den *Pensées* zweifellos als solche identifizieren lässt.

Der Titel des Fragments aber impliziert bereits die Schwierigkeit einer solchen Berührung: Die *inconstance* steht dem Anliegen einer Berührung entgegen oder erschwert sie zumindest maßgeblich. Indem sich der Gegenstand der Berührung auf ein bizarres Tasteninstrument hin verschiebt, steht infrage, ob eine Berührung überhaupt stattfinden kann. In der Ersetzung des Menschen durch dieses bizarre Instrument findet die dem Fragment überschriebene *inconstance* ein entsprechendes Bild. Das Fragment entwirft das kaum vorstellbare Instrument einer fremdartigen Orgel, deren Berührung einer besonderen Kompetenz bedarf: „Man muss wissen, wo die [Tasten] sind." Die Berührung wird hiermit zum äußerst schwierigen Unternehmen, denn es handelt sich bei dieser Orgel um einen keineswegs leicht zu berührenden Gegenstand, sondern um ein seltsames Instrument, das sich in der unregelmäßigen und variablen Abfolge der Pfeifen der Berührung ständig entzieht. Es sind keine „gewöhnlichen Orgeln", sondern Orgeln, die aus einer Ordnung und sicheren Kenntnis ihres Spiels herausfallen. Die Herausforderung einer solchen Berührung liegt in der „Unbeständigkeit" des Gegenstandes, in seiner ‚Unordnung'. Die Berührung wird damit zur Frage einer Technik, wie die zum Teil gestrichenen Passagen der nächsten Sätze zeigen: Diejenigen, die sich nur auf das Berühren gewöhnlicher Orgeln verstehen, wären nicht „einverstanden", nicht „im Einklang" [*d'accord*] mit diesen „seltsamen Orgeln". Das Gelingen der

Berührung hängt von dem aporetischen Wissen um diese Beschaffenheit des Instrumentes ab.

Wurde dieses Fragment Pascals meist ausschließlich auf das Anliegen einer anthropologischen Bestimmung zurückgeführt, so wurden damit die Ambivalenzen der Berührung aber auch des vorgestellten Gegenstandes vernachlässigt. Denn es tritt in dem Fragment nicht nur ein besonders schwer zu berührender Gegenstand an die Stelle des Menschen. Es handelt sich darüber hinaus um ein *Instrument*, was weitere Implikationen aufruft. Die hier vorgestellte Berührung wird jenseits einer bloß diffizilen Berührung auch zu einer Berührung, die den Gegenstand der Berührung hierin seiner eigentlichen Identität zuführt. Das Instrument ist erst dann verwirklicht, wenn man es spielt, wenn man es berührt. Das Instrument ist Werkzeug: Werkzeug für die zu erklingende Melodie und damit Werkzeug für die eigentliche Verwirklichung als Instrument. Schon hier wird deutlich, dass die gesuchte Berührung über eine bloß tastende Untersuchung des Gegenstandes weit hinausgeht. Spätestens mit dem Hinweis des letzten Satzes, der die Frage der Berührung von der Kenntnis der Berührungspunkte abhängig macht, zeigt sich, dass es hier nicht nur um die Frage der Beschreibung geht, sondern zugleich ganz entschieden um das Anliegen einer Affizierung. Die Tasten [*touches*] oder Pfeifen [*tuyaux*] wurden von den Herausgebern für die fehlenden Punkte der Berührung ergänzt: „Il faut savoir où sont les (...)“, „Man muss wissen wo die (...) sind.“ Die Auslassungen sind jene Punkte, durch die sich diese instrumentelle ‚Zuführung‘ ermöglichen ließe.

Zugleich lässt sich die etymologische Verknüpfung von *orgue* (frz. Orgel) und *órganon* (altgr. Werkzeug) noch weitertreiben. Denn mit der etymologischen Wurzel der Orgel wird noch ein zusätzlicher Begriff mitaufgerufen, der auf das griechische *órganon* zurückweist. Der nämlich des *organe* (frz. Organ), der über diese gemeinsame Etymologie aufs engste mit der Orgel verknüpft ist. Der Begriff *órganon*, der sich in diese beiden französischen Begriffe aufspaltet, heißt bekanntlich allgemein Instrument oder Werkzeug und bezeichnet ebenso das Organ (als Sinneswerkzeug) wie das Musikinstrument. Die Berührung der *orgue* lässt sich so auch als Berührung des *organe* lesen, genauer noch als Berührung des „organe du cœur" – also Berührung des Herzens als das für Pascal wichtigste Organ der göttlichen Erkenntnis. Die Orgel wird nicht nur zur Metapher, sondern auch zur Metonymie des Menschen und zum Instrument der Affizierung. Das Fragment erzählt damit von den *Pensées* als Suche nach einer Affizierung des Herzens, die das Gegenüber für die göttliche Einwirkung zu disponieren sucht. Die Orgel wäre ebenso das, was es zu berühren gilt, wie das, was die Berührung bewerkstelligt. Und dies natürlich auch mit der Orgel selbst, die als geweihtes Kircheninstrument Element der Liturgie und hier nicht nur das Instrument zur Verehrung des Göttlichen ist, sondern auch auf die Affizierung des Hörenden gerichtet ist.

Auch wenn das hier zitierte Orgel-Fragment Pascals bislang nicht mit diesem Anliegen einer Affizierung in Zusammenhang gebracht wurde, so ist die Aussage, dass Pascals *Pensées* zu affizieren, zu berühren suchen, natürlich keineswegs überraschend. Denn eine Schrift, die trotz ihres fragmentarischen Status deutlich auf eine Apologie des christlichen Glaubens und eine – wenn auch notwendig unsichere – Bekehrung ihres Gegenübers gerichtet ist, muss rhetorisch darauf gerichtet sein zu berühren oder zumindest die Möglichkeiten einer solchen Affizierung durchdenken. Die *Pensées* drängen auf die Berührung ihres Gegenübers, um dieses in die spezifische Disposition zu bringen, die für die göttliche Einwirkung – die göttliche Berührung – empfänglich macht. Wiederholt und von Beginn an wurde daher auch für das apologetische Unternehmen der *Pensées* die Absicht einer solchen Berührung hervorgehoben. Dabei betont die Metaphorik der Berührung meist das Affektive – nämlich die Affizierung des Herzens, die in gewisser Konkurrenz zu einer rein verstandesmäßigen Überredung steht.

Doch auch wenn dieser naheliegende Begriff der Berührung in zahlreichen Kommentaren zu Pascal auftaucht, so fast durchweg beiläufig und ohne besondere Markierung. Gerade dieses Fragment und die in ihm aufgerufene Orgel aber verkehrt die Eindeutigkeit dessen, was diese Affizierung durch die Schrift – was die Berührung – eigentlich wäre. Die von Pascal verwendete Figur der Berührung aber gilt es genau in ihrem aporetischen Gehalt seinen *Pensées* einzutragen: So bildet das Berühren das zentrale Paradigma der *Pensées* und die Form, unter der die göttliche Annäherung sowie das eigene Schreiben gedacht werden. Mit der Berührung wird so keineswegs die Sicherheit eines Anliegens beschrieben, sondern jene Ambivalenz aufgerufen, die dem Sinn der Berührung traditionell eingeschrieben ist und die die oberflächliche Eindeutigkeit dieser Figur verkehrt. So lässt sich gerade die Fragilität dieser Schrift, die den Status des Subjekts und des Gegenstands der Affizierung, das heißt auch ihres möglichen Gelingens betrifft, als Berührungsfigur lesbar machen. Entworfen wird hier das Bild einer unmöglichen oder zumindest notwendig prekären Berührung, die sich als grundlegende Reflexion über das Schreiben der *Pensées* lesen lässt.

Die Berührung der Orgel als Berührung jenes Organs, das die *conversio* bewirkt, stellt sich in dem Fragment deutlich in Analogie zur göttlichen Einwirkung, die einer solchen Affizierung des Herzens gleichkommt. Die *Pensées* denken die göttliche Berührung dementsprechend auch als taktile Beziehung und folgen hierin augenscheinlich einer christlichen und vor allem mystischen Metaphorik, in der die Einwirkung des Göttlichen als heilende Berührung beschrieben wird. Wie auch im Falle der *Pensées* betont die Metaphorik der Berührung eine sinnliche

Erfahrung göttlicher Präsenz, die sich von einer rationalen, durch theoretische Argumente gewonnenen Einsicht absetzt.

Ist die Orgel nun nicht nur Gegenstand, sondern auch Instrument der Berührung, so schiebt sich in dem Fragment mit der Apparatur der Orgel ein Dazwischen in diesen Akt des Berührens, nämlich zwischen das unbestimmte, unpersönliche Subjekt eines „man" [*on*] und das ganz am Ende des ersten Satzes genannte Objekt des Menschen. Über die Figur einer sich der Berührung unterstellenden und sich ihr zugleich jedoch in ihrer Absonderlichkeit eigentümlich entziehenden Orgel zeigt sich die Berührung damit als etwas, das einer unmittelbaren Berührung nicht zugänglich ist. Nicht nur tritt hier ein Dazwischen in den Akt des Berührens, dieses Dazwischen ist gleichzeitig der Berührung entzogen. Genau diese Signatur einer stets vermittelten Berührung, die das Fragment hierin zu tragen scheint, bildet die klassische Bestimmung der Berührung. Denn die Berührung zeigt sich in ihrer Verschränkung mit der Unberührbarkeit bereits in ihrer in *De anima* unternommenen Befragung durch Aristoteles. Seine Frage nach dem „Dazwischen" und dem eigentlichen „Sinnesorgan" der Berührung etabliert die aporetische Bestimmung dieses Sinns. Wenn Aristoteles das Fleisch zum Medium des Tastvermögens macht, während das eigentliche Tastorgan innen verborgen bleibe, so trägt er der Berührung den Moment einer Unberührbarkeit ein. Die Berührung verschiebt sich in die Latenz eines verborgenen Organs. (Aristoteles: 422b, 19)

Eine solche stets vermittelte Berührung lässt sich auf den Modus übertragen, in dem die *Pensées* das Göttliche zu denken suchen. Dieses kann bei Pascal in der Figur der Berührung, und das heißt zugleich und paradoxerweise: kann nur in seiner Unberührbarkeit gedacht werden. Der Modus des göttlichen Erscheinens ist der einer Verhüllung. In der Figur des *Deus absconditus,* also eines Gottes, der sich nur in der Verborgenheit zeigt, geht es um das Enthüllen einer Latenz. Um ein Berühren also mit dem Unberührbaren.

In seiner zu Berührungsfragen vielzitierten Studie *Noli me tangere* kehrt Nancy genau diesen Moment der Unberührbarkeit innerhalb der Berührung als Wesenszug der göttlichen Präsenz hervor. Denn worauf Nancy mit dieser sich zwischen Erscheinen und Rückzug haltenden Auferstehungsszene des *Noli me tangere* abhebt, ist ein Moment innerhalb eines von Taktilität bestimmten christlichen Denkens, in dem sich dieses Auftauchen des Unberührbaren, das Hervortreten der Distanz zeigt, das es zu lesen gilt: Wenn der auferstandene Leib nicht berührt werden darf, so nicht, weil er nicht berührbar wäre, sondern weil es in dieser Weisung um den Verweis auf das Unberührbare geht. Dies erinnert deutlich an die paradoxale Struktur der *Pensées*. Gerührt wird an das, was sich in der Berührung entzieht und an der Berührung unberührbar bleibt. Die göttliche Berührung wird als Berührung auf Distanz erfahrbar gemacht. Sie ist Berührung, die sich zwischen Kontakt und Latenz hält.

Der „caractère“, den die *Pensées* hervorkehren, ist der „Wesenszug“ der Verborgenheit, die es in dieser Paradoxie anzunehmen gilt und die damit auch die Ebene der Schrift, das heißt die Frage nach der Vermittlung dieser Berührung betrifft. Das *órganon* des Berührungsfragments ruft auch jenes Werkzeug auf, das in den *Pensées* die Berührung zu vollziehen sucht: das *órganon* der Schrift. Die Frage nach dem Modus des göttlichen Erscheinens betrifft notwendig auch die eigene Schrift in ihrem nach Affizierung drängenden Unternehmen und die Möglichkeit, über sie überhaupt berühren zu können – die Schrift also zum Instrument der göttlichen Berührung zu machen, die in der dargestellten Unsicherheit der Berührung das Zentrum des apologetischen Unternehmens infrage stellt. Das Niederdrücken der Feder wird zu dem diffizilen Niederdrücken unbekannter Tasten. Ob die Berührung gelingt, das heißt, ob die Berührung zur Erfahrung einer durch fremde und „allmächtige" Hand – *main toute-puissante* (Fragm. 919/533) – erfahrenen Einwirkung wird, bleibt Frage einer stets ungewissen Gnade: „Gott muss sie berühren." [„Il faut que Dieu les touche."] (Fragm. 432/194) Diese Aporie bestimmt das Berührungsfragment in seinem Verweis auf die bizarre, sich dem Spiel entziehende Apparatur der Orgel. Ungewiss bleibt notwendig, ob die Berührung tatsächlich berührt und wer überhaupt berührt. Das Wissen um die Berührungspunkte des Menschen behauptet sich nicht als vorhandenes Wissen der *Pensées*. Die Berührung bedarf eines Vorauswissens – einer immer schon erlernten Technik, einer immer schon vorausgesetzten Beschaffenheit des zu Berührenden. Unbestimmt aber bleibt, wer diese Technik beherrscht, wer die im Fragment buchstäblich verdeckten *touches*, die es zu kennen gelte, wirklich kennt – ob sie überhaupt jemand kennt. Das Fragment formuliert den Akt dieser Berührung so auch in auffällig unpersönlicher und allgemeiner Form. Das Ich erscheint an keiner Stelle, stattdessen heißt es „man glaubt …", „diejenigen, die …", „man muss …". Das Spielen der Orgel wird zum unpersönlichen Vermögen und ruft den Orgelspieler in seiner Unsichtbarkeit auf. Die Kenntnis der *touches* wird so auch nicht als eigenes Vermögen, sondern als allgemeine Kenntnis dargestellt, die es zu haben gelte, um wahrhaft zu berühren. Man müsste wissen, wo die Tasten dieses Gegenstandes sind, wo das ist, was sich berühren, wie sich also das Instrument berühren oder spielen lässt – dies aber erweist sich angesichts der Variabilität des Instruments als ein immer prekäres Wissen.

Die Suche nach Berührung muss sich daher der Suche nach einer unpersönlichen Einwirkung verschreiben. Die Frage, die sich hier zugleich stellt, ist die nach der Möglichkeit, überhaupt Spieler der Orgel sein zu können. Die *Pensées* versuchen sich als Einwirkung einer allmächtigen Hand zu setzen. Der Anspruch eines durch Einwirkung erfahrenen Vermögens verläuft über die schreibende Hand. Besitzt die Schrift die Fähigkeit zu berühren? Dies kann im Sinne der Pascal'schen Radikalität nicht beantwortet werden. Dies betrifft auch den Status des ‚eigenen' Schreibens, das heißt den Status eines prophetischen Vermögens, eines eigenen Erwähltseins. Stets unsicher muss dabei die Frage nach der Behauptung dieses Vermögens, das auch das Vermögen zur Selbstberührung betrifft, bleiben. Und nicht nur die Berührung selbst ist unsicher, mehr noch: Ob die Berührung der Tasten in einen Klang überführt wird, ist abhängig von der zugeführten Luft, das heißt also von einem Dritten, der den Blasebalg, also den sogenannten Wind der Orgel bedient, der durch die Berührung der Tasten in die entsprechenden „tuyaux" gelenkt wird. Die Orgel ist in dieser Deutung einerseits Werkzeug und Medium der Berührung, Organ einer mehrstimmigen Melodie. Andererseits aber ist sie das, was die Berührung in die Aporie führt und sich in der bizarren Form ihres Erscheinens dem Spiel verweigert. In ihrer paradoxen Gleichzeitigkeit von möglicher und verwehrter Taktilität entwirft das Fragment die Orgel als Berührungs-Figur – als *figura*.

Literatur:

ARISTOTELES: *Über die Seele*. Griechisch / Deutsch, übers. (nach W. Theiler) und hg. von Horst Seidl, Griechischer Text in der Edition von Wilhelm Biehl und Otto Apelt, Hamburg: Meiner 1995.

PASCAL, Blaise: *Pensées sur la religion et sur quelques autres sujets*, 2 Bde., hg. von Louis Lafuma, Paris: Éditions du Luxembourg 1952. [Übersetzung im Text von H.S.]

PERGAMENT (LEONARDO DA VINCI)

Alexander Waszynski

> „Delle pelle delli animali che tengano il senso del tatto, che v'è su le scritture.
> Quanto più si parlerà colle pelle, veste del sentimento, tanto più s'acquisterà sapienzia."
>
> Leonardo da Vinci, Ms I 65[17]v

Inmitten der Studien zu Bewegungsgesetzen von Festkörpern und Wasser, zu Latein, Geometrie, Wahrnehmung und Lichtverhältnissen stehen in Leonardo da Vincis *Manuskript I* (Ms I, ca. 1494–1499) Rätsel und Prophezeiungen, genauer: „Rätsel in Form von Prophezeiungen" (Zamboni: 125). Sie sind um Figuren, Gegenstände oder Sachverhalte organisiert, die entweder die gesuchte Lösung oder den Ausgangspunkt einer „profezia" stellen. Die nur wenige Zeilen umfassenden Texte bestehen jeweils aus einem thematischen und einem enigmatischen Teil. Sie sind in Gruppen ohne ersichtliche Kohärenz zusammengefasst, z.B.: Talg–Planeten–Kutschen/Schiffe–Öfen, Säuglinge–Muscheln/Schnecken oder: Walnussbäume–Kruzifixe–Mund–Tierhäute–Priester. Die Gegenstände werden zumeist weiter spezifiziert, etwa Walnussbäume, die geschlagen, oder Kruzifixe, die verkauft werden. Die Pointe verdankt sich überraschenden Übergängen zwischen literaler, übertragener und symbolischer Bedeutung, zwischen Zeichenträger, Bezeichnendem und Bezeichnetem, Lebendigem und Totem, Profanem und Heiligem, unbearbeiteten und zur Verwendung zugerichteten Materialien. Dynamik und Materialität der Phänomene werden mit der Dynamik und Materialität des Zeichenverkehrs überblendet. Der prophetische Charakter des Futurs wird dabei auf eine gegenwärtige Praxis und ihre Werkzeuge zurückgerechnet: „Die Wälder werden Kinder gebären, die zur Ursache ihres Todes werden: *der Stiel der Axt.*" (Ms I 65[17]v; Schneider: 95) Während der erste Teil in eine düstere Imagination hineinzieht, kappt der zweite diesen Prozess, sodass die Prophezeiung alltägliche, der Alltag prophetische Qualität erlangt. Dieses Prinzip gegenseitiger Ent- und Aufwertung greift auch für das Außeralltägliche, so wenn die Vogelfeder einmal als Teil des Flügels und einmal als Schreibutensil, der Himmel einmal als Luftraum und einmal als Ewigkeitstopos vorgestellt ist: „Die Federn werden die Menschen den Vögeln gleich zum Himmel erheben: das heißt durch das, was sie mit diesen Federn schreiben." (Ms I 64[16]v; Schneider: 93) Von auffallender Häufigkeit, auch in den Prophezeiungen des *Codex Atlanticus* (CA, 1480–1518), sind die Erwähnungen von Tierhäuten („le pelle delli animali"), verarbeitet zu Dudelsäcken, Weinschläuchen, Schuhsohlen, Sieben, Bällen – oder Pergament (Leonardo nennt es nicht explizit, schlägt aber seine beiden Notizhefte, aus denen Ms I besteht, damit ein): „*Von den Häuten der Tiere, die den Sinn alles dessen bewahren, was auf ihnen geschrieben steht.*" (Ms I 65[17]v; Weirich: 15) Klaus Weirichs Deutung orientiert sich an der 1940 von Theodor Lücke besorgten Übersetzung. Sie unterstreicht den Aspekt der Verdauerung, der auch in einem Fragment über Papyrusbogen herausgestellt wird, die „das verlorene Gedächtnis" zurückgäben und „die Erinnerung an die menschlichen Dinge und Taten" (Ms I 64[16]v; Weirich: 13) bewahrten. So wie hier die zusammengefügten Fasern und beim Papier „*Flachs*" und „*Lumpen*" (CA 370r; Weirich: 23), bildet die bearbeitete Tierhaut eine materielle Bedingung der Möglichkeit des Sinntransports über Zeit. Allerdings unterschlägt die Übersetzung einen entscheidenden Zusatz, denn es heißt: „Delle pelle delli animali che tengano il senso *del tatto*, che v'è su le scritture." (Ms I 65[17]v; Brizio: 317, Herv. v. Verf.) Marianne Schneider hat in der Zeile daher eine gänzlich andere Bedeutung erkannt: „Von den Tierhäuten, in denen der Tastsinn wohnt und auf denen die Schriften stehen.“ (96) Durch die Entscheidung für „die Schriften“, die auch die heiligen sein können, geraten das Profane und das Heilige in Kontakt, was nicht allein wiederkehrendes Muster, sondern Strukturgesetz der zu Rätseln herabgestimmten Prophezeiungen ist. Wenn das zu Verinnerlichende auf ein Organ vormaligen Außenkontakts, Wohnsitz des Tastsinns, aufgebracht wird, steht das Geschriebene in direkter räumlicher Beziehung zu diesem Sinn. Diese Beziehung bleibt jedoch arbiträr. Schreibmaterial könnten auch geglättete Fasern der Papyrusstaude oder die aus Lumpen zu Papier verarbeitete zweite Haut der Kleidung sein. Andere Übersetzungen, wie die John Venerellas, ziehen die Doppelung des Relativpronomens nicht in eine Konjunktion zusammen, wodurch eine motivierte Beziehung zwischen dem Tastsinn und dem Geschriebenen aufgebaut wird, wenn auch wiederum eine andere als die von Weirich entzifferte: „On the skins of animals that maintain their sense of touch, which is there, in the writings.“ (Venerella: 96) Die Tierhäute bewahren ihren Tastsinn, der da, im Geschriebenen (eher als in den ‚Schriften‘), ist. Allerdings ist das Possessivum eine Hinzutat, denn es steht nur: „il senso del tatto“. Der exakte Sitz dieses Sinns ist schwer zu bestimmen. Die Interpretation hängt davon ab, wie die Gewichte zwischen literaler und übertragener Bedeutung, lebendig und leblos verteilt werden.

Da „tatto“ auch die übertragene Bedeutung des Fein- oder Taktgefühls erlaubt, kann es sich um einen Sinn für etwas anderes als Berührungen handeln, um einen „sense of feeling“ (Pedretti/Richter: §1303; MacCurdy: 513). Auch dies ist auf das Geschriebene bezogen worden, allerdings wiederum in Varianten: als Sinn „dessen, was dort geschrieben ist“ („of what is written there“, MacCurdy: 513), oder für das, was in den geschriebenen Dingen liegt („what is in the Things written“, Pedretti/Richter: §1303). Kraft eines solchen Sinns entweder für die Signifikanten oder für die Signifikate wäre der Beschreibstoff gewissermaßen der Erstleser. Schwierig bleibt auch hier die Zuordnung. Wird der Tastsinn mit dem lebendigen Körper verbunden, muss „tengano" (auf *lat.* „tenere" zurückgehend) als ‚besitzen' oder ‚haben' gelesen werden. Den physiologischen Sitz des Tastsinns hat Leonardo in der Tat in der gesamten Oberfläche der Haut erkannt; vermittels der Nerven wird er dem Allgemeinsinn zugeleitet. Kann die Haut den Tastsinn – so Venerellas Lesart – aber auch dann noch besitzen, wenn sie vom leblosen Körper abgezogen ist? Soll er im Beschreibstoff fortleben, muss „tengano" dem Verlust entgegenarbeiten und als ‚bewahren' („maintain") verstanden werden. Obwohl mittels der Haut nichts mehr ertastet werden kann, bewahrt sie, weil sie Haut bleibt, den Sinn für das Ertasten. Vieles spricht dafür, dass es hier nicht um eine Kontinuität im Übergang vom Lebendigen zum Leblosen geht, sondern darum, im Leblosen etwas vormals Lebendiges ins Recht zu setzen: im Material die Spur des Noch-nicht-Materialen. So wie in den Würfeln die Funktionen des Knochens und in der Schreibfeder die Funktionen der Feder – Flug, Schmuck, Schutz – insistieren, so insistiert der Tastsinn im Pergament. Das prophetische Futur invertiert diesen Rückblick in eine Quasi-Vorausschau, die sich nicht auf künftige Ereignisse, sondern auf das, was bereits geschieht, richtet (vgl. Richter/Wells/Kemp: 230). Dabei erhält das Frühere (z.B. der Knochen) die Attribute des Späteren (z.B. des zum Würfel verarbeiteten Knochens), und zwar so, dass diese Zuschreibung eine groteske Vorstellung evozieren kann: „Man wird sehen, wie die Knochen der Toten durch rasche Bewegung über das Glück ihres Bewegers entscheiden. – Die Würfel." (Ms I 64[16]v; Weirich: 13) Das Lebendige und ebenso das zwischen lebendig und leblos Changierende (Knochen, Federn) werden aufgrund des Fortlebens in anderen Zusammenhängen in einen Potenzialitätshorizont gerückt. Dem gänzlich ins Leblose Umgeschlagenen wiederum wird die Spur seiner Vorgeschichte zurückerstattet. In diese Dynamik tritt nun die Schrift mit ihren

Ambiguitäten (zwischen Signifikant/Signifikat, profan/heilig, flüchtig/dauerhaft etc.) ein. Hier funktioniert sie allerdings gerade nicht wie etwas nachträglich auf einen Beschreibstoff Aufgebrachtes; sie widmet die Tierhaut vielmehr zu diesem erst um. Insofern solche Umwidmungen Thema der Prophezeiungen sind, steht die Schrift für den Umschlagpunkt selbst ein. Sie bringt, wie eine Axt, die Diskontinuität zwischen Lebendigem und Leblosem.

Dabei bleibt das Umwidmende nicht unbetroffen durch das Umgewidmete: entweder weil das Beschreiben ein taktiler Akt ist und das durch Schreibgerät und -hand Berührte (die Tierhaut) reziprok berührt, oder weil das Schreiben und insbesondere das Verfassen der „Schriften" („scritture") Feingefühl erfordert. In beiden Fällen liegt der „senso del tatto" nicht „auf" dem oder, wie etwa Venerella nahelegt, „im" Geschriebenen, sondern eher „an" ihm. Indem die Tierhäute, in denen möglicherweise der Tastsinn wohnt, zum Material werden, halten oder bewahren sie wiederum das, was die Schriften selbst nicht zu ihrem „Inhalt" machen, aber auch nicht abschütteln können. Es ist daher eine weitere Übersetzungsvariante möglich: „Über die Häute der Tiere, die den Tast-Sinn halten, der an den Schriften ist." In dieser Variante ist „senso del tatto" doppelt kodiert: einmal, mit Bezug auf die Tierhäute, als physiologischer Sinn, und einmal, mit Bezug auf die Schriften, als Sinn *für* etwas. Beide Möglichkeiten treffen sich im „tengano", das vielleicht überhaupt Naturforschung und Schrifttum in Kontakt bringt. Dieser Kontakt erscheint deswegen möglich, weil *tenere* bereits ein taktiles Moment umfasst, wie etwa im „tenere in mano" (‚in der Hand halten') deutlich wird. Zum Material geworden, hält die Haut den ehemals physiologischen ebenso wie den ehemals skripturalen „senso del tatto". Sie hält nicht, indem sie umstandslos bewahrt (das Lebendige im Toten), sondern indem sie in ihrer vormaligen Lebendigkeit lesbar bleibt (das Tote als Nicht-mehr-Lebendiges). Allerdings bleibt der

Erfolg fraglich, denn der Congiuntivo presente („tengano" statt „tengono") wird zwar indikativisch übersetzt, enthält aber seinerseits eine endgültige Fixierung vor. Der Tastsinn ist selbst nicht gänzlich zu halten.

Auf die Häute, nicht auf die Schrift, richtet sich der zweite und prophetische Teil des Fragments: „Je mehr man mit den Häuten [...] sprechen wird, um so mehr Weisheit wird man gewinnen." (Ms I 65[17]v; Schneider: 96) – „Quanto più si parlerà colle pelle, [...] tanto più s'acquisterà sapienzia." (Ms I 65[17]v; Brizio: 317) Weisheit wird nicht durch Studium, Erfahrung oder Vertiefung erlangt werden, sondern durch das extensive Gespräch mit dem, das keine Antwort verspricht. Da die Häute, wie Weirich vorschlägt, den Sinn „alles dessen bewahren, was auf ihnen geschrieben steht", kann das Gespräch mit ihnen gewinnbringend sein. Komplizierter ist der Weisheitsgewinn, wenn nicht Sinn überhaupt, sondern der Sinn für etwas anderes dazwischentritt.

Während die Interpretation des Hauptsatzes unumstritten ist, gehen die Vorschläge für den entscheidenden Einschub – „Quanto più si parlerà colle pelle, *veste del sentimento*, tanto più s'acquisterà sapienzia." (Brizio: 317, Herv. v. Verf.) – weit auseinander: „Gewand der Empfindung" (Weirich: 15), „Gewand des Sinnes" (Schneider: 96), „Hülle des Gefühls" (Lücke: 866), „dress of sentiment" (Pedretti/Richter: §1303), „covered over in sentiments" (MacCurdy: 513), „clothed in sentiment" (Venerella: 96). Bilden die Häute oder das Sentiment das Gewand? Entweder kommt der zum Beschreibstoff gewordenen ersten Haut metaphorisch die Funktion einer zweiten zu, indem sie das Sentiment kleidet, oder das Sentiment kleidet die nackte Haut. Es bedeckt sie wie die auf sie aufgebrachte Schrift. Im Unterschied zu einem aus Leder gefertigten Gewand, dem Leonardo an anderer Stelle zutraut, in Form eines aufblasbaren Anzuges Schiffbrüchige vor dem Ertrinken retten zu können, wäre dieses Gewand eher löchrig. Der Weisheitserwerb bezieht sich in beiden Fällen auf eine Relation: entweder auf das Gespräch mit dem Bedeckenden (mit der Haut als metaphorischem Gewand) oder mit dem Bedeckten (mit der metaphorisch gekleideten Haut). Weisheit würde gewonnen werden entweder, weil das Sentiment verborgen und über die Art der Verbergung – die Maße, der Faltenwurf vielleicht – indirekt Auskünfte über das Verborgene zu erlangen wären, oder weil das Sentiment die eigene materiale Möglichkeitsbedingung kaschierte. Um was für eine Weisheit kann es sich überhaupt handeln? Mit Bezug auf das indirekt erschließbare oder in seiner Bedingtheit ausgestellte „sentimento" kommt die Schwierigkeit hinzu, dass es sowohl „Gefühl, Empfindung, Feingefühl" als auch „Begriff, Sinn, Ansicht" meinen kann. Damit ergeben sich mindestens vier, eher zwölf oder sogar noch mehr Varianten möglichen Weisheitsgewinns: die materiale Bedingung der Empfindung (des Gefühls oder Feingefühls) oder des Begriffs (des Sinns, der Ansicht) betreffend, oder den indirekten Rückschluss auf die Empfindung oder den Begriff selbst. Da das „sentimento" jeweils dunkel bleibt, kann die „Weisheit" nur in der Einsicht bestehen, dass seiner nicht habhaft zu werden ist – wie auch im Falle des Tastsinns, der hier, mittels der Bedeutungsvarianten von „sentimento", nochmals in seine beiden Bestandteile zerlegt wird, in „senso" und „tatto". Leonardos Sentenz legt nahe, dass die These zur Unerreichbarkeit von etwas nicht von der Aufgabe entbindet, das Wissen über die Art dieser Unerreichbarkeit zu präzisieren.

Naheliegend ist, was diesen zweiten Teil der Prophezeiung betrifft, weiterhin die Annahme, dass die Häute metonymisch für die Schriften stehen, das Sprechen allgemein für eine Auseinandersetzung steht: Je mehr man sich mit den Schriften auseinandersetzt, desto mehr Weisheit wird man erwerben. Wäre dies die alleinige Pointe, hätte es der Emphase des Materialen und der Restitution seiner getilgten Ansprüche qua Tastsinn nicht bedurft. Beide Teile und deren Übersetzungsunsicherheiten zusammengenommen fällt vielmehr auf, dass sie sich auf subtile Weise ineinander verschieben. Im ersten Teil steht zunächst die Reihe Sinn–Schrift–Besitz–Sein, in der jedes Element dann aber elastischer gefasst, zum Tastsinn/Taktgefühl, Schreiben/Geschriebenen, Halten/Bewahren und zu einem Sein auf Distanz („v'è") geöffnet werden kann. Im zweiten Teil verhält es sich umgekehrt: Empfindung, Gespräch, Erwerb und Weisheit sind eher fluider Natur, aber sie können sich zu Begriff, Schrift, Besitz und Wissen verfestigen. Die von den Prophezeiungen bespielten Umschläge zwischen dem Lebendigen und Leblosen liegen bereits in der Sprache. Während die Häute den ehemals lebendigen Rand der Schrift in materialer Hinsicht stellen, so die Sprechakte in prozessualer. Im Pergament ist der Kreuzungspunkt von „senso" und „sentimento" zugleich der Ort, an dem der physiologische Tastsinn und das ins Schreiben eingehende Feingefühl in Kontakt, aber nicht vollends zur Explikation kommen.

Literatur:

Manuskripte werden unter Angabe der Sigle, der Folionummer sowie der Seite (recto/verso) zitiert, wobei folgende Ausgaben und Übersetzungen – jeweils in Kurzzitation mit Seitenzahl angegeben – verwendet wurden:

Da Vinci, Leonardo: *Notebooks*, Selected by Irma A. Richter, Edited with an Introduction an Notes by Thereza Wells, Preface by Martin Kemp, Oxford: Oxford University Press 2008.

—*Scritti scelti*, A cura di Anna Maria Brizio, Turin: Unione Tipografico-Editrice Torinese 2007 [1966].

—*Die Aphorismen, Rätsel und Prophezeiungen*, ausgewählt und übersetzt v. Marianne Schneider, München: Schirmer/Mosel 2003.

—*Profezie. Prophezeiungen*, Italienisch und Deutsch, übersetzt und mit einem Essay hg. v. Klaus Weirich, Weissach im Tal: Alkyon 2001.

—*The Manuscripts of Leonardo da Vinci in the Institute de France*, Translated and Annotated by John Venerella, Manuscript I, Mailand: Castello Sforzesco 2000.

—*The Literary Works of Leonardo da Vinci*, Commentary by Carlo Pedretti, Compiled and Edited from the Original Manuscripts by Jean Paul Richter, Oxford: Phaidon 1977.

—*Philosophische Tagebücher*, Italienisch und Deutsch, übersetzt und mit einem Essay „Zum Verständnis der Texte" und einer Bibliographie hg. v. Giuseppe Zamboni, Hamburg: Rowohlt 1958.

—*The Notebooks of Leonardo da Vinci*, Arranged, Rendered into English and Introduced by Edward MacCurdy, London: Cape 1954.
—*Tagebücher und Aufzeichnungen*, nach den italienischen Handschriften übersetzt und hg. v. Theodor Lücke, Berlin/Leipzig: List 1940.

POCHEN (SIGMUND FREUD)

Marcus Coelen

„Der Begriff des Unbewussten pochte schon seit langem an die Pforten der Psychologie".

Sigmund Freud, „Some Elementary Lessons in Psycho-Analysis"

Die Einladung, von Berührung zu schreiben, trifft mich als Psychoanalytiker. Ich bin sogar ein wenig betroffen über sie; denn sie überrascht mich, sogar fühle ich mich – nur wobei? – erwischt und erwischt zugleich genau darin, dass ich, als Psychoanalytiker, so scheint's, nicht auf sie vorbereitet war, nichts oder fast nichts zu ihr zu sagen habe, wie zum Erstummen gebracht werde, in ein Schweigen gebracht, das kein analytisches mehr wäre (wenn es ein solches, klar bestimmt, überhaupt gäbe) – als ob mich Berührung, ihre Fragen, ihr Entgegenkommen, ihre Einladung zu sich, und – wer weiß – ihr Schreiben, als Psychoanalytiker, nicht betreffen würden.

Wie, als sei mir aufgelauert worden, werde ich eher von ihr, aus einem Hinterhalt angesprungen, überwältigt, und diese Metaphorik – Liebe, Krieg, Jagd oder Krankheit –, die ich anführe, bringt sie mit sich, so scheint's, aber woher?

Denn viel hat sie zunächst nicht zu sagen, die Psychoanalyse, zur Berührung. Zunächst nur, dass sie Abstand von ihr genommen hat; dass sie darin begründet ist, in dieser Abstandnahme. Nach dem Eindringen qua „Induktion der Hypnose" und nach dem Handauflegen auf der Stirn: Enthaltung; Sitzungen mit der Haltung des Abstands ohne Anstand der Rede: „dites n'importe quoi". *But don't touch* – auch wenn das niemand je so gesagt hat. Dennoch offene Tore für Grenzüberschreitungen. Aber auch erlaubt allein der Abstand ohne Verbot von Berührung die Übertragung, die springen muss, vor allem auch die

Spaltung, die sich einführt in die paradoxe Identität von Übertragung und Widerstand selbst. Berührung berührt im Widerstand; Übertragung überspringt den Abstand, der allein sie trägt. Nicht: „nicht berühren“, sondern: „bitte sprechen“; nicht Abstand setzen, sondern von der Spaltung schreiben. Aber ich greife vor oder zu weit aus.

Vieles hängt sicher auch in der Psychoanalyse an Berührung, hängt mit ihr zusammen, und auch kann sie alle möglichen Bedeutungen in der Psychoanalyse annehmen. Aber „Berührung“ ist kein psychoanalytischer *Begriff*, wie er ein philosophischer ist, so, wie zum Beispiel andererseits „Trieb“ oder „*jouissance*“ keine vornehmlich philosophischen *Begriffe* sind. Das ist nicht im dogmatischen Sinne gemeint, sondern eher philologisch, historisch: Weder hat sich die Philosophie ausgiebig – freilich mehr und mehr – um diese gekümmert, noch die Psychoanalyse um jenen. Das schließt nicht aus, dass beide, deren prinzipielle Trennung gerade ausgehend von diesen Begriffen als „unmöglich“ zu bezeichnen wäre, im Geheimen von diesen her bearbeitet werden; nacheinander ständig greifen. Jedenfalls wird „Berührung“ von der Psychoanalyse nicht lauthals bedacht, nicht deutlich eingeschrieben in ihre Syntagmen, wie auch „Empfindung“ oder „Sinnlichkeit“ überhaupt merklich unbehandelt bleiben, vornehmlich als illustrative Worte oder anders als Rätsel vorkommen.

Man könnte weit ausholen, um sich dem Abstand zur Berührung in Psychoanalyse zu nähern: und zur Erklärung oder weiteren Darstellung den grundlegenden, schematischen Gegensatz von *Qualität* und *Quantität* ins Spiel bringen; man könnte anführen, dass Freud, geleitet, wie er es einerseits war, vom Ideal der Wissenschaft, von psychisch-physiologischen Parallelismus, der die Empfindung – und somit alles, was berührt, vom Druck auf die Haut über die Wanderwelle, die Haarzellen zum Schwingen bringt, bis zur chemischen Reaktion, die Makromoleküle in Sehzellen spaltet – auf Quantitäten und ihre

Kalküle bringt, mit Beträgen der Libido beispielsweise zwar nicht rechnen konnte, diese aber eintrug, als Trieb etwa, wenn dieser als „Maß“ gefasst wird, nämlich in der „einfachste[n] und nächstliegende[n] Annahme über die Natur der Triebe“, welche wäre: „daß sie an sich keine Qualität besitzen, sondern nur als Maße von Arbeitsanforderung für das Seelenleben in Betracht kommen“ (*Drei Abhandlungen zur Sexualtheorie*: 67); also könnte man darlegen, wie die Psychoanalyse partizipiert an der Ausscheidung der Qualitäten aus der Wissenschaft, die Husserl in der *Krisis* so deutlich darlegt, andere als „Mathematisierung“ dargestellt haben, somit die Berührung in ihre Quanten zerfallen würde, sie immer nur eine gemessene, starke oder schwache, nie eine auf die eine oder andere Weise berührende wäre, immer nur ein „gewisses Maß von Tasten“ (55), wie es in den *Drei Abhandlungen zur Sexualtheorie* heißt, angeschrieben wäre; dann aber auch darauf verweisen, dass Freud, heimgesucht von Sprache, in Liebe zu ihr verstrickt, wie er es andererseits war, jenseits von Quantität und Qualität, die Grammatik und die Syntax, und an der Semantik ihre inneren Verschreibungen, Verschiebungen und Verdichtungen aufsuchte, den Sinn von Berührung an den nicht spürbaren Unsinn des Sprechens, dessen Effekte allein erfahrbar sind, mehrfach determiniert band; man könnte ausführen, wie Lacan diese andere „Wertigkeit“, wie Freud sie auch nannte, in der etwas monströsen Einheit des „Signifikanten“ auch diese Erfahrung ohne Berührung anders einschrieb und die Mathematisierung auf eine „Literalisierung“ brachte, die ihr zugrunde liegt, und, im Bilde gesagt, die Berührung im Stempeln, das den Buchstaben einträgt, anders wiederum ausklammerte; schließlich könnte man darlegen, dass es ein Ringen um diesen schematischen Gegensatz gab, bei Freud selbst, dann zwischen Freud und Ferenczi, und Letzterer war sicher der stärker „Berührende“ von beiden (mit seinem Küssen von Patientinnen und dem Versuch der gegenseitigen Analyse, die Enthaltsamkeit gezielt aufgibt).

Ferenczi schreibt in seinem *Versuch einer Genitaltheorie*, dass es ein Versäumnis der Psychoanalyse sei, das „Seelische" zwar als „eine Mannigfaltigkeit von Mechanismen [vorzustellen], an denen eine und dieselbe Energie arbeitet, wobei sie wohl von einem System auf ein anderes verschoben werden kann" (14), also eine Topik von Quantitäten zu konstruieren, dabei jedoch „von einer Verschiebung von Qualitäten, überhaupt von Qualitätsdifferenzen der Energien selbst" (14) abzusehen. Von hieraus bedeutet „Genitaltheorie" eine klinisch-spekulative Betrachtung von Vermischungen und Verschiebung irreduktibler organischer qualitativer Eigenschaften, „typisch genitale[r] Erotismen: Erektilität, Friktions- und Ejakulationstendenz" (15). Dann aber war Ferenczi stets auf der Suche nach Worten für diese Erotismen jenseits noch der Qualität, Namen der verschobenen Qualitäten. Unter der Hand wurde so „Genital" selbst Name für diese Verschiebungen, diesseits, jenseits, außerhalb des Genitalen verschobener genitaler Qualitäten, im Prinzip überall ansetzbar, berührbar sogar, unmerklich bemerkt und angemerkt.

Ein nachträglicher Widerhall hierauf geht von Freud aus. Die *Drei Abhandlungen zur Sexualtheorie* sind eine sich verschiebende und spaltende Suche nach der spezifischen Qualität der sexuellen Erregung oder, genauer gesagt: das „Wesen der Sexualerregung [ist uns] völlig unbekannt" (106), und die Berührung sowie das Hinaushalten ihrer Qualität bei gleichzeitiger Zurückhaltung in Bezug auf deren Bestimmung macht die rhythmische Konstruktion aus, mit der die drei *Abhandlungen*, das Sexuelle einerseits einer *Theorie*, einer Schau und deren beredter Bezeugung unterstellen, es aber andererseits auch in eine Dimension führen, in der es zwar nicht gespürt, angefasst, aber doch so detektiert wird, dass Berührung zwar unerkannt und doch am Rande benannt zum Zuge kommt. Berührung, das sind „vor allem in mehr oder minder direkter Weise die Erregungen der sensiblen Oberflächen – Haut und Sinnesorgane –, am unmittelbarsten die Reizeinwirkungen auf gewisse als erogene Zonen zu bezeichnende Stellen", und bei „diesen Quellen der Sexualerregung ist wohl die Qualität der Reize das Maßgebende" (105). Das Ganze ist hiermit „nun freilich recht rätselhaft geworden" (105). Die Frage der Qualität öffnet die Tür, auf der sowohl „Sexuelles" wie „Berührung" wie auf Namensschildchen lesbar sind, auf ein Unbekanntes, Unerkanntes – auf den Körper als Unmögliches. Sprachform: Rätsel. Epistemologie: jenseits der Epistemologie (von Qualität und Quantität).

Berührung ist zusätzlich, supplementär: nichts dafür, alles umsonst, für den Preis des Lebens. Berührung ist aufgehoben in Wiederholen geschrieben, aufgeschrieben ins Wiederholen gehoben, im Schreiben wie als Verlust abgeschrieben. So Freud, wie wir lesen können: „Das Ludeln oder Lutschen, das schon beim Säugling auftritt und bis in die Jahre der Reife fortgesetzt werden oder sich durchs ganze Leben erhalten kann, besteht in einer rhythmisch wiederholten saugenden Berührung mit dem Munde (den Lippen), wobei der Zweck der Nahrungsaufnahme ausgeschlossen ist. Ein Teil der Lippe, selbst die Zunge, eine beliebige andere erreichbare Hautstelle, – selbst die große Zehe, – werden zum Objekt genommen, an dem das Saugen ausgeführt wird." (*Drei Abhandlungen*: 80) Das Saugen macht aus der „Berührung mit dem Munde" – keine: eine, deren Ort sich verschiebt und spaltet, vom Mund zu den Lippen, in Lippe und Teile, von Lippe zu Zunge und beliebig weiter. Rhythmische Wiederholung, aber es ist auch die Spaltung der Berührung in sie und nicht, die jene bestimmt. Takt schlägt in Amphibolie.

Ludeln, Lutschen, Leben, Lippen: [l] ... [n]: eine Sache der Zunge: palatal, alveolar, Mund offen, vor, zurück, die Zunge, oder eine andere erreichbare anagrammatische Stelle: [z] ... [e]: die Zehe werden zum Subjekt ernannt, um die Berührung des Mundes zu nennen. Diese Nennpunkte zählen anders als gezählt; sagen anderes als Gesagtes. Der Mund berührt sich innen mit der Zunge im Verweis auf die innere Berührung des Mundes – durch die Zunge oder ihre Verweise. Verweisung: eine Sache der Berührung, die nicht stattfindet – und doch. Dann wieder. Weil der Säugling saugt, und es sich wiederholt. Zwischen Säugling und Saugen wiederholt sich das Sprechen, spricht sich die Wiederholung, schreibt sich die Einschreibung fort, nimmt das Saugen auch ins Auge und stützt die Stelle hier mit einem Sog zur Skopik. Doch lispelt der säugende Säugling auch im Ohre noch nach. Das ist Berührung. Sofern sie im Munde geführt wird. Aber wir „wissen" doch anders und wollen sagen: „Das ist doch nicht Berührung! Es gibt sie außerhalb des Mundes, ohne das Sprechen!" Und wenn das Berührung wäre: Wiederholung, die das Sprechen anruft, nicht dabei zu sein, selbst, um es anzurufen?

Freud konstruiert einmal, dass ein Wahn sich um eine Einbildung von Wahrnehmung konstruiert, die sich selbst an die Stelle einer Berührung setzt, welche fehlt, oder genauer: sich fehlend selbst berührt. In der eigentümlichen „Mitteilung eines der psychoanalytischen Theorie widersprechenden Falles von Paranoia" wird so nicht nur die Erzählung einer jungen Frau ausgebreitet, die ihren Liebhaber mit der Verfolgungsidee verfolgt, er habe sie beim Liebesspiel fotografieren lassen, um diese Idee auf die Liebe dieser Frau zu einer anderen, sowie das Geräusch, dass sie gehört zu haben glaubt und behauptet, auf das „Pochen oder Klopfen an der Klitoris" (244) zurückzuführen, sondern auch, mit dieser fantastisch scheinenden Konstruktion in diesem so literarisch konstruierten „Fall", eine denkerisch schreibende Ebene berührt, die nur durch diese Konstruktion, und als unberührbare Berührung, gesetzt ist. Wie eine projizierte Oberfläche in unmerklichem Spasmus.

Kann man das nach außen stülpen? Topologisch verschieben und verdrehen? Wenn die Genitalien nicht primär die besonderen Zonen der Selbstberührung wären, über die sich eine Wahrnehmung einbilden und um diese herum sich ein wahnartiges Denken ausbilden kann oder sogar muss, sondern nur ein Augenmerk oder Attraktor hier oder dort, zufällig, wenn auch häufig? Wenn etwas am Denken stets diese wahnhafte Konstruktion wäre, etwas an der Wahrnehmung stets eingebildet für die fehlende Berührung bliebe, und an der Berührung stets etwas fehlte, das sich selbst ergänzte? Wenn dies zudem nicht lokalisiert, nicht der Zug des Genitalen und gentil Genannten allein wäre, überall und nirgends – wie's heißt – sich fände? Wenn sich sogar denken ließe, dass das Denken diese besondere Zone wäre, nicht besonders, da nicht abgesondert, keine Zone, sondern ohne Begrenzung überall, Wahrnehmen Wahn, sowie Berührung stets? Eine monströse Genitalfantasie? Pansexualistische Spekulation? Sicher auch. Aber eine, die etwas von dem, was, als sexueller Größenwahn, sich aus der Zone der infantilen Sexualität ausdehnt, diese mit sich fort weg aufnehmend Wahn, Größe, Sexuelles überdehnt. Über diese Dehnung und über sie hinaus trägt sich Berührung unmerklich ein. Die Lokalisierung des Genitalen lässt sich nicht lokalisieren, ihre Spuren als Fantasie und Spekulation im Denken jedoch detektieren. Freud schrieb es als die rätselhafte, wesentlich unerkennbare Überlagerung von „intellektuelle[r] Arbeit" (*Drei Abhandlungen*: 105) und sexueller Erregung an. Diese „intellektuelle Arbeit" ist „Schreiben": nicht lokalisierte Lokalisierung, lokalisierte Nichtlokalisierung. Iterationen iteriert berührt berührend. Irriteration.

Es mag manchmal scheinen, als habe die Psychoanalyse, in ihrer Skepsis, ihrem nüchternen Realismus, ihrem leicht melancholischen Pessimismus sowie ihrem wilden Optimismus, dass doch die Lust am Leben ein Gutes habe, die „Liebe", in der Gegenfigur zur scheinbaren Abwertung oder zumindest Reduzierung, die sie artikuliert, doch so hoch, oder: anders, geschätzt, nicht geschätzt und bemessen, sondern heimlich gespürt, berührt, ohne Wert noch Maß, dass sie dieser, wie, als wolle sie sie für sich behalten, aber um sie für alle anderen freizugeben, einen ganz anderen Ort reserviert, einen noch anderen als den anderen Schauplatz, der dem Unbewussten galt, keinen Platz, der sich einnimmt, für keine Schau, die möglich wäre, an keinem Ort, der sich, übertragen aus Sinnlichkeit oder abgeleitet aus Logik, designieren ließe, nicht aufgehoben, nicht zugleich vernichtet und bewahrt, sondern – sanft und gewaltig vernichtet, ohne Wahrung noch Gewähr für den Gegensatz, darin aber das Nichten verschoben, gegen das Gegen ein Widersprechen gewagt, dass sich kaum hören lässt, gegen den Widerspruch, unter dem es stets verschwindet, schwach gesprochen, verändert, das Ändern mit verändernd, anders geschrieben, und so: ver-nichtet, durch Verkehr verkehrt, woanders. Liebe: Name für anderes als Figur der Berührung; beidseitig taktvoll ausschlagendes Syntagma.

Freud versuchte eine Empirie ohne Empfindung oder Sinnlichkeit zu denken: philosophischer Widersinn. Psychoanalyse ist dieser philosophische Widersinn – oder: ist gesetzt, *gegen* diesen philosophischen Widersinn. Und „gegen" heißt: gegen die Amphibolie, und mit dieser, welche mit „gegen" anliegt, an welche sich die Psychoanalyse anlehnt wie ein Trieb ans Bedürfnis, Anaklisis gegen Anlehnung, und deren Weite sie sucht. Im Widersinn ist Psychoanalyse *gegen* Philosophie, wider von ihr unentwegt, in die Wüsten der Sprachen und des Sprechens geschickt. Irgendwo, in diesen Gegenden ohne Plan und unter zahllosen Ansammlungen des wie mineralisch Konkreten, tausendfach Steinigen, sandig Zerstreuten, endlos Zerfallenden, scheint ihr eine andere Empirie zu begegnen: Schein der Realität bis zur Unentrinnbarkeit. Vielleicht, weil sie sich auf den Abwegen der Sprachgeschichte, den Spiegelungen eines Ursprungs verliert, die Prüfung, den Versuch – *peiros* – in der Empirie liest, wie die Griechen in Ägypten ihre Weisheit und zumindest einer unter ihnen, Platon, ihre Verdammnis – diese heimliche Liebe – durch die Schrift zu lesen suchten. Durch die Not des Lebens spiegelt die Realität ihre Prüfung aufs Subjekt zurück, berührt es, ohne es zu merken, ohne dass es es merkt.

Aufgabe einer Psychoanalyse: zu fragen – und dabei die Form der Frage ausfransen lassen –, ob jenseits, oder besser: unterhalb, diesseits, nebenseitig, des Vaters ein Denken sich analysiert, ohne in die alte Empirie der Empfindung zu fallen – genauer: in ihr stecken zu bleiben – also (Mutter-)Trennung ohne (Vater-)Identifikation zu denken, Differenz und Identität ohne diese zusammen zu denken, zu denken, zu analysieren, zu leben und damit gut zu sterben. Aber warum eigentlich? Denn politischer Druck, der lastet und meist Ideologie zu sein scheint, reicht nicht, diese Forderung zu stellen. Schlicht, weil es uns berührt? Nur wie ...

Literatur:

FREUD, Sigmund: *Drei Abhandlungen zur Sexualtheorie*, in: *Gesammelte Werke* V, hg. von Anna Freud, Frankfurt: Fischer 1968, S. 132–145.

—„Some Elementary Lessons in Psycho-Analysis", in: *Gesammelte Werke* XVII, hg. von Anna Freud, London: Imago 1955, S. 139–147.

—„Mitteilung eines der psychoanalytischen Theorie widersprechenden Falles von Paranoia", in: *Gesammelte Werke* X, hg. von Anna Freud, London: Imago 1949, S. 234–246.

FERENCZI, Sándor: *Versuch einer Genitaltheorie*, Wien: Internationaler Psychoanalytischer Verlag 1924.

-REICHEN

Thomas Schestag

„Zehn Jahre dahin –,
kein Tropfen erreichte mich,“

Friedrich Nietzsche, *Von der Armut des Reichsten*

Am Anfang des letzten, neunten, der von Nietzsche so genannten *Dionysos-Dithyramben*, ist vom *Reichen*, *Er*reichen die Rede. Über dem Innewerden eines Ausbleibens, ausbleibender Tropfen scheint, gemischt aus Erschöpfung und Verlangen, ein Ende erreicht. Als soufflierte eine Stimme von knapp unterhalb: *Es reicht!* Wobei offen bleibt, ob dies, dass *es reicht*, das Ende des Nichterreichtwerdens (und also den Anfang der Bemühung, endlich erreicht zu werden) oder das Ende des Wartens darauf, erreicht zu werden (sich endlich damit abzufinden, nicht erreicht zu werden), souffliert. *Was* genau da *reicht*, wo *es* reicht, bleibt – zwischen Resignation und Widerstand – offen. Nicht weniger als die Gewissheit darüber, ob mich die geflüsterte Wendung *Es reicht* noch erreicht.

In Briefen und Briefentwürfen vom Juli 1888 ist anstatt von Tropfen, anstelle des Wortes *Tropfen*, vom *Wort* die Rede: kein Wort gehört zu haben, das mich noch erreichte. Ein Briefentwurf aus Sils-Maria, an Franz Overbeck in Basel, hält fest: „Die Schwierigkeit, in der ich lebe, ist außerordentlich; doch liegt sie *nicht* dort, wo Du und andere Freunde sie suchen. Ich weiß kaum, sie begreiflich zu machen. Aber seit der Zeit, wo ich meinen Z<arathustra> auf dem Gewissen habe, bin ich wie ein Thier, das auf eine unbeschreibliche Weise fortwährend *verwundet* wird. Diese Wunde besteht darin, keine Antwort, keinen Hauch von Antwort gehört zu haben ... [...] ich verstehe es andererseits aus aller Tiefe, warum mir Niemand ein Wort sagen kann, das mich noch *erreicht* ..." Das *kaum* Begreifliche der Schwierigkeit, in der ich lebe, spricht der exorbitanten Schwierigkeit der Lebenslage Begreiflichkeit nicht einfach ab, sondern lässt das Begreifen ins Unbegreifliche spielen: dass der Vorsatz zu begreifen, also Fühlung mit der Schwierigkeit zu nehmen, kaum mehr als deren Unbegreiflichkeit – begreift. Nicht nur fehlen mir die Worte – kaum find ich sie –, die Schwierigkeit begreiflich zu machen, sondern ich verstehe – begreife also – andererseits, „aus aller Tiefe, warum mir Niemand ein Wort sagen kann, das mich noch *erreicht* ...". Die unbeschreibliche Wunde – doch sie wird nur vergleichsweise aufgeboten – besteht darin, aus keinem Munde den Hauch einer Antwort (auf meinen *Z*[...], *Ein Buch für Alle und Keinen*) gehört zu haben; darin, dass kein Wort mich noch, mich mehr *erreicht*. Die Wunde bricht auf (ohne zu schließen), weil aller Mund verschlossen bleibt: kein Mund spricht. Wund nach einem Wort, das mundet, an dem ich Geschmack finden könnte, erreicht mich noch, nur mehr sein Ausbleiben, ein Fehl, wie der (stumme) Pfeil ein *Thier*, das vergeblich *hört*. Ein Brief an Malwida von Meysenbug in Rom, wenige Tage später, präzisiert: „Hochverehrte Freundin, *endlich*! nicht wahr? – Aber ich verstumme unwillkürlich gegen Jedermann, weil ich immer weniger Lust habe, Jemand in die Schwierigkeiten meiner Existenz blicken zu lassen. Es ist wirklich sehr *leer* um mich geworden. Wörtlich gesagt, es giebt Niemanden, der einen Begriff von meiner Lage hätte. Das Schlimmste an ihr ist ohne Zweifel, seit 10 Jahren nicht ein Wort mehr gehört zu haben, das mich noch *erreichte* – und dies zu begreifen, dies als nothwendig zu begreifen! [...] man ist wie ein Thier, das beständig verwundet wird. Die Wunde ist, keine Antwort, keinen Laut Antwort zu hören und die *Last*, die man zu theilen, die man abzugeben wünschte (– wozu schriebe man sonst?) in einer entsetzlichen Weise allein auf seinen Schultern zu haben." Ich verstumme unwillkürlich gegen alle, weil keiner einen Begriff von meiner Lage hat. Alle haben keinen. Nicht, dass sie ihn, als wäre der prinzipiell irgendwie gegeben und zur Hand, bloß nicht finden. Sondern: Meine Lage ist unbegreiflich, kaum weiß ich, wie der Briefentwurf an Overbeck weiß oder weismacht, *sie begreiflich zu machen*. Kein Begriff (von ihr) kann ihr das Wasser reichen. Die Wendung *wörtlich gesagt* lässt das Begreifen meiner Lage durch deren bündige Zusammenfassung in einen Begriff von ihr aus der Fassung gehn und den *Begriff* in das Wort *Begreifen* spielen. Wörtlich gesagt, erreicht mich seit 10 Jahren kein Wort mehr, und dies Nichterreichen, Nichterreichtwerden zu begreifen, als *notwendig* zu begreifen, ist das Schlimmste meiner Lage. Nicht nur hat keiner einen Begriff von ihr, sondern auch ich weiß kaum, sie (mir, wie keinem, mir wie allen, allen andern) begreiflich zu machen. Das Unbegreifliche meiner Lebenslage ist ihre Unbegrifflichkeit. Ihre außerordentliche Schwierigkeit liegt darin, dass sie der langjährigen schreibend-lesenden Auflösung oder Auflassung begrifflicher Fassung nicht nur des Lebens in allen seinen Lagen, sondern begrifflicher Fassung von Worten – zu Worten der ein oder andern *Sprache* – entspringt. Dieser Lage entspricht kein Wort, das sie erreichte, denn sie entspringt der Brachlegung der Wortsprache. Es gibt von ihr keinen Begriff, der sie, die singuläre, ab-, fast jenseitige, unter Abzug aller Besonderheiten und Idiosynkrasien ins Allgemeine oder gar allgemein Menschliche – auf den Begriff gebracht, ins Wort gefasst – zu heben vermöchte.

Ich selber – der Brachlegende – liege brach.

Auf keines der Worte, die ich schreibend –; die mein *Zarathustra*, ein Buch *für Alle und Keinen*, vor 10 Jahren reichte; erreicht mich eine *Ant*wort. Der Vorsatz des Schreibens, so skizziert der Brief an Malwida von Meysenbug das Schreiben tastend – „(– wozu schriebe man sonst?)“ –, schreibenden Gebens von Worten, lag darin, die *Last*, an der ich trug, zu *theilen*, *ab*zugeben. Die skizzierte *Lust* am Schreiben liegt nicht darin, die Last – nämlich so zu schreiben, dass nichts als die ununterbindbare, unausrichtbare *Theil*barkeit der Worte, die ich schreibe, aber weniger *mit*- als lediglich *-getheilt* wird – abzugeben; nicht nur, nämlich im Grunde überhaupt nicht darin, in der Antwort, die mich noch erreichte, die Ankunft (bei Allen wie Keinem) des *getheilten* Wortes bestätigt zu finden; sondern – erst diese Antwort erreichte mich noch – aus der Antwort die fortgesetzte *Theilung* der Worte, die ich *-theilte*, abnehmen (und – nach Belieben – fortsetzen) zu können. Erst das Innewerden fortgesetzten *Theilens* der abgegebenen, *-getheilten* Bürde wäre, was die *Last*, an Worten wie Zeichen zu tragen, die den Schein unwandelbaren Gepräges und unumwundener Gegebenheit verbreiten, in die *Lust* am einschneidenderen Schreiben, an Inzisionen in deren *gebrechliches* Gepräge verwandelte, jedes Wort und Zeichen *Bruch*stäblichkeiten überlassend, die ihm weder eignen noch eigentlich fremd sind, und vom Oktroi, den die fraglose Geltung der Wort- und Zeichensprache ausübt, befreite: *heilte*. Die Durchlässigkeit, in Nietzsches -grafie, die *Theilen* und *Heilen* teilen, als berührten beide ein*ander*, präzisiert die Wunde, das Bild vom beständig, *fortwährend auf eine unbeschreibliche Weise verwundeten Thier*, das Nietzsche in beiden Briefen zur Selbstkennzeichnung des Schreibenden – um seiner *-theilung* willen – aufbietet oder -bürdet: reicht. Das *abgebende*, -theilend-reichende Schreiben sucht der fortwährenden Verwundung des Schreibenden durch die Wort- und Zeichensprache, deren Anwendung er unterworfen scheint, denn er schreibt ja, auf den ersten Blick, *in* Wort- und Zeichensprachen, die er – ohne deren typisierte Geltung anzutasten – *mit*theilt, durch Freilegung und Vergrößerung von Rissen im Aufriss der Lettern, Silben, Wörter, die er weniger auf- als aussetzt, zu begegnen. Das *abgebende* ist ein vom Schreiben *in* Worten ablassendes Schreiben, weil es jedem Wort dadurch, *wie* es – auseinandergeschrieben – in Erscheinung tritt, die Stichhaltigkeit seiner semantischen Ausrichtung nimmt: den Pfeil, der den Schreibenden verwundet, noch im Fluge spaltet: *-theilt*.

Hier veranschaulicht in dem Wort *Theilen*, das ins *Heilen* spielt; wie im *Hier*, das dem *Thier* nur auf den ersten Blick seinen Ort anweist, es dort – in diesem Wort – zu treffen. Das eine Buch aber, *Zarathustra* (in allen seinen *Theilen*), das der Schreibende als Zeug- und Zeignis der Auflassung, -lockerung des Banns der Wort- und Zeichensprache, *in* der es geschrieben – zu stehn – scheint, abzugeben suchte, eine unerhörte Erfahrung zu *theilen*; dies Buch, das Nietzsche im Brief an Malwida von Meysenbug so charakterisiert: „Ich habe der Menschheit das tiefste Buch gegeben, das sie besitzt, ein Buch, gegen das gerechnet die Bücher überhaupt bloß *Litteratur* sind"; dies eine Buch (aus *Theilen*, aber nicht um der *Mit*theilung willen geschrieben, mit nichts als mit *theil*baren Lettern befasst, für Alle und Keinen) scheint unter denen, die sich mit ihm *abgeben*, bloß als *Litteratur* in Umlauf. Die Wunde ist vom *Theilen*, das die Last – das *Ab*tragen der Wort- und Zeichensprache auf seine Schultern zu nehmen – in die Lust, das Innewerden regelloser Teilbarkeit der Wort- und Letternlast zu *theilen*, verwandelt hätte, abgeschnitten, nicht nur wie *Atlas*, der allein ein All, den ganzen Himmel zu tragen verdammt war, sondern – darin liegt das *Entsetzliche* des Habens *dieser* Last auf seinen Schultern – zu ertragen, dass die (ins Buch verzeichnete) Lust, jener Last aus Lettern jegliches Gewicht zu nehmen und genau jene Erleichterung zu *theilen*, ohne Echo bleibt. Das Entsetzliche und Unbeschreibliche meiner Situation liegt darin, noch die ins Buch – um sie zu *theilen* – verzeichnete Erleichterung der Wort- und Zeichensprache um ihr spezifisches – nicht nur semantisches – Gewicht, das auf allen Sprechern aller Sprachen lastet, als eine Last mehr, weil keine Antwort mich erreicht, auf den Schultern zu haben: noch das Nehmen der Last von den Schultern – schultern zu müssen.

Das Schlimmste an meiner Lage, so Nietzsche im Brief an Malwida von Meysenbug, „ist ohne Zweifel, seit 10 Jahren nicht ein Wort mehr gehört zu haben, das mich noch *erreichte* —".

Kein Wort reicht zu sagen, dass kein Wort mich mehr erreicht. Keines, außer dem Wort *reichen* und *erreichen*. Die unbegreifliche und undurchsichtige, vielleicht unbeschreibliche Weise, die das Wort *erreichen* an dieser Stelle färbt, hat ihren Grund darin (doch dieser Grund – alles andere als zureichend – hat keinen Boden), dass es, als (ein) Wort unter (allen) Wörtern, Aufschluss über die Ausrichtung aller Wörter überhaupt (den kein Wort unter allen andern geben könnte) zu geben aufgeboten wird: *Ein* Wort soll reichen, um zu sagen, was jedes Wort *als* Wort kennzeichnet, alle Wörter aller Sprachen *eicht*: dass Worte (etwas, vieles, wenig, gar nichts) *reichen*; dass Worte (jemanden oder etwas, niemanden oder nichts) *erreichen*. Jedes Wort soll das *Reichen* – seinen Inbegriff –, um *als* Wort kenntlich zu werden und kenntlich *zu sein*, erreichen: erreicht *haben*. Einzig und allein das Reichen steckt den Bereich, das Reich aller Wort- und Zeichensprachen ab. *Ein* armes Wort muss reichen, um zu sagen, dass nicht *ein* Wort mich seit Jahren mehr erreicht: das eine Wort *erreichen*. Dies eine Wort teilt zwar mit allen andern Wörtern die in beiden Briefen skizzierte Aufgabe, als Wort unter Wörtern, auf seinen Zeichencharakter geeicht, unter der ein oder andern Form den ein oder andern Inhalt zu *reichen*; muss aber in eins – nämlich als *keines* unter anderen –, der Menge oder Masse, also Last, aller Wörter aller Sprachen, die ich trage – und *ab*zutragen suche – überhoben (leichteste, schwereloseste Last), vom Wortcharakter, den es teilt, abgespalten, allen Wörtern überhaupt *unerreichbar* bleiben, weil einzig und allein dies eine – wie keines – allen Wörtern deren Aufgabe – die, provisorisch in eine englische Wendung gefasst, besagt: *to reach out* – steckt oder *reicht*: *über*reicht. Kurz: Das eine Wort *Reichen*, keines unter andern, soll nichts als das Reichen, den unfassbaren, fassungslosen Inbegriff aller Wörter aller Sprachen überhaupt, allen Wörtern aller Sprachen *-reichen*. Genau genommen reicht erst dies eine – kein Wort keiner Sprache – alle Wörter aller Sprachen. Dies eine, gleichsam, weil von allen

Wörtern verlassen, vereinsamte – um nicht zu sagen *verarmte*, Außer-, Aber- oder Un-, Wort *beinah*, trägt an einem (fast schwerelosen) *Überreichtum*: daran, dass es nicht nur, wie alle Wörter, (nichts oder etwas) reicht, sondern, wie keines, nichts als das Reichen – *überreicht*. Darüber hinaus, über das *Über* hinaus, liegt ins Reichen und Erreichen (des Reichens und Erreichens) verkappt, erst hier bricht der irritierende Überreichtum des Reichens an, dies: dass jedes Wort, indem es zustande- und der Aufgabe zu reichen nachkommt, am – unverfugbaren, unverfügbaren – Riss, der durch das Reichen (des Reichens) geht, trägt: also weniger an *etwas* als an – *fast* – nichts. Weil – per *para*definitionem – *kein* Wort (nämlich ein allen Wörtern überhobenes, über Worte überhaupt erhabenes) das Reichen reicht – den Inbegriff der Wort- und Zeichensprache überhaupt –, bleibt jedes Wort außerstande, *als* Wort zustande, in Schwung und in Umlauf zu kommen. Bleiben alle (Wörter) – keines. Bleibt kein Wort – eins (mit sich). Jedes Wort, indem es gereicht und verabreicht wird, Inhalte zu reichen, *mit*zuteilen auf dem Sprung, bleibt regellosen Teil- und Spaltbarkeiten, die es um seine Aufgabe erleichtern, überlassen. Jedes Wort: anfangender Absetzung vom Wort (im Augenblick seines Zustandekommens). Jedes Wort: anbrechender Verlassenheit vom Reichen, das ihm eignen, das *reichen* soll, um *als* Wort in Erscheinung zu treten.

Das ist die kaum begreiflich zu machende, weil kaum begreif- und (in Worten fassliche, mit Worten) erreichbare Lage, in der ich mich befinde (ohne mich in ihr zurechtzufinden, oder auch nur -finden zu *wollen*): Kein Wort reicht ans Reichen. Das Reichen des Reichens an kein Wort. Genau das: Nichts als die Unerreichbarkeit des Reichens – in jedem Wort, auf dem Sprung zum Wort, auf dem Sprung zu zerspringen, *Sprengungen* (ausgesetzt) – zu überreichen, war mein *Z*[...] (ein Buch für Alle und Keinen) aufgelegt. Doch keine Antwort auf dies Wort vom Wort, das seinen Inbegriff, das Reichen zu erreichen, nicht erreicht, erreicht mich noch.

Vertrackte Lage. Im letzten der neun *Dionysos-Dithyramben* findet sie sich dadurch angereichert, dass unter der Überschrift *Von der Armut des Reichsten* nicht Nietzsche, sondern dem *Reichsten* (der sich weiter unten, unter anderem, in der dritten Person, auch *Zarathustra* nennt) das Sagen des Wortes *Erreichen* zufällt. Angereichert um Risse durch den Aufriss des Wortes, Wortbruchstückes *-reich-*.

Der Reichste teilt Züge mit dem Schöpfergott der *Genesis*, der am siebten Tag sein Werk, die Erschaffung von Himmel und Erde, vollendet und ablässt vom Schöpfen: ruht oder *ruget* (in Luthers Deutsch); einer eigentümlichen Stille, Regungslosigkeit überlassen. In die Schöpfung der Welt – vollendet – spielt die Erschöpfung des Schöpfers. Als zögen über den, der alles erreicht hat, was zu -reichen war, Schatten der Erschlaffung, fast Abschaffung, aus Überflüssigkeit. Die letzte der ersten sieben Strophen des letzten der neun *Dionysos-Dithyramben*, alle dem Reichsten, Worten aus dem Mund des Reichsten zugeschrieben, schließt über diesen Zeilen: „müde und selig, / ein Schaffender an seinem siebenten Tag“ (V. 56–57). Das *Heut* und *Heute*, in den ersten sieben Strophen wiederholt genannt, präzisiert die Rede vom *siebenten Tag* zum Sabbat, Sonn- und Ruhetag. Geteilt um eine Unruh, ausgelöst durch die Klage, dass kein Tropfen mich *erreichte*. Die mittleren drei Strophen, auch sie ergehn noch aus dem Mund des Reichsten, dreimal durch ein Wort, das die Stille bricht, eröffnet: „ –– Still!“ (V. 58; 65; 75), handeln vom Wandeln *einer* Wahrheit über mir, von deren Verwandlung (bei genauerem Hinsehn) in *meine* Wahrheit und davon, dass sie *redet*. Dies Reden, Worten aus dem Mund der Wahrheit zugeschrieben, bestreitet, in symmetrischer Entsprechung zur ersten Hälfte aus dem Mund des Reichsten, fast angelegt als eine Antwort, die Wahrheit *über den* Reichsten, aber *an den* Reichsten gerichtet, zu sagen, dem

Reichsten gereicht – wobei offenbleibt, ob sie ihn erreicht –, die letzten oder andern sieben Strophen dieses letzten Dithyrambus. Dies – unruhige – Ruhen oder *Rugen*, von Anfang an, des Reichsten (wie in die leise Klage darüber versunken, dass keiner ihm das Wasser reichen kann), wartend auf Tropfen von oben, die – was weiter unten deutlich wird – aus *Wolken* tropfen, zieht die erste Strophe in die Wendung vom *regenlosen* Land zusammen. Das *regen*lose Land ist *regungs*los, *reg*los. Kein Wasser langt, gelangt an Land, die Starre zu lösen. Was fehlt, wo kein Tropfen fällt, der Dürre zu begegnen, die das *welke* Land (fast wie ein altes Blatt) vergilbt, sind *Wolken*: „Einst hiess ich die Wolken / fortgehn von meinen Bergen, — / einst sprach ich ‚mehr Licht, ihr Dunklen!' / Heut locke ich sie, dass sie kommen: / — ich will euch melken, / ihr Kühe der Höhe!" (V. 9–15) Das Locken, die Wolken in Worten lockende Sprechen, verstrickt die lockenden Worte wie die verlockten Wolken so, dass beide ineinanderspielen. Das Locken der Wolken, heute – als fiele der Reichste erst am siebten Tag seiner Schöpfung aus allen Wolken, des Umstands inne, dass ihm die Wolken, weil er, dem Licht verfallen, sie einst aus seinen Bergen hatte fortgehn heißen, fehlen, weshalb den *Bergen* heute *Regen* fehlt (den das Wort *Bergen* bei näherem Hinsehn, einer Wolke gleich, dennoch birgt) –; das Zurücklocken der Wolken – in Worten – geht so vor, dass es erlaubt, die Wolken (unter der Apostrophe *Kühe der Höhe* ins verlockende Bild praller Euter gestellt) zu melken: aus den Wolken, dergestalt, der Welke zu begegnen, Molke zu ziehn. Die *Tropfen* (aus Wolken) treten in diesem Dithyrambus an die Stelle der Rede vom *Wort* in den Briefen und Briefentwürfen vom Sommer 1888. Sie präzisieren den Aufriss der Worte, auf die der Reichste wartet, die ihn nicht erreichen: Worte – *wie Molke aus Wolken* – zu melken. Das lockende Sprechen lockt Worte zu- und ineinander, so, dass deren verbindliche Separation aufgelockert, fast aufgelöst erscheint: ... Wolken – locken – melken – Molke – Welke ... Das lockende Sprechen des Reichsten erreicht, dass die angelockten (unter ihnen das Wort *locken*) aus der Fassung zu distinkten gehn (ohne den Schein diskreter Wahrnehmung des ein und andern Worts zu unterbinden), dass Risse ihren Umriss aufrauhen, ausfransen, die an beide, Wort*form* und Wort*inhalt*, rühren. Dies Zu- und Ineinanderlocken verdichtet – innigst, rissigst – der in meinen *Bergen* verkapselte *Regen*. Genau dort, und in dem Augenblick, wo aus *Bergen Regen* tritt, erreichen beide Wörter, durch Permutation der Lettern, so einander, dass keines eins, eins mit sich selber bleibt, sondern irisierende Regsamkeit vor Augen, die erst das eine, dann das andre Wort zu reichen, zu erreichen suchen, Raum greift. Doch die Tropfen sollen den Reichsten so erreichen, dass er, das ist sein erklärter Wille, „–– ich will euch melken“, mit seinen eignen Händen aus den Wolkenzitzen Molke zieht und verschenkt, als verströmte *er*, was ihm fehlt: „Milchwarme Weisheit, süssen Thau der Liebe / ströme ich über das Land“ (V. 16–17). Denn was ihn nicht erreichte, war dies: „kein Tropfen […], / kein feuchter Wind, kein Thau der Liebe“ (V. 2–3). Fast so, als ginge das Reichen der Tropfen, die ihn nicht erreichen, vom Reichsten, nicht von den in den Pferch der Umschreibung *Kühe der Höhe* verlockten Wolken aus. Gleichen die Wolken, dergestalt verlockt, kaum anders als der Reichste – dergestalt lockend –, nicht einer *Fata Morgana*? Der Wille, die Wolken zu melken, das welke Land zu beregnen, zu erregen, zu beleben und zu lieben, lässt den Reichsten, einmal mehr, leer ausgehen. Der überspielte Fehl vertieft ihn. Der verlockte Strom – Regen aus Wolken wie Molke aus Zitzen zu ziehn – erreicht nicht ihn, sondern bleibt versagter Strom, sickernd ins verlockende Sprechen von ihm, auf der Schwelle zu versiegen.

Aus diesem Grund vielleicht bittet die dritte Strophe die einst zum Fortgehn aufgeforderten, eben aber zur Wiederkehr verlockten Wolken, jetzt als düster blickende Wahrheiten apostrophiert, wieder fort: „Fort, fort, ihr Wahrheiten, / die ihr düster blickt! / Nicht will ich auf meinen Bergen / herbe ungeduldige Wahrheiten sehn." (V. 18–21) *Fort* mit ihnen, weil sie dem Reichsten, was ihm fehlt, weder *Wort* noch *Tropfen* reichen (obwohl *fort* doch das Echo von *Wort* und *Tropfen* wirft). Was die Wolken, die jetzt *herb* und *ungeduldig* heißen, vorenthalten, wofür sie noch nicht *reif* (zu sein) scheinen, ist der Wolken*bruch* (der früher bekanntlich unter dem Wort Wolken*brust* in Umlauf war). Gerade weil alle Wolken einander bloß ähnlich sehn; denn eine Wolke gleicht, wie alle – keiner, auch sich selber nicht; das Wort *Wolke* aber, solange es *als* Wort allen Wolken überhaupt einen ins Wort verwahrten Wolkeninbegriff unterstellt und das Fallen der Wolken aus allen Wolken, den Auseinanderfall der Wolken wie des Wortes suspendiert, halten die Wolken- den *-bruch*, den ihre heraufziehende Zusammenballung verspricht, auf. Was der Reichste aus dem Heraufzug der verlockten Wolken ersehnt, ihn aber – solang die Wolken ziehen – nicht erreicht, ist nicht das einzulösende, sondern *gebrochene* Versprechen; nicht das gegebene, sondern *gebrochene* Wort: ein *-bruch* – auf der Schwelle zur berstenden *-brust* –, der die Wolkenakkumulation, quer zum Versprechen eines *Platz*regens im Anzug, das sie verkörpert, zerreißt. Keine Wolke ist *reif* für den *-bruch*, solange sie eine *herbe* Wahrheit verdichtet: solang durch sie nicht das Zerbrechen des Versprechens, zu zerbrechen, geht. Worauf der Reichste, überungeduldig, zu warten aufzuhören sucht, was er ent*behrt*, sind nicht *herbe ungeduldige Wahrheiten*, sondern was ihm fehlt, wofür er gleichsam *reif* ist, sind die *zerbrechenden*, aufplatzenden Wolkenwahrheiten, ist der Wolken*bruch*. In dies *Brechen* verdichtet die zweite Hälfte der dritten Strophe den Vorsatz des Reichsten, nicht länger aufs Reifen und Platzen der herben (Wolken) Wahrheiten zu warten, sondern an „eine *reife* Wahrheit", einer Frucht gleich, wie mit Händen zu reichen, sie zu *brechen*: „Vom Lächeln vergüldet / nahe mir heut die Wahrheit, / von der Sonne gesüsst, von der Liebe gebräunt, –– / eine *reife* Wahrheit breche ich allein vom Baum." (V. 22–25) Und die erste Hälfte der vierten Strophe präzisiert: „Heut strecke ich die Hand aus / nach den Locken des Zufalls, / klug genug, den Zufall / einem Kinde gleich zu führen, zu überlisten" (V. 26–29). Der Vorsatz des Reichsten visiert den kritischen Augenblick unausweichlicher Abspaltung der Frucht vom Baum: den Augenblick ihres *Abfalls*. Sein Vorsatz zielt darauf, der reifen Frucht, im Begriff vom Baum zu *fallen* – als abfallende, von Überreife und Übersüßigkeit gezeichnet, bald das Schicksal aller abgefallenen zu teilen, anfangender Fäulnis und Verwesung überlassen, als Fall- und Faulobst, ungenießbar, zum *Abfall* zu zählen –, für den Bruchteil eines Augenblicks zuvorzukommen: die reife Frucht vom Baum zu *brechen*. *Reif* also heißt jene Frucht, die schon nicht mehr reift, aber noch nicht fällt (und fault): weder dem Zufall noch Schicksal überantwortet. An eine *reife* Wahrheit (oder Frucht) zu rühren heißt demnach, an das zu reichen, was sich reicht, aber so, dass weder bloß ich ihr die Hand reiche (sie zu brechen), noch die Frucht sich mir (mir unausweichlich in die Hände zu fallen). In dieser Szene oder Zeile – „eine *reife* Wahrheit breche ich allein vom Baum" – durchlaufen Risse das *Brechen* der Frucht mit der Hand vom Baum wie den *Zufall* der Frucht (in meine Hand). Die Zeile bricht das Versprechen, dass keiner unter allen (außer mir), dass *ich allein* eine *reife* Wahrheit vom Baum breche: an die reife reiche, die *reife* (be)*freie*. Nicht weniger als dass ich allein sie *breche*, *fällt* die reife Frucht allein vom Baum. Die fallende Frucht fällt der brechenden Hand ins (gegebene) Wort. Die brechende Hand fällt mit der abfallenden Frucht zusammen: *aus*. Was die verzweigte Zeile – fast wie ein Zweig, von Früchten schwer – den lesenden, abzulesen suchenden Augen, sie in den Griff zu kriegen und auf den Begriff gebracht zu haben, reicht; wie die Augen – ohne zu brechen – an das, was in ihr vor sich geht, reichen, es zu *beg-reifen*; bleibt offen. Die erste Hälfte der vierten Strophe legt das auseinander. Dass ich heut die Hand ausstrecke nach den Locken des Zufalls, greift die Wendung weiter oben, dass ich heut die Wolken locke, wieder auf und in sie ein. So, dass offenbleibt, ob ich die Hand, *verlockt* von den Locken des Zufalls, fast ungewollt, wie ferngelenkt, oder aus freien Stücken den Locken reiche; ob die Hand nach den zu-, also abfallenden Locken – Flocken gleich – greift; oder zufällig, also blindlings; oder gewollter, dem personifizierten Zufall in die Locken. Das Ausstrecken der Hand nach den Locken des Zufalls wird so veranschaulicht: „klug genug, den Zufall / einem Kinde gleich zu führen, zu überlisten". Die Veranschaulichung erlaubt den lesenden Augen, die an die Zeilen reichen, Fühlung zu nehmen, die verzweigte (durch Zeilenbruch versehrte) Wendung *den Zufall / einem Kinde gleich zu führen* so oder so zu brechen, ohne dass die eine Lesefrucht der andern als eine reife Wahrheit überhoben gelten (und in Erinnerung behalten), die andere als un- oder überreife dem Abfall sich zuzählen (und vergessen) lassen könnte. Denn unausgeführt, offen bleibt in diesen Zeilen, an denen die Augen hängen bleiben, ob ich klug genug bin, den Zufall, hier einem Kind verglichen, zu führen und zu überlisten; oder ob ich, einem Kinde gleich, klug genug bin, den Zufall, nach dessen Locken ich die Hand ausstrecke, zu führen und zu überlisten. Führe ich – *ich*: einem Kinde gleich – den Zufall, oder führe ich den Zufall – *ihn*: der einem Kinde gleicht –? Wie aber kann ich den Zufall, der mich angelockt, also verführt und überlistet hat (mit der Hand an seine Locken zu reichen), selber führen, überlisten? Den Verführer – verführen; den Überlister – überlisten? Und heißt *einem Kinde gleich* nicht: *unreif*? Doch in die Augen, die *den Zufall / einem Kinde gleich zu führen* suchen, fällt der Überreichtum der Wendung: fallen Risse durch die *reife*, die keiner unter allen Auslegungen, zu denen sie die Augen verlockt, verführt und überlistet, gehorcht. Wo meine Hand an die Locken des Zufalls reicht, nimmt sie weder bloß Fühlung mit Locken noch mit der Verlockung, die von den Locken ausging und meine Hand verführte, sondern mit einer rissigen

Verdichtung beider ineinander, die den Zufall des einen wie des andern Worts (in seiner angestammten oder aufgepfropften Bedeutung) – Locken, Verlockung –, aufhält, weil sie Lücken durch den Aufriss, quer zum Aufriss beider Worte, von *Verlockung* und *Locken* vergrößert. Weder lässt sich ermessen, ob Zufall, Willkür oder Absicht die Hand im Spiel hatten, *die* Locken und *das* Locken – also *Locken* – zu verflechten, noch was zufällt, wo solche Geflechte -fallen. Weder Locken noch Verlockung halten mehr an sich oder finden Halt aneinander, sondern *-brechen*. Sie zerfällen den Entscheid darüber, was an dieser Stelle *Zufall* heißt: *zufällig* oder *zufallend*. Nur an solchen *-brechungen*, winzigen Eröffnungen, Anzeichen der *Reife* – genau des Augenblicks, wo das Wort vor Augen aus der Fassung zum Wort geht –, nur am Wort*bruch* scheint die Hand an ihn zu reichen, ihn zu brechen, Gefallen zu finden. Genau aus diesem Grund – *Un*grund – gehen Brüche auch durch das Versprechen des Reichsten, eine *reife* Wahrheit allein vom Baum zu *brechen*, weil der Augenblick, in dem das Versprechen, eine reife Frucht zu *brechen*, und der *Zufall* derselben einander kreuzen, einen blinden Fleck auftut. Dem Reichsten kommt (oder geht) in diesem Augenblick die Initiative, die reife Frucht mit ausgestreckter Hand, die an sie reicht, allein vom Baum zu brechen, weil die reife in eine (zufällig) zufallende spielt, abhanden. Die reife Wahrheit (oder Frucht) muss demnach *überreich* heißen. Doch nur weil, nämlich während, auch dies Wort allein nicht eins mit sich bleibt. In ihm spielen *Überreichtum* – auf der Schwelle zur Fassungslosigkeit – und die Geste des *Überreichens*. Aber nicht einander aus. Die rissige Partikel *überreich* lässt, weil sie Fassungslosigkeit ins Spiel bringt, im *Überfluss*, auf den sie anspielt, *Überflüssigkeit* entziffern.

Den *Überfluss*, zum *Vater*(namen) personifiziert und (auf der Schwelle zum Prinzip) als *Prinz* apostrophiert, bringt die sechste Strophe, angelegt als eine Flucht aus Fragen – zwischen rhetorischen und ernstgemeinten offen – nach der Herkunft des Reichsten, der sich – in der dritten Person Singular – mit dem letzten Wort der Strophe *Zarathustra* nennt, zur Sprache: „Wer sind mir Vater und Mutter? / Ist nicht mir Vater Prinz Überfluss / und Mutter das stille Lachen? / Erzeugte nicht dieser Beiden Ehebund / mich Räthselthier, / mich Lichtunhold, / mich Verschwender aller Weisheit Zarathustra?" (V. 42–48) Die Frage nach Vater und Mutter spielt, kaum verhohlen, auf die Geburt des Daimon *Eros* an, wie sie aus der Erinnerung des Sokrates an Worte der Diotima in Platons *Symposion* wiederkehrt: „Wer aber [...] sind ihm Vater und seine Mutter" (203 a; 317; Übers. TS), fragt Sokrates dort. Am Festmahl der Götter zur Geburt Aphrodites nimmt auch *Poros* (der den Weg – *póros* – und Ausweg, Mittel und Wege findet, auch dort, wo Ausweglosigkeit – *aporía* – zu herrschen scheint), der Sohn der *Metis* (die den Einfall, Geschicklichkeit und List – *mêtis* – verkörpert) teil. Am Abend kommt *Penia*, die Verkörperung der Armut – *penía* – des Wegs, an der Tür um Krumen und Reste vom Gastmahl zu betteln. Sie sieht Poros, trunken von Nektar, im Garten von Schlaf übermannt, wie in Ausweglosigkeit versunken liegen und fasst, ihrer Dürftigkeit – *aporía* – wegen, den Anschlag (der List und Verführung mischt), mit Poros ein Kind zu zeugen – *paidíon poiésasthai* –: „legte sich zu ihm und empfing den Eros" (203 b–c; 317). *Poröse* Zeugung, über Kreuz: *Poros*, Inbild des Auswegs in ausweglosen Lage, liegt von aller Findigkeit, die sein Name verspricht, abgeschnitten, schlaff im Gras. *Penia* – Armut und Ausweglosigkeit im Namen – weiß einen Weg zu bahnen, Poros, den Diotima weiter unten als im Überfluss – *euporía* – lebend, Überfluss verkörpernd charakterisiert (203 e), zu erreichen, zu erregen, zum Überfließen zu bewegen, ein Kind – *Eros*, Verkörperung des Liebenden – mit ihm zu zeugen. Wo *Penia* an *Poros* reicht – [...]*a-Poros* –, behält weder Durch- noch Undurchlässigkeit, weder bloß Wegsamkeit noch Ausweglosigkeit die Oberhand. Die Wendung *Vater Prinz Überfluss / und Mutter das stille Lachen* spielt nicht nur auf die Unauffindbarkeit von *Penia* und

Poros, im Augenblick der Zeugung, in ihren (sprechenden) Namen an (beide verstummen: keiner der Namen hält, was er verspricht); nicht nur auf die List der Armut, dem wehrlos Reichen von seinem Überfluss abzulocken, sondern die Wendung rückt Poros an den Rand der *Überflüssigkeit*. Der dieser Zeugung entspringende Dämon *Eros* ist nicht aus einem Guss, seine Charakterisierung durch Diotima bleibt rissig. Zuerst nennt sie ihn (in Schleiermachers Übersetzung), der Mutter nach, „zuerst – *prôton* – [...] immer arm" (203 c; 319) und später (dem Vater nach) listenreich, später aber (was *Zuvor* und *Hernach* über den Haufen wirft) „nie weder arm [...] noch reich" (203 e; 321), um an diesem Weder-bloß-arm-noch-bloß-reich als an einem Stehn „immer in der Mitte [*en méso*]" (203 e; 321) festzuhalten. Eros verkörpert keinen Mischkrug, der den Mangel – *aporía* – als Mitgift der Mutter *Penia* und Überfluss – *euporía* –, die Mitgift des Vaters *Poros*, Armut und Reichtum ausgleicht, sondern unter den versetzten Umschreibungen und Umbenennungen der sechsten Strophe, *Von der Armut des Reichsten*, ein *Räthselthier*. Die mittleren drei Strophen, jede durch die Wendung „–– Still!" eröffnet, die zuerst, immer noch in Zarathustras Worten, das Wandeln einer Wahrheit über mir – *einer Wolke gleich* – nennen, sie sogleich aber in „*Meine* Wahrheit" (V. 66) verwandelt sehn – „Aus zögernden Augen, [...] trifft mich ihr Blick, / lieblich, bös, ein Mädchenblick" (V. 67–70) –, legen Verästelungen durch den Aufriss dieses *Räthselthiers*. Denn in der mittlern der drei mittlern Strophen heißt es von meiner Wahrheit: „sie errieth *mich* –– ha! was sinnt sie aus? ––" (V. 72). Dass meine Wahrheit *mich*, mich *Räthselthier* erriet; doch nicht *sie* erriet, sondern *ich* errate – irgendwie aufs Geratewohl –, dass sie mich erriet; bedeutet nicht, dass sie des Rätsels *Lösung*, die ich – verrätselt hier – verkörpere, erriet. Sondern sie erriet, so rate und errate ich, ohne gewiss zu sein, an das zu reichen, was und wie sie's riet, mich *Räthselthier*. Sie erriet die *Lösung*, die ich fand: des Rätsels Lösung: dass ich mir ein *Rätsel* bin. Ich errate, dass sie mich erriet, doch ich errate nicht, was sie – mir ein Rätsel – sinnt. Erratisches Herumraten ... Das irritierende Ineinander, an dieser Stelle, von *Rätsel* und *Lösung* spielt – auf der Schwelle zum Abbruch inszenierter Redseligkeit – in Rat*losig*keit. So hört der Sprechende der ersten sieben Strophen, der noch die mittlern drei bestreitet, zu sprechen auf, bricht ab, und fängt die Sprechende der letzten sieben Strophen an. Doch diese andern sieben sind alles andere als Anti-Strophen, Antworten oder Replik. Sie greifen – spöttisch, bissig – in Worte, die den *Überreichtum*, *Überfluss* des Reichsten charakterisieren, ein: trennen sie auf. Die letzten sieben Strophen sieben die ersten sieben Strophen.

„Wehe dir, Zarathustra!" (V. 76): So spricht *meine* Wahrheit *Zarathustra* an (und aus), um fortzufahren: „Du siehst aus, wie Einer, / der Gold verschluckt hat: / man wird dir noch den Bauch aufschlitzen! ..." (V. 77–79) Der erste in die Apostrophe, in den Apostrophierten einschneidende Eingriff der Sprechenden schlitzt den (sprechenden) Namen *Zarathustra* auf. Die Rede vom *Gold* zitiert eine Postkarte Nietzsches an Heinrich Köselitz vom 23.4.1883: „Heute lernte ich zufällig, *was* ‚Zarathustra' bedeutet: nämlich ‚Gold-Stern'. Dieser Zufall machte mich glücklich. Man könnte meinen, die ganze Conception meines Büchleins habe in dieser Etymologie ihre Wurzel: aber ich wußte bis heute nichts davon". Die auf Zarathustra gemünzte, an Zarathustra gerichtete Adresse, die (unterm Hinweis, *Zarathustra* sähe aus wie einer, der Gold vorenthält) das Wort *Gold* enthält, bricht, so sehr sie den Adressaten erreicht, mit der Annahme unversehrten Zusammenstands des Namens wie des beim Namen Genannten mit sich. Das in diesen Zeilen skizzierte *-reichen* reicht weiter als *an*...; es greift, als finge es an, den sprechenden Namen auszuweiden, in den angesprochenen so ein, dass Risse durch seine Inwendigkeit, Erschütterungen durch den Anspruch, sein Innerhalb ganz zu erfassen, Erschütterungen durch den Anspruch seiner Anwendbarkeit gehn. Schüttres *In*, schüttres *An* ...

Das übers Reichen an... hinaus, in den Aufriss des Namens, *Zarathustra*, einschneidende, Worte wie Namen weniger an- und aussprechende als aufschlitzende Sprechen greift, indem es, als ginge es vom Fund des Wortes *Gold* im Namen aus, Zarathustra als *du Reicher* anzusprechen anfängt, in die Partikel *reich*, die der *Reichste* und das *Reichen* teilen, über. Über fünf Strophen reichen die dem Bruchstück *-reich-* als einem doppelten Boden, der alles andre als den Schein semantischen Zusammenstands verbreitet, eingeschnittenen, entwendeten Polyptota: „Zu reich bist du [...] du Reicher [...] du Reicher [...] du Überreicher [...] du Überreicher, / du *Ärmster* aller Reichen [...] dich *quält* dein Reichthum —" (V. 80–105). Der Überreichtum des Reichen, der ihn zum *Reichsten* stempelt, den Reichsten aber zum *Ärmsten* aller Reichen, schreibt sich daher, dass er den Reichtum nicht zu horten, sondern mitzuteilen, abzugeben, zu verschwenden, mit einem Wort (uneins mit sich) zu reichen, ja zu *über*reichen sucht. Der überreichte Überreichtum aber schlägt, weil er im Namen des Reichen – *Zarathustra* –, der den Weg vom Reichen zum Reichen zurückzulegen sucht, überreicht wird, noch als Bereicherung zu Buche. Je mehr der Reiche von seinem Überreichtum abgibt – überreicht –, desto mehr streicht er ein. Die Lust am Verlust – den Reichtum loszuwerden – schlägt, weil – nämlich *während* – der Reichste als der Reichste, als *Überreicher* kenntlich bleibt, um in die Qual, noch am Verlust als Last – Reichtum zum Überreichtum, *Über*überreichtum aufgestockt – zu tragen. Den dergestalt gefassten Bannkreis aber, Zirkel oder Reif, durchlaufen Risse allenthalben. Die Apostrophen *du Reicher* und *du Überreicher* splittern. Weder Verlust noch Gewinn, weder Reichtum noch Armut halten solchen Splittern die Waage. Dem Vorsatz, an beide Worte – *Reicher*, *Überreicher* – wie an das durchs Wort hindurch-, übers Wort hinausreichende *Du* – den Reichen, Überreichen selbst – zu rühren, fällt, einer andern semantischen Tendenz im Wort nachgebend, einer, der reicht und überreicht, ins Wort. Aus solcher Unterbrechung aber, anfangender Verbrachung (der Wortsprache), lässt sich kein Kapital schlagen, weder im Namen des *Reichen* noch im Namen des *Reichens*. Keine Stimme, auch keine auf der Schwelle – unter sie zurück –, zu verstummen, reicht die Worte, die den Inbegriff dessen, was Worte überhaupt (dem Vernehmen nach) vermögen sollen, nämlich gereicht zu werden, um Inhalte (oder Inhaltslosigkeit) zu überreichen, fassen: *reichen*, *überreichen*. Beide bleiben, der Auslegung zu Worten (der ein oder andern Sprache) nur *unter anderm* überlassen, unumrissen, *übrig*. Über. Dies *Über-* legt eine nächste, nächstbeste Apostrophe, indem sie das Wort *Überfluss* – ein Synonym seines Überreichtums – aufschlitzt und den Reichsten als den *Überflüssigsten* anspricht, brach: „Du möchtest schenken, wegschenken, deinen Überfluss, / aber du selber bist der Überflüssigste!" (V. 87–88) Wer Wege zum Überfluss zu bahnen sucht, den Überfluss zu schenken, *weg*zuschenken, kommt zu spät: der Überflüssigste. Denn der -fluss fließt schon über-. Ohne dass die Neige, die das Über- auslöst, dem -fluss zu eigen wäre. Doch Überflüssigkeit ist nicht aus einem Guss. Sie sagt nicht einfach, fast überflüssigerweise, den Überfluss noch einmal. Was überfließt, ist – buchstäblich – überfließende, ist Über-flüssigkeit. Überflüssigkeit aber tut der in den Überfluss als Überreichtum verkappten Aufstockung des Reichtums – Abbruch. Überflüssigkeit lässt die im Überfluss, aus ihm mit vollen Händen zu schöpfen, entzifferte Überfülle ins Leere spielen. Das Überflüssigste geht leer aus. Die in Überflüssigkeit spielende Rede vom Überfluss schlitzt jedem Wort, das den Thesaurus oder Wort*schatz* der ein und andern Sprache mitverantwortet, -verkörpert, den Boden auf: legt Risse im Aufriss seiner Fasslichkeit und Handhabbarkeit bloß. Erst das Innewerden von Überflüssigkeit im Überfluss lässt das Wort, das der Reichste zu reichen, wegzuschenken suchte, los. Erst das überflüssigste Geschenk ist – *geschenkt*. Es geht ins Verschenken, in Verschüttungen aus; geht – *verschütt-*.

Literatur:

NIETZSCHE, Friedrich: „Von der Armut des Reichsten", In: ders., *Dionysos-Dithyramben*, Kritische Studienausgabe Bd. 6, München: DTV 2011, S. 106–110.

—„406. An Heinrich Köselitz in Venedig (23.04.1883)", in: ders., *Briefe. Januar 1880–Dezember 1884, Briefwechsel Kritische Gesamtausgabe,* Abt. 3 Bd. 1, hg. von Giorgio Colli und Mazzino Montinari, Berlin: De Gruyter 1981, S. 366.

—„1067. An Franz Overbeck in Basel (Entwurf) (kurz nach dem 20. Juli 1888)", in: ders., *Briefe. Januar 1887–Januar 1889, Briefwechsel Kritische Gesamtausgabe,* Abt. 3 Bd. 5, hg. von Giorgio Colli und Mazzino Montinari, Berlin: De Gruyter 1984, S. 362–364.

—„1078. An Malwida von Meysenbug in Rom (Ende Juli 1888)", in: ders., *Briefe. Januar 1887–Januar 1889, Briefwechsel Kritische Gesamtausgabe,* Abt. 3 Bd. 5, hg. von Giorgio Colli und Mazzino Montinari, Berlin: De Gruyter, 1984, S. 377–379.

PLATON: *Symposion. Das Gastmahl*, in: ders.: *Phaidon. Das Gastmahl. Kratylos, Werke in acht Bänden. Griechisch und Deutsch* Bd. 3, übers. von Friedrich Schleiermacher, hg. von Gunther Eigler, Darmstadt: WBG 1974.

SCHNEIDEN, PERFORIEREN, NÄHEN (CÉLIO BRAGA)

Ernst van Alphen

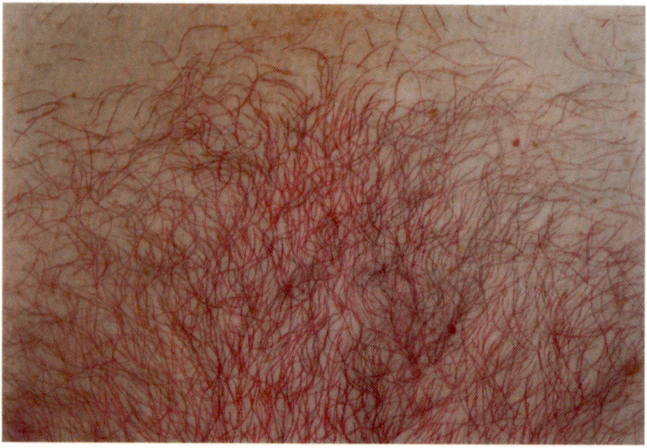

Célio Braga, *Hair*, 2003, Kratzer und Pigment auf c-print, 30 cm × 45 cm.

Eine Fotografie von Célio Braga aus dem Jahr 2005 zeigt eine Nahaufnahme von menschlicher Haut. Ich nehme an, dass es die Haut eines Mannes ist, weil sie reichlich behaart ist. Die Haare sind jedoch rot, als ob Blut durch sie liefe; sie sehen wie Kapillaren aus. Der Anblick dieser blutroten Haare auf menschlicher Haut ist unheimlich; er bringt die versichernden Kategorien des gewöhnlichen Alltagslebens durcheinander: Das Körperinnere zeigt sich auf der Außenseite. Ich kann buchstäblich meinen Augen nicht trauen. Meine Augen beherrschen nicht, was sie sehen. Stattdessen antwortet meine Haut: Sie zittert und die Haare meiner Haut stellen sich auf. Meine

Haut antwortet sensorisch [*sensorially*], als ob die Haut auf der Fotografie meine eigene Haut wäre. Von dem Bild sind auf diese Weise zwei Grenzen überschritten worden: die physische Begrenzung des Körpers und, auf performative Weise, diejenige zwischen zwei Individuen.

Ich erachte diese Fotografie als emblematisch für Bragas Werk und dies in vielerlei Hinsicht. Ich werde argumentieren, dass Haut die zentrale Idee ist, die seine Arbeiten in den verschiedenen Medien, in denen er operiert, verbindet. Er zeigt nur in einigen Fällen echte Haut, wie in der gerade beschriebenen Fotografie. Häufiger beschäftigt er sich mit dem Medium oder dem Material, das er benutzt (das Blatt Papier, auf dem man zeichnet oder malt, eine Fotografie), als eine Art Haut. Sie sind nicht ‚Gründe' oder ‚Schirme', auf denen das Bild geformt würde. Er beschäftigt sich mit diesen Oberflächen als Häute, insofern sie eine Grenze verkörpern, auf die die Künstler*in einwirkt. Das Blatt ist nicht nur eine Oberfläche; es hat zwei Seiten und man kann sich ihm von zwei Seiten nähern, es von zwei Seiten berühren und bearbeiten. Das Blatt als Grenzfläche wird beschnitten, perforiert und genäht.

Die Gesten, die Braga an den Oberflächen seiner Arbeiten ausgeführt hat, implizieren eine Vorstellung von Haut, die sich von der gewöhnlichen unterscheidet. Sie gründet sich auf eine phänomenologische und psychoanalytische Sicht auf die Haut, ist aber nicht auf eine solche Sicht beschränkt. Der französische Psychoanalytiker Didier Anzieu erläutert diese Sicht in seinem Buch *Das Haut-Ich* (1991, frz. Orig.: *Le Moi Peau*, 1985). Nach Anzieu erfüllt die Haut die Funktionen der Einhegung [*containment*], des Schutzes und der Kommunikation: „Als erstes hat die Haut die Funktion einer Tasche, welche in ihrem Inneren das Gute und die Fülle – dem Stillen, der Pflege und den begleitenden Worten entspringend – enthält und festhält. Die zweite Funktion der Haut ist die der Grenzfläche [*interface*]; sie bildet die Grenze zur Außenwelt und sorgt dafür, daß diese draußen bleibt; das ist wie eine Barriere, die vor der Penetration als Ausdruck von Gier und Aggression anderer Menschen und Objekte schützt. In ihrer dritten Funktion schließlich ist die Haut – nicht weniger als der Mund – Stätte und primäres Werkzeug der Kommunikation mit dem Anderen und der Entstehung bedeutungsvoller Beziehungen; darüber hinaus bildet sie eine reizaufnehmende Oberfläche, auf der die Zeichen dieser Beziehungen eingetragen werden." (60f.)

Anzieu spricht nicht von den physikalischen Eigenschaften der Haut, sondern von den metaphorischen Qualitäten des Fleisches. Sein Begriff des Haut-Ichs bringt das schön zur Sprache. Unter „Haut-Ich", erklärt Anzieu, „verstehe ich ein Bild, mit dessen Hilfe das Ich des Kindes während früher Entwicklungsphasen – ausgehend von seiner Erfahrung der Köroberfläche – eine Vorstellung von sich selbst entwickelt als Ich, das die psychischen Inhalte enthält." (60) Die Funktionen der Haut als Einhegung, Schutz und Kommunikation sind das Ergebnis eines doppelten Prozesses der Interiorisierung/Verinnerlichung [*interiorization*]. Zwei räumliche Aspekte der Haut müssen internalisiert werden. Erstens, die Schnittstelle [*interface*] zwischen dem Körper des Kindes und dem der Mutterfigur (Anzieu nennt dies die „psychische Hülle"), zweitens, die mütterliche Umgebung selbst mit all ihren verbalen, visuellen und emotionalen Eigenschaften. Anzieu artikuliert das Konzept des Haut-Ichs und die doppelte Schnittstelle durch die ein wenig ungewöhnliche Wortkombination „das Gute und die Fülle", die „dem Stillen, der Pflege und den begleitenden Worten entspringen [...]" (60).

Natürlich kann diese Sicht eines Psychoanalytikers nicht problemlos für ein Kunstwerk zum Tragen gebracht werden. Insofern sie aber auch eine philosophische Vorstellung repräsentiert, kann sie mit Kunst in Dialog treten. Ich behaupte, dass sich Bragas Werk an einem Dialog mit dieser reichhaltigen Vorstellung von Haut beteiligt. Die Arbeit des Künstlers ‚an der

Haut' scheint die der Haut zugeschriebenen Funktionen von Einhegung und Schutz herauszufordern. Seine Detailaufnahme der männlichen Haut legt nahe, dass einige der eingehegten Objekte, vor allem das Blut, von dem das Leben abhängt und das kalt oder warm sein kann, nicht länger von der Haut eingehegt sind; die ‚Kapillaren' liegen offen zutage und sind in die äußere Welt eingetreten. Die Identität zwischen den Haaren auf der Außenseite und den Kapillaren der Innenseite bildet ein visuelles Wortspiel, das zahlreiche Fragen des Lebens, des Berührens und des Fühlens aufwirft. Aus diesem Wortspiel folgt auch, dass Braga die gewöhnliche Vorstellung der metaphorischen Bedeutung der Haut als Ich herausfordert.

Eine Ästhetik des Niederen

Die Transzendenz von Materie zu Form und/oder Bedeutung [*meaning*] kann am leichtesten im Medium der Malerei verwirklicht werden. Farbe als Materie ist gewöhnlich unsichtbar. Braga arbeitet in verschiedenen Medien, jedoch nicht in der Malerei. Welches Material er auch immer benutzt, er benutzt es so, dass das Ergebnis Handarbeit im emphatischen Sinne ist. Detaillierte, akribische Arbeit bildet ein augenscheinliches Merkmal seines Werks, seiner Dimension als Gewerktes, Gearbeitetes [*as* work]. Diese Qualität des Handgemachten gendert seine Arbeit. Viele seiner Werke werden als Manifestation von ‚Frauenarbeit' präsentiert. Dies ist am radikalsten bei einer Serie von Objekten der Fall, die den Titel *Rubros* trägt. Die im Jahr 2002 erstellte erste Serie dieses Projekts besteht aus rubinroten kleinen Objekten von der ungefähren Größe einer zur Faust geschlossenen Hand. Die Objekte bestehen aus mit roten Glasperlen besticktem Filz und Seide. Aus ihnen brechen Haare hervor. Eine zweite Serie aus dem Jahr 2004 mit dem Titel *Brancos* besteht aus weißen Formen der gleichen Größenordnung. Sie sehen wie Körperorgane, oder, unheilvoller, wie Tumore aus. Es ist diese zweite Konnotation, die die Objekte ‚entfesselt': Die Formen vermehren sich, sie dehnen sich aus. Die organischen Gestalten suggerieren, dass sie nicht beherrscht oder gebändigt werden können. Dem Bändigen wirkt zudem die Tatsache entgegen, dass die zeitaufwändige Arbeit und unendliche Geduld, die die Herstellung dieser Objekte benötigt hatte, dank der kleinen Größe und der Reichhaltigkeit der Oberfläche so emphatisch in ihnen lesbar ist. Wir sehen keine gestalteten Objekte und ihre möglichen Bedeutungen, sondern zuallererst die endlose Arbeit, die in die Produktion dieser Objekte geflossen ist. Es ist dieses Gefühl für die Mühe der Arbeit, die sie als ‚Frauenarbeit' definiert. Innerhalb der traditionellen Hierarchien der westlichen Kunst degradiert diese Assoziation mit sowohl Arbeit als auch Frauen die Objekte doppelt als ästhetische Objekte; sie lässt eine Ästhetik des Niederen entstehen. Diese niedere Ästhetik ist aus visuellen Motiven oder ‚Inhalten' der Formen zusammengesetzt. Die Suggestion von Organen oder Tumoren verstärkt nur die Abwertung.

Diese ‚Ästhetik des Niederen' sollte jedoch nicht als zweitrangig missverstanden werden; ‚nieder' ist hier nicht dem ‚Hohen' untergeordnet. Die Niedrigkeit der weiblichen Arbeit und der als weiblich betrachteten Materialien (Stoff, Perlen) wird, im Gegenteil, bewusst und mit provokanter Absicht, ja sogar in einem gewissen Sinne *ambitioniert* verfolgt. Nur durch diese Niedrigkeit kann dem Idealismus und der transzendentalen Qualität des modernistischen Kunstwerks entgegengetreten werden. Die Ästhetik des Niederen ist in Bragas Werk die höchste, attraktivste und die am stärksten verführende Ästhetik. Letztlich sind diese Objekte Juwelen; nicht Juwelen, um den Körper zu schmücken, sondern Juwelen, die ein solches Objekt der Faszination und Anziehung bilden, dass Subjekte in ihren Bann geraten. Diese Verzauberung bedroht die Autonomie des mächtigen westlichen Subjekts als Individuum.

Organe ohne Körper

Für eine Installation aus dem Jahr 2003 bat Braga seine Freunde, ihm alte weiße Hemden zu geben. Natürlich spielte die Herkunft eine Rolle, in einer Situation, in der es ebenso leicht gewesen wäre, die benötigten Hemden zu kaufen. Er presste jedes Hemd zusammen, vernähte es und fügte Stickereien hinzu. Wieder waren die Oberflächen der resultierenden, knotigen und harten Objekte aufwändig verziert, von liebenden Händen dekoriert. Die so hervorgebrachten organischen Formen, 28 insgesamt, wurden zusammen an der Decke aufgehängt. Weil sie ohne sichtbare Haken befestigt waren, schienen sie von der Decke zu wachsen, ohne dort verankert zu sein. Und obwohl Haken fehlten, erzeugte die Tatsache, dass sie von der Decke hingen, den Eindruck von geschlachteten Tieren, die von der Decke einer Metzgerei – oder einem alten Meister-Gemälde einer Metzgerei – hängen. Im selben Raum wurden Schubkästen und Vitrinen mit sorgsam gefalteten Hemden darin aufgestellt. Die Materialien und Prozeduren, die diese Ausstellung hervorgebracht hatten, wurden wieder emphatisch kodiert. Stoff und Stickerei werden genau wie die ausgeführten Operationen des Nähens, Stickens und Zusammenfaltens als weiblich betrachtet. Auf einem der Kästen stellte ein Kissen mit einer aufgestickten Hand die Intimität des Schlafzimmers aus.

Die Herkunft der Hemden ist ein unverzichtbares, performatives Element dieser Arbeit, weil durch sie die Haut, Wärme und damit Verbundenes in den Fokus gerät. Die weißen Hemden, auf denen diese verschiedenen Operationen durchgeführt worden waren, evozieren die Haut der Körper der Freunde. Als sie von den Freunden getragen worden waren, schützten sie, enthielten sie und kleideten sie diese Körper. Als soziales Element eines Dresscodes ist das weiße Hemd ein anonymes Objekt; in dem Moment, wenn wir es in einer Schublade oder einem Schrank sehen, wird es zu einem Verweis auf seinen

Besitzer. Die Präsenz seines Körpers wird auf die intimste Weise erzeugt, ebenso intim wie es der Kissenbezug als Fußnote oder Anmerkung angekündigt hatte. Die Körper sind nun aber nicht länger präsent. Diese negative Suggestion von körperlicher Präsenz ist jedoch von innen nach außen gestülpt im anderen Teil der Installation, den von der Decke hängenden Skulpturen. Dort sind die weißen Hemden nicht länger als ‚zweite Haut' des Körpers einer Person dargestellt. Sie haben nun selbst einen Körper, sie sind Körper oder körperliche Organe. Die Hemden haben nicht länger die Funktion einer zweiten Haut oder Grenze; markieren nicht länger die soziale Grenze zwischen Nacktheit und ansehnlicher Kleidung. Stattdessen sind das Innere und das Äußere dieser Grenze zu einem zusammenhängenden Feld geworden. Die Kontinuität zwischen Innen und Außen, dem Sozialen oder Öffentlichem und dem intim Privaten, verdoppelt sich und lenkt auf diese Weise Aufmerksamkeit auf das Setting der Ausstellung selbst, das die Durchlässigkeit der Grenze zwischen Privatem und Öffentlichen, dem Innen und dem Außen architektonisch und institutionell inszeniert. Die immer fragilen Unterscheidungen von Selbst und Anderem, von Vertraut und Fremd, Innen und Außen werden nicht länger aufrechterhalten oder aggressiv verteidigt, sondern als verloren präsentiert. Aber in einem Spannungsverhältnis zu den Ansichten der Haut, die am Anfang dieses Essays zitiert wurden, ist dieser Verlust nicht traurig, ungesund, gegen ihn wird nicht verzweifelt angekämpft. Auf positivere Art werden diese prekären und letztlich unhaltbaren Unterscheidungen hier als nicht länger wünschenswert präsentiert.

Wiederum geht es um die Frage der Grenze. Der Dialog von Oberfläche und Grenze scheint das wichtigste Anliegen von Bragas Werk zu sein. Dieses Thema erhält noch andere Ausprägungen in einer Serie von Arbeiten auf Papier, die Braga im Jahr 2004 anzufertigen begann und als „Zeichnungen" einordnete. Diese Zeichnungen sind jedoch nicht so gemacht, wie man dies von Zeichnungen kennt, also mithilfe eines Bleistifts, der kontrastierende Linien auf einem Papier hinterlässt, das als Grund dient. Braga gibt dem Verständnis der Linie eine neue Bedeutung. Die erzeugten Gestalten (von Organen) haben nicht die kontrastierenden Konturen, die Bleistiftstriche hinterlassen würden. Die Zeichnungen sind entweder komplett weiß oder komplett schwarz. Im Ergebnis ist die Unterscheidung von Figur und Grund unterminiert. Es gibt keinen versichernden Sinn der Hierarchie mehr, der Formen als Repräsentationen lesbar macht.

Die einfache Ersetzung von Bleistift durch ein Messer inszeniert eine radikale Modifikation dessen, wie unsere Kultur Kunst, und allgemeiner, Zeichen, versteht. Wenn die Grenzbedingung zwischen Figur und Grund zusammenbricht, führt das Repräsentation in eine Situation, in der Unterscheidung schwierig wird.

In Bragas weißen und schwarzen Zeichnungen ist die Figur-Grund-Unterscheidung außer Kraft gesetzt. Die Schnitte formen eine distinkte Gestalt nicht auf, sondern in dem Papier, die Gestalt ist jedoch Teil des Kontinuums, in dem sie selbst entstanden ist. Dieses Kontinuum wird nicht nur vom Fehlen der Farbunterscheidung, sondern auch von den auf dem Papier durchgeführten Verfahren hervorgebracht. Das Blatt Papier ist auf die wörtlichste Weise weder Grund noch Oberfläche, auf die Zeichnung hinzugefügt oder appliziert würde. Das Blatt Papier ist eine Stätte, der Ort der Aktion einer zeitaufwändigen Aktivität, die Ober- und Unterseite des Blatt Papiers *verbindet*. So wird, auf paradoxe Art, Schneiden eine Form des Verbindens. Dies schließt, wie sich gleich zeigen wird, die Assoziation von Blut, Gefahr und Schmerz ein. Die aus dieser verbindenden Aktivität resultierenden organähnlichen Gestalten intensivieren die Konnotationen, die schon durch die Aktivität hervorgebracht wurden. Die Frage der Grenze speist sich nicht nur aus dem Motiv der Organe-ohne-Körper, sondern auch aus der

Verweigerung des Figur-Grund-Verhältnisses, das Grenzen als Kontur hervorbringt. Die Organe sind sogar ihrer eigenen prekären Begrenzungen beraubt.

Angesichts dessen mag es ein wenig überraschend sein, dass diese Zeichnungen, strenggenommen, *schön* sind. Schönheit ist hier nicht die Anpassung an einen traditionellen ästhetischen Wert, sondern die kraftvolle Andeutung einer affektiv geprägten Idee. Die schiere Schönheit der weißen und schwarzen Zeichnungen zeigt an, dass Bragas ‚Entpersonalisierung durch Anpassung an den Raum' keine negative Bedingung ist.

Wildes Licht

Durchlässigkeit der Haut, Körper, die zu Raum verschmelzen, nach innen gestülpte Sichtbarkeit: Diese theoretischen Motive suggerieren einen Kontext für Bragas Werk, den ich in den Perforationen besonders stark ausgeprägt finde. Dieser Kontext ist barock, nicht im (kunst-)historischen Sinne, sondern in einem zeitgenössischen theoretischen oder philosophischen Sinne. Es ist bekannt, dass Licht, seine Manipulationen und unerwarteten Effekte, erhellend genau wie verdunkelnd, ein wichtiges Werkzeug der barocken Ästhetik ist. Bragas Perforationen bringen ein leichtes Relief auf der Oberseite des Papiers hervor. Genau wie die wertvollen Steine der Glasperlen, die plötzlich auf den roten Organen von *Rubros* und den weißen Organen von *Brancos* auftauchen, hat diese Störung der Oberflächen-Glattheit subtile Folgen für die Verteilung des Lichts auf dem Bild. Licht ist nicht länger konzentriert oder harmonisch verteilt. Stattdessen gibt es eine Art leuchtende Zerstreuung.

Krauss nennt diese Art der Zerstreuung von Licht „wild light" oder „gleams" (Bois/Krauss: 242). Dieses wilde Licht wird auch auf intensive Weise von den Schnitten in den Fotografien und den Perlen in den *Rubros*- und *Brancos*-Serien produziert.

Manche Schnitte reflektieren das Licht, andere nicht. Der Facettenreichtum der Perlen vervielfältigt dieses Prinzip ins Extreme. In dieser Hinsicht ist es nicht überraschend, dass für den Psychoanalytiker Jacques Lacan das resultierende verstreute Licht am emblematischsten im Juwel gefunden werden kann. Als strahlendes Objekt bringt der geschliffene wertvolle Stein, wie die Diamanten, aus denen das Juwel besteht, Licht in alle Richtungen hervor. Dieses durch und durch barocke Prinzip macht es unmöglich, eine klare Unterscheidung von Lichtquelle und beleuchtetem Objekt zu treffen (vgl. Bal).

Auf einer Linie mit der Idee der durchlässigen Haut hat dieses wilde Licht seine Auswirkungen auf Subjektivität. Das wilde Licht, wie es von Juwelen hervorgebracht wird, kann die Form von abrupten Glanzlichtern auf Teilen des Fleisches oder des Stoffes des Kleidungsstücks annehmen, denen es angefügt [*attached*] ist. Gewisse Flecken treten aus einem größeren Kontext heraus, der als solcher undifferenziert bleibt. Wildes Licht bringt nicht das Subjekt als beleuchtetes, fokussiertes Zentrum hervor, sondern als verstreutes oder, mit Lacan, als „Fleck". Ein Fleck, dessen Grenzen nicht absolut sind, nicht ‚fein säuberlich' [*neat*] und klar, sondern diffus, verschwommen und instabil. Nur als solcher, als ein sich verändernder und bewegender (im doppelten Sinne des Wortes) Fleck kann das Subjekt sein.

Dieses wilde Schillern des Lichts ist tatsächlich ein Merkmal der barocken Ästhetik. Es ist als solches in Bragas Kunst nicht allein. Viele andere barocke Mittel können in seinem Werk identifiziert werden. Die Spannung zwischen dem Mikro- und dem Makroskopischen, zwischen Zwei- und Dreidimensionalität, zwischen Absorption und Reflektion gehören zum zentralen Repertoire barocker ästhetischer Motive. Dies steht allerdings alles unter der Bedingung, dass Barock nicht länger als spezifisch geschichtlicher Stil betrachtet wird. Im Fall Bragas ist es, wie bei vielen zeitgenössischen Künstler*innen, mehr als nur das. Er benutzt die barocken Prinzipien als Artikulationen seiner politischen und philosophischen Positionierung. Was diese Prinzipien sagen oder tun, gibt an, wo er, und wo wir, stehen. Die andere Position, die Position des Anderen, die Verbindung zum Anderen sind in diese barocke Perspektive hinein absorbiert. Denn, gewähren wir diese Möglichkeit, selbst wenn es fiktional und metaphorisch sein sollte, sich eine gemeinsame Haut zu teilen ist letztlich ein barockes Unterfangen.

Aus dem Englischen von Johannes Ungelenk

Literatur:

ANZIEU, Didier: *Das Haut-Ich*, übers. von Meinhard Korte und Marie Hélène Lebourdais-Weiss, Frankfurt am Main: Suhrkamp 1991.

BAL, Mieke: *Quoting Caravaggio. Contemporary Art, Preposterous History*, Chicago: University of Chicago Press 1999.

BOIS, Yve-Alain/KRAUSS, Rosalind E.: *Formless. A User's Guide*, New York: Zone Books 1997.

SCHRIFT (SIGMUND FREUD)

Cornelia Wild

> „Der innige Kontakt zwischen Wachspapier und Wachstafel an den geritzten Stellen, auf dem das Sichtbarwerden der Schrift beruhte, wird damit gelöst und stellt sich auch nicht her, wenn die beiden *aneinander wieder berühren*."
>
> Sigmund Freud, „Notiz über den ‚Wunderblock'"

In Sigmund Freuds „Notiz über den ‚Wunderblock'" (1925) ist Schrift ein Effekt der Berührung. Das Modell des Wunderblocks zeigt, wie Schrift durch den Kontakt zweier unterschiedlicher materieller Träger entsteht. Es dient also nicht nur der Vorstellung des „Wahrnehmungsapparats", sondern auch einer Theorie der Schrift, bei der die Erklärung für die Funktionsweise des Gedächtnisses zu einer Beschreibung führt, in der Schrift und Berührung zueinander in Bezug gesetzt werden. Über eine Wachsmasse wird ein dünnes Papier gelegt, das man hoch- und runterziehen kann und das wiederum aus zwei Schichten besteht: aus einer durchsichtigen Zelluloidplatte und einem darunterliegenden durchscheinenden Wachspapier, die leicht zusammenkleben, wenn der Apparat nicht benutzt wird. Schrift wird dadurch als indirekter Effekt dieser materiellen Anordnung erzeugt. Der Stift/Stilus drückt in die Oberfläche ein, die Schrift drückt sich von dem unteren Blatt, dem durchscheinenden Wachspapier, von unten durch die Schichten durch. Von oben eingeritzt, von unten her sichtbar gemacht, entsteht Schrift auf diese Weise durch die Berührung zweier Blätter: „Der Stilus drückt an den von ihm berührten Stellen die Unterfläche des Wachspapiers an die Wachstafel an, und diese Furchen werden an der sonst glatten weißlichgrauen Oberfläche des Zelluloids als dunkle Schrift sichtbar."

(Freud „Wunderblock": 367) Die Anordnung des Wunderblocks ist die Voraussetzung für das Erzeugen einer Schrift, bei der Oberfläche und Unterlage durch die Möglichkeit gegenseitiger Berührung aufeinander bezogen werden. Im Unterschied zur Tinte auf dem Papier, beruht die Entstehung der Schrift des Wunderblocks auf der indirekten Beziehung zwischen einer Wirkung von außen (drücken, ritzen) und dem Sichtbarwerden eines Darunter durch ein Sich-Berühren zweier Schichten (inniger Kontakt): „Ein spitzer Stilus ritzt die Oberfläche, deren Vertiefungen die ‚Schrift' ergeben." (367)

Dem Modell nach ergeben erst die sich berührenden Schichten Schrift, nicht schon der oberflächliche Kontakt des Schreibwerkzeugs mit dem Papier. Die Berührung ist damit nach innen verlagert: eine inwendige Schrift, die sich von unten hochdrückt und gegenüber dem primären Akt des Ritzens oder Drückens des Stilus sekundär ist. Als Schrifteffekt ist die Schrift des Wunderblocks eine nachträgliche Schrift, eine Schrift der Berührung zweiten Grades. Die Freud'sche *Szene der Schrift*, die Jacques Derrida gegen die Platonische Verdrängung der Schrift durch den *logos* gestellt hat (Derrida: 293ff.; 328ff.), ist also zugleich eine *Szene der Berührung,* in der unterschiedliche Berührungsmomente aufeinander verweisen. Die Anordnung ist dabei darauf angelegt, Schrift nicht nur zu erzeugen, sondern beinhaltet auch ihre Negation. Denn die Berührung ist nicht von Dauer: „Beim Wunderblock verschwindet die Schrift jedesmal, wenn der innige Kontakt zwischen dem den Reiz empfangenden Papier und der den Eindruck bewahrenden Wachstafel aufgehoben wird." (Freud „Wunderblock": 369) Der ‚innige Kontakt' der Papierschichten hinterlässt allerdings Spuren, das Verschwinden der Schrift ist nie vollständig. Die Berührung der Schichten ist Voraussetzung für sowohl Aufhebung als auch Aufbewahrung, worin für Freud die „Versinnlichung" des seelischen Wahrnehmungsapparats liegt: „Der Block liefert also nicht nur eine immer von neuem verwendbare Aufnahmefläche wie die Schiefertafel, sondern auch Dauerspuren der Aufschreibung wie der gewöhnliche Papierblock; er löst das Problem, die beiden Leistungen zu vereinigen, indem er sie auf *zwei gesonderte, miteinander verbundene Bestandteile – Systeme – verteilt.*" (368; Hervorhebung im Original) Die Berührung als Bedingung für Schrift beruht auf einem Effekt der Verdoppelung: Die Schichten erzeugen durch ihren Kontakt Schrift an der Oberfläche, wobei die Anordnung gleichzeitig zum Hervorbringen und Verlöschen der Schrift führt. Die Transparenz des Wunderblocks, „durchscheinendes Blatt" (366), „durchsichtige Zelluloidplatte", impliziert immer auch seine Intransparenz, Vertiefung, „dunkle Schrift" (367), „materialisiertes Stück des Erinnerungsapparates, den ich sonst unsichtbar in mir trage" (366). Somit lässt sich das einmal Berührte nicht wieder in die Schriftlosigkeit umkehren. Ist der Kontakt einmal zustande gekommen, bezeugen damit die Spuren der Aufzeichnung auch die stattgefundene Berührung.

Der Wunderblock bestimmt also Schrift als Berührung in doppelter Weise: als Sichtbarkeit einerseits und Vertiefen, Verschwinden andererseits. Freud verschiebt damit die Schrift an einen verborgenen Ort. Anders als bei Schrift als Beziehung zwischen Papier und Tinte, bei der Tinte auf eine Oberfläche strömt, besteht die Freud'sche Szene der Schrift in einer Berührung im Geheimen durch das Zusammentreffen verborgener Schichten. In diesem Sinn ist die *Szene der Berührung* eine obszöne Szene, die wie im Lateinischen *obscenus*, das Verborgene und das heißt durch die Anordnung auch eine andere Materialität ins Spiel bringt. Während Freud in „Hemmung, Symptom und Angst" Schrift als Ausfluss von Flüssigkeit aus einem Rohr beschreibt (Freud „Hemmung, Symptom und Angst": 235), konstituiert die Anordnung des Wunderblocks demgegenüber eine andere Urszene: nicht Ausfluss, sondern Berührung, Kontakt, was sich nicht zuletzt auch in Freuds Rede vom „empfangende[n]

Papier“ (Freud „Wunderblock“: 369) zeigt, das die Voraussetzung für den spitzen Stilus darstellt.

Inniger Kontakt und einander berührende Stellen der Schrift des Wunderblocks haben demnach eine materielle Seite, die eine andere, unbewusste Szene impliziert, in der die gegenseitige Berührung Voraussetzung der Differenz in/der Schrift ist.

Literatur:

DERRIDA, Jacques: „La scène de l'écriture“, in: ders., *L'écriture et la différence*, Paris: Seuil 1967, S. 293–340.

FREUD, Sigmund: „Notiz über den ‚Wunderblock‘“, in: ders., *Studienausgabe*, Bd. III: *Psychologie des Unbewussten*, Frankfurt am Main: Fischer 1975 (1925), S. 363–369. [Hervorhebung im Text von C.W.]

—„Hemmung, Symptom und Angst“, in: ders., *Studienausgabe*, Bd. VI: *Hysterie und Angst*, Frankfurt am Main: Fischer 1971 (1926), S. 227–294.

SEELE (MARCEL PROUST)

Jean-Luc Nancy

> „Ich betrachtete sie zunächst mit einem Blick, der nicht nur das Sprachrohr der Augen ist, sondern wie ein Fenster, durch das sich alle Sinne angstvoll und wie versteinert neigen, einem Blick, der Leib und Seele dessen, was er anschaut, berühren, einfangen, mit sich forttragen möchte;"
>
> Marcel Proust, *Auf der Suche nach der verlorenen Zeit*

> „Je la regardai, d'abord de ce regard qui n'est pas que le porte-parole des yeux, mais à la fenêtre duquel se penchent tous les sens, anxieux et pétrifiés, le regard qui voudrait toucher, capturer, emmener le corps qu'il regarde et l'âme avec lui;"
>
> Marcel Proust, *À la recherche du temps perdu*,

„[A]lle Sinne" versammeln sich plötzlich, konzentrieren sich in dem einzigen Berühren, das sich selbst einfangen, ergreifen, bis in die Seele forttragen lässt. Das Berühren hält sich nicht an der Oberfläche, es taucht in die größten Tiefen hinab. Es fühlt nicht allein eine Eigenschaft – wie eine Farbe, eine Tonalität, einen Geschmack; es fühlt nicht die einzige taktile Qualität, im Berühren dringt es vielmehr in das ein, an was es rührt, seine Annäherung hört nicht im Kontakt auf: Die Annäherung erweitert sich darin, breitet sich intim darin aus, sie verschafft allen Formen des Fühlens Zugang zur Einzigartigkeit dieses unberührbaren Sinns, den man Seele nennt.

Übersetzung aus dem Französischen von Hanna Sohns

Literatur:

PROUST, Marcel: *À la recherche du temps perdu*, 4 Bde., hg. von Jean-Yves Tadié et al., Paris: Gallimard 1987–1989 (Bibliothèque de la Pléiade).

— *Auf der Suche nach der verlorenen Zeit*, 7 Bde., übers. von Eva Rechel-Mertens, Frankfurt am Main: Suhrkamp 1994–2002.

SPINNENFÜSSE (FRIEDRICH HEINRICH JACOBI, CHRISTOPH MARTIN WIELAND, SOPHIE LA ROCHE)

Cornelia Ortlieb

> „Sie beschrieben ehedem mein critisches Gefühl mit dem zarten Gefühl einer Spinne. Gleich einer Spinne bin ich über Ihr Manuscript hergelaufen, und die Stellen, wo ich ein Zucken in einem meiner Füße spürte, die merkte ich an. Das Blatt, welches ich Ihnen jüngst übersandte, war eine Sammlung solcher durch einander geworfener Merkmale, und es wundert mich ganz und gar nicht, dass Sie so wenig dadurch erbaut worden sind."
>
> Friedrich Heinrich Jacobi an Christoph Martin Wieland, 27.10.1772

Friedrich Heinrich Jacobi schreibt diese offensichtlich um Einvernehmen werbenden Zeilen am 27.10.1772 an Christoph Martin Wieland, den er, als Augenzeuge eines bewegenden Wiedersehens des ehemals verlobten Paars, ein Jahr zuvor im Haus Sophie La Roches kennengelernt hatte. In seiner berühmten Beschreibung dieser Szene sind die weinende La Roche und ihr gleichfalls in Tränen aufgelöster ehemaliger Geliebter zu einer Art Standbild inmitten eines prächtigen Treppenhauses eingefroren und die offenbar starken Empfindungen greifen auf die versammelten Zuschauer über: „Keiner von den Umstehenden konnte sich der Tränen enthalten: mir strömten sie die Wangen hinunter, ich schluchste [sic]; ich war außer mir" (Jacobi *an Rudolf Graf Chotek*: 112). In einem regen Briefwechsel, der viele Beispiele ähnlich hochgestimmter empfindsamer Rhetorik enthält, einigen sich die beiden selbsternannten Brüder dann, nach einer Idee Jacobis, eine Zeitschrift wie den berühmten *Mercure de France* zu gründen; der *Teutsche Merkur* wird von 1783 bis 1810 eine der wichtigsten Zeitschriften der Spätaufklärung werden. Im gemeinsam verfassten Gründungsprogramm für die erste Ausgabe kündigen Wieland und Jacobi an, einem verbreiteten Missstand abhelfen zu wollen: Die Vielzahl unrichtiger Rezensionen andernorts soll in ihrer Zeitschrift korrigiert werden, die „Revisionen unrichtiger Urtheile über interessante Schriften" (Wieland: 633) sollen in einer eigens eingerichteten Abteilung besonderen Raum bekommen. Mit dem Begriff Revision, in dem sich juristische und redaktionelle Traditionen und Praktiken ununterscheidbar verbinden, geht zugleich die Selbstverpflichtung auf eine permanente Durchsicht, Überprüfung und Verbesserung eigener und fremder Schriften einher, die in der Folge auch zu einer Flut weiterer Briefe führen wird.

Die auch fatalen Implikationen der vielfach beschworenen Bruderliebe in Verbindung mit solcher Textkritik zeigen sich jedoch in der zitierten Briefstelle Jacobis, die erkennbar auf einen Vorwurf des leicht reizbaren Mitherausgebers reagiert: Die Versicherung zartester Berührung soll offensichtlich die Eingriffe ins Manuskript nachträglich mildern. Das „critische Gefühl", hier noch buchstäblich der Tastsinn des urteilenden Lesers und Korrektors, und die klebrigen Beine des eher unerfreulichen Tiers sind aber nicht nur als Sensorien vergleichbar, sondern im Hinblick auf die Flüchtigkeit ihrer Regung und die Dauerhaftigkeit der Spur, die sie hinterlassen. Mag auch das Angemerkte so fein wie ein Spinnenfaden sein, es liegt doch, unübersehbar, auf den eigenhändig geschriebenen Zeilen des anderen. Unfreiwillig verrät auch das beschwichtigend gewählte Verb im Partizip die Zerstörungskraft solch vermeintlich oberflächlicher Hinzufügungen: Das „durch einander geworfene" lässt seinen griechischen Ursprung erkennen, *diaballein*, durcheinanderwerfen, ist eine *diabolische* Tätigkeit, die in alter Tradition dem Teufel zugeschrieben wird.

Interessanterweise tritt die Spinne, ein nach landläufigem Verständnis eher als Untier der Berührung figurierendes Lebewesen, auch in einem kleinen Text Sophie La Roches als Vergleichsbild einer habituellen Zurückgezogenheit auf, wie sie Philosophen, Schriftstellern und vielleicht auch Zeitschriftenherausgebern ansteht. Im zweiten Band ihrer Textsammlung *Mein Schreibetisch* gibt La Roche, adressiert an einen ungenannten Freund, Auszüge aus von ihr besonders geschätzten Werken der englischen Literatur mit Übersetzung; der Spinnen-Text ist ihr erstes Beispiel: „Mein edler Freund denkt sich die Ursache, warum mir die vier kleinen Verschen von *Davies* so werth sind, mit welchen er auch die Frage beantwortete: Woher es kommt, daß der mißkannte verdienstvolle Mann sich ganz in Einsamkeit zurückzieht? *As spiders touch'd seek their webs inmost part; / As bees in storms back to their hives return; / As blood in danger gathers to the heart, / As men seek towns when foes the country burn.*" (7) La Roche übersetzt und kommentiert: „Der schätzbare Unglückliche – sagen die Verschen – macht es da / wie die beunruhigte Spinne das Innerste ihres Gewebes sucht / – die Biene im Sturm zu ihrer Wawe [sic] zurück eilt, / in Gefahr unser Blut nach dem Herzen strömt, / Landleute nach den Städten fliehn, wenn Feinde das Feld verheeren." (8) Verkannt, gekränkt, unglücklich und auf der Flucht nach innen ist selbstredend aber zuallererst eben der Gelehrte, der auf leiseste Berührungen seines Schriftgewebes reagiert und den Spinnenfüßen seiner Korrektoren doch nicht ausweichen kann.

Literatur:

Jacobi, Friedrich Heinrich: „Friedrich Heinrich Jacobi an Christoph Martin Wieland, 27.10.1772", in: ders., *Briefwechsel*, Gesamtausgabe, Bd. I,1, hg. von Michael Brüggen und Siegfried Sudhof, Stuttgart-Bad Cannstatt: Frommann-Holzboog 1981, S. 167.

—„Jacobi an Rudolf Graf Chotek von Chotkowa und Wognin, 16.6.1771", in: ders., *Briefwechsel*, Gesamtausgabe, Bd. I.1, hg. von Michael Brüggen und Siegfried Sudhof, Stuttgart-Bad Cannstatt: Frommann-Holzboog 1981, S. 109–114.

La Roche, Sophie: *Mein Schreibetisch. An Herrn G.R.P. in D.*, Zweytes Bändchen, Leipzig: Gräff 1799.

Wieland, Christoph Martin: „Christoph Martin Wieland an Friedrich Justin Riedl, 17.9.1772", in: ders., *Briefwechsel*, Bd. 4, hg. v. d. Akademie der Wissenschaften der DDR v. Hans Seiffert, Berlin: Akademie-Verlag 1979, S. 633–634.

STILLLEBEN (HARUN FAROCKI)

Johanna-Charlotte Horst

> Die Dinge, die lichtheller Morgen umtagt,
> Die nackt sich brüsten, schillernd und seiden,
> Die die Wünsche der Menschen betasten, entkleiden,
> Von dem lüsternen Schwarm ihrer Blicke benagt.
>
> Armin Tarik Wegner, „Das Warenhaus"

Die Hand des Fotografen wischt sanft über eine Holzplatte, dann fährt sie zärtlich um die Außenkante einer runden Marmorplatte, als ob sie die Symmetrie der Kreisform prüft. Holz und Marmor werden aufeinandergelegt und zur Unterlage eines kulinarischen Stilllebens. Der Winkel zwischen zwei hochkantigen Käsestücken öffnet sich gerade so weit, dass in seinem Spalt kleiner zugeschnittene Käsesorten bequem Platz finden: „Il faut que ce soit habité."/ „Es muss bewohnt sein." (STILLEBEN: 12:05) Die arrangierenden Bewegungen der Fotografen sind behutsam, ihr Gespräch ruhig und zurückhaltend. Nicht der Appetit, sondern das Formbewusstsein dient hier als Maß der richtigen Proportionen. Die Esswaren verwandeln sich in geometrische Körper, das kulinarische Geschmacksurteil wird zu einem ästhetischen. Die Käsestücke werden kaum und wenn, dann nur außerordentlich vorsichtig berührt. Unter den Händen und Blicken der Werbefotografen verwandeln sie sich in magische Objekte. Dabei überkreuzen sich malerische und fotografische, materiell berührende und mechanisch kontaktlose Verfahren: Einer der Fotografen feuchtet ein Käsestück mithilfe eines Pinsels an, er malt die Eigenschaft der Frische gewissermaßen auf, um sie dann abzufotografieren. Andersherum werden die beim Fotografieren entstehenden Probeaufnahmen als Vorskizzen verwendet, deren empfindlichen Oberflächen die Fotografen mit einem Bleistift einritzen, um kompositorische Korrekturen an dem Arrangement zu erproben. Während die kontaktlos hergestellte Fotografie nachträglich die taktile Intimität einer Zeichnung zulässt, löst sich das direkt auf dem Käsestück Aufgemalte als Fotografiertes in unberührte Natürlichkeit auf.

*

Diese Szene stammt aus Harun Farockis STILLLEBEN, einem Filmessay, der aus zwei alternierend miteinander montierten Sequenzen besteht. Der eine Strang dokumentiert die Arbeitsprozesse von Werbefotografien. Während der Kamerablick sich auf die zu fotografierenden Gegenstände – auf Käsestücke, Uhren und Biergläser – konzentriert, sind die Fotografen allein durch ihre Dialoge präsent, in denen sie mit großer Sensitivität die Stofflichkeit der jeweiligen Ware verhandeln. Die zweite Sequenz beschäftigt sich mit einer Reihe von Stillleben aus dem Holländischen Barock. Eine Stimme aus dem Off kommentiert hier die Gemälde und versucht dem gattungsästhetischen Kern des *nature morte* auf die Spur zu kommen. Selten wird dabei das ganze Tableau gezeigt. Meist zoomt sich die Kamera in das Bildgeschehen hinein und tastet die Bildoberflächen mit dem Objektiv ab.

Abgesehen von dem gemeinsamen Repertoire ihrer Gegenstände scheinen die beiden Abbildungsformate Stillleben und Werbefotografie Gegensätzliches anzustreben. In dem einen Fall werden alltägliche Dinge meist in häuslichen Räumen arrangiert, in dem anderen funkelnde Waren lautstark angepriesen. Doch nimmt man diese Inszenierungen des Banalen genauer in den Blick, zeigt sich ihre Kontinuität: Mit der Abbildung wertvoller Handwerkskunst findet die Extravaganz des Profanen als Ausdruck kaufmännisch-protestantischer Ethik Eingang in das Stillleben. Umgekehrt stößt die Werbeindustrie trotz aller Fetischisierungskunst bei der Präparierung ihrer Produkte auf deren triviale Konkretheit. Diese Doppelbödigkeit provoziert einerseits die kunsthistorische Frage nach der allegorischen Bedeutung von Stillleben sowie andererseits die gesellschaftskritische Analyse spektakularisierter Dingwelten. Beide ästhetischen Praktiken bleiben damit in die Ambivalenz ihres Materialismus zwischen Tauschwert und Stofflichkeit eingespannt.

Überraschenderweise scheinen die Fotografen bei Farocki kaum Interesse an der Steigerung des Tauschwerts ihrer Objekte zu haben. In keinem Moment des Arbeitsprozesses wird von dem eigentlichen Ziel ihrer Arbeit, nämlich der Steigerung der Verkaufszahlen, gesprochen. Die Fotografen sind vielmehr selbst von den Gegenständen vor ihrer Linse verführt, und setzten sie als geheimnisvoll energetische Objekte in Szene. In diesem Sinn lassen sich die Fotostudios mit dem Fetisch-Theoretiker Hartmut Böhme als „[j]enseits des Tauschs, der Reproduktion durch Arbeit, des materiellen Metabolismus“ (304) beschreiben. Durch den ästhetisierenden Umgang mit der Ware werden sie zu Fetischen. Ihr Wert besteht nicht mehr in Tausch- und Gebrauchbarkeit, sondern in einem Überschuss nicht-funktionaler Sinnlichkeit.

Das Produkt der fotografischen Arbeit bleibt hier dennoch Teil einer verkaufsstrategischen Verführung, in deren Logik die Ware sich nur zum Schein in einen unveräußerbaren Gegenstand verwandelt. Die Verdeckung des Gebrauchswertes ist dabei ein für alle Beteiligten durchschaubares Versteckspiel. Die konsumierende Libido lässt sich gegen alle kalkulierende Vernunft genüsslich überreden, den Wert der Ware höher als ihren Tausch- und Gebrauchswert zu schätzen. Diese Konsummechanik bestimmt den Markt, dessen doppelter Boden aus den Brettern ökonomischer Rationalität und warenfetischistischer Irrationalität gebaut ist.

Mit der Aufforderung gleich zu Beginn des Films, barocke Gemälde wie Werbebilder zu lesen (vgl. STILLLEBEN: 02:43), spielt Farocki auf Roland Barthes' zeichentheoretische Interpretation von werbeindustriell hergestellter Doppelsemantik an (vgl. „Der Werbespot" sowie *Die Mythologien des Alltags*). Die Werbesprache fungiert für Barthes in ihrer sinnstiftenden Funktion als psychische Nahrung, die dem Produkt einen höheren Sinn verleiht und seinen Gebrauch zu einer geistigen Erfahrung werden lässt: „indem die Menschen durch die Werbesprache an das Produkt rühren [en touchant], verleihen sie ihm Sinn und verwandeln seine bloße Verwendung in eine geistige Erfahrung." (Barthes, 186) Die marktstrategische Transsubstantiation der Ware in einen Warenfetisch vollzieht sich folglich durch einen werbeindustriellen Sprechakt, der hier metaphorisch als Berührungsakt –„indem die Menschen durch die Werbesprache an das Produkt rühren [en touchant]" – vorgestellt wird. In dieser Metaphorik vollzieht sich Sinngebung nicht diskursiv, sondern haptisch. In dialektischer Volte verwandelt die anschmiegsame Werbesprache den konkreten Gebrauch der Ware in eine geistige Erfahrung, die Versinnlichung der Sprache als betastender Diskurs führt zu einer Entsinnlichung der Dinge: „[S]eine bloße Verwendung wird in eine geistige Erfahrung verwandelt".

*

Das Schwanken zwischen sinnlicher Transzendenz und pragmatischer Immanenz und die damit einhergehende Unentschiedenheit zwischen Gebrauchsgegenstand und Fetisch bestimmt auch die ästhetische Dynamik Holländischer Stillleben (vgl. Bryson). Bis zum Holländischen Barock war das Alltägliche ob seiner Resistenz gegen hermeneutische Tiefenbohrungen als eigenständiger künstlerischer Gegenstand mehr oder weniger ausgeschlossen. Die Entwicklung der Naturwissenschaft, so berichtet der Kommentator bei Farocki, habe wesentlich dazu beigetragen, dass banale Gegenstände aus dem Hintergrund in den Vordergrund von Gemälden gerückt wurden. Im 18. Jahrhundert sei die alchemistisch-symbolische Logik durch eine objektiv beobachtende Bezugnahme auf die Natur ausgetauscht worden. Das Sprechen über die Natur bedurfte damit keiner Geheimsprache mehr, die die Dinge als „Chiffren eines verdeckten Code“ (STILLEBEN: 07:55) verstand, sondern führte zu einer positivistisch motivierten Materialisierung ihrer Beobachtungsgegenstände als Nicht-Zeichen.

Dem Käsestillleben geht im Filmessay eine Episode zu verschiedenen Stillleben von Willem Claeszoon Heda voran, in der es um das Verhältnis von Göttlichem und Menschlichem geht. Das ästhetische Projekt der niederländischen Malerei habe in dem Versuch bestanden, so wird erklärt, das Alltäglich-Menschliche als Niederes bar jeder allegorischen Transzendenz darzustellen. Daran sei sie aber programmatisch gescheitert. Denn angesichts eines wesentlich auf deutende Rezeption angelegten Bildbegriffs muss es misslingen, das Banale in seiner Nicht-Zeichenhaftigkeit einzufangen. So wird in Bezug auf ein Stillleben von Pieter Aertsen, das 1551 entstanden ist und heute zu der Kunstsammlung der Universität Uppsala gehört, festgestellt: „Diese Fische liegen zu einem Kreuz, liegend geben sie das Zeichen des Kreuzes und der Fisch selbst ist einer der vielen Namen Jesu.“ (STILLEBEN: 06:45) Dieser Bildkommentar demonstriert, wie sich die Anordnung der Gegenstände im Auge des Betrachters zu einer lesbaren Konstellation formiert. Das Neben- und Übereinander übersetzt sich automatisch in ein entzifferbares Syntagma und das nicht-zeichenhafte Ding in ein dingliches Zeichen. „Aber“, so wird später vor einem anderen Gemälde Hedas, das heute im Museum Boijmans van Beuningen in Rotterdam zu sehen ist, ausgeführt, „um mit Dingen etwas auszudrücken, dafür finden sich keine Satzbauregeln“ (STILLEBEN: 22:56). Da Bildaussagen wesentlich anders funktionierten als Aussagesätze, so betont Dieter Mersch, darf ästhetischem Denken keine diskursiv-propositionale Logik übergestülpt werden: „Konstellationen oder Kompositionen gehorchen nicht notwendig Regeln oder einer Syntax, vielmehr geschieht ästhetisches Denken in Gestalt von Nebeneinanderstellungen, Schneidungen oder Verbindungen" (Mersch: 249). Die über Kreuz liegende Fische als Jesus Christus zu interpretieren, heißt, die Fische als Zeichen in Signifikant und Signifikat zu spalten, um diese beiden Elemente letztendlich wieder zu einem Zeichen zusammenzufügen. „Anders gewendet: Das ‚Als' fungiert als eigentlicher Signifikations-Generator." (Mersch: 249) Diese semiotisierende Operation legitimiert sich durch die Tatsache, dass die Fische über Kreuz liegen und ihre gegenseitige Berührung ein lesbares Symbol herstellt. Aus dem konkreten Kontakt resultiert somit eine semiotisch fruchtbare Spaltung in toten Zeichenträger und lebendige Allegorie.

*

Die zweite Szene von Farockis STILLLEBEN ist bemerkenswert. In ihr werden Dollarscheine wie eine zu vermarktende Ware fotografiert – ein auf den ersten Blick unsinniges Unterfangen. Karl Marx' ökonomische Analyse hatte zu der Einsicht geführt, dass Geld als allgemeine Äquivalenzform eine leere Form ist, ein Zeichen, das für alles Mögliche einstehen kann: „Geld ist kein Ding, sondern eine bestimmte Form des Werts" (Marx: 870). Mit Finanzmitteln kommt man in der Regel nur dann in Berührung, wenn man sie aus- und damit weggibt. Geld, so beschreibt es Georg Simmel, schiebt „sich zwischen Mensch und Mensch, zwischen Mensch und Waare, als eine vermittelnde Instanz" (Simmel: 216). Gerade aus diesen Gründen kann in dieser Episode gelingen, woran die Holländischen Stillleben vergeblich arbeiten. Entgegen der rein vermittelnden Funktion von Geld dokumentiert Farocki ein Prozedere, in dem die konkrete Materialität von Dollarscheinen in den Blick kommt. Die Scheine werden abgemessen wie Käsestücke und wie Kleidungsstücke gebügelt. Für einen Augenblick stehen sie für nichts anderes als für sich selbst, gerade weil sie Gegenstand eines Bildes sind.

Die Berührung zwischen Bügelunterlage und Geldschein, das zufällige Zusammentreffen von Stoff und Geldmittel erinnert an einen mit „Ware und Geld" überschriebenen Abschnitt von *Das Kapital*, in dem als Vorläufer der allgemeinen Äquivalenzform des Geldes die Kategorie des „Leinwandgleiche[n]" (Marx: 80) beschrieben wird. Auf dieser vorläufigen Stufe des Warentauschs fungiert die Leinwand als eine „Äquivalentware" (Marx: 81), an der sich der Wert jeder beliebigen anderen Ware berechnen lässt. Das ‚punctum' dieser Filmszene ist die besondere Musterung des als Bügelunterlage dienenden Stoffs. Sie ist genauso grünlich und leicht ornamental wie der Dollarschein. Diese Verschmelzung von Stoff und Geldschein, von Hinter- und Vordergrund lässt sich als eine Art Vorspiel zum nachfolgenden Warenfetischismus der Werbefotografie begreifen. Wird dort die Ware von ihrem Tausch- und Gebrauchswert dissoziiert, so tritt hier der Geldschein unter dem Bügeleisen aus der abstrakten Vermittlerrolle heraus und in seiner spezifischen Materialität hervor.

Farockis STILLEBEN provoziert durch das Aufeinandertreffen verschiedener Gegenstände und Darstellungsmodi immer wieder derartige Neujustierungen des Blickwinkels. Auf einmal werden Fische als alltägliche Dinge sichtbar, Käsestücke mutieren zu magischen Gegenständen, und die konkrete Sinnlichkeit von Geldscheinen öffnet sich auf neue Sinnzuschreibungen. Die unterschiedlichen Darstellungsmodi bleiben dabei in die Ambivalenz von Tauschwert und Stofflichkeit, von Virtualität und Berührbarkeit eingespannt.

Literatur:

STILLEBEN, Regie: Harun Farocki, Deutschland 1997.

BARTHES, Roland: „Der Werbespot“, in: ders., *Das semiologische Abenteuer*, übers. von Dieter Hornig, Frankfurt am Main: Suhrkamp 1988, S. 181–186.

BÖHME, Hartmut: *Fetischismus und Kultur. Eine andere Theorie der Moderne*, Reinbek bei Hamburg: Rowohlt Verlag 2006.

BRYSON, Norman: *Looking at the overlooked. Four Essays on Still Life Painting*, London: Reaktion Books 1990.

MARX, Karl: *Das Kapital*, in: *Karl Marx Friedrich Engels Werke*, Bd. 25, Berlin: Dietz Verlag [1867] 1964.

MERSCH, Dieter: „Ästhetisches Denken: Kunst als Theoria“, in: ders., Sandro Zanetti und Sylvia Sasse (Hg.), *Ästhetische Theorie*, Zürich, Berlin: diaphanes 2019, S. 241–259.

SIMMEL, Georg: „Soziologische Ästhetik“, in: Maximilian Harden (Hg.): *Die Zukunft*, 17.5 (1896), S. 204–216.

WEGNER, Armin Tarik: „Das Warenhaus“, in: ders., *Das Antlitz der Städte*, Berlin: Egon Fleischel & Co. 1917, S. 11–14.

TELEAPATHIE (JACQUES DERRIDA)

Michael Mayer

> „Wenn unsere Augen sich berühren, wird es dann Tag oder wird es dann Nacht?"
>
> Jacques Derrida, *Berühren, Jean-Luc Nancy*

> „Quand nos yeux se touchent, fait-il jour ou fait-il nuit?"
>
> Jacques Derrida, *Le toucher, Jean-Luc Nancy*

Und wenn nicht? Wenn sie sich nicht berühren? Wenn sie es nicht *können*? Nicht *sollen*? Nicht *dürfen* auf die Gefahr hin, gefressen zu werden? Wenn sie Abstand halten, auf Distanz bleiben, wenn sie, die Augen, einander in Augenschein nehmen, einander mustern, abschätzen, belauern wie ein Rudel streunender Viecher in der Dämmerung, ineinander verkantet in der proto-agonalen Konfrontation von Fressfeinden, die noch nie und niemals *gut* ausgegangen sein wird? Die Politik und Metapolitik der Feindschaft ist doch allgegenwärtig, heißt es, die Kompetisierung und Hostilisierung des „sozialen Feldes", heißt es. „Die Konkurrenz schläft nicht", nicht einen Augenblick, keine einzige *Sekunde*. Und wir, die Sekundenschläfer am Rande dieser neu aufgehenden Lächerlichkeit, sind *out of the game*, noch bevor es begann, bevor die Karten verteilt wurden, die Einsätze gesetzt und die Regeln inhaliert wie ein wohlriechendes Gas. Na klar, das alles ist kein Spiel mehr, kein Spaß in geselliger Runde, wer weiß das nicht? Die Sache ist ernst, todernst, seriös oder *a serious game* mit unserer Einfalt, unserer so schlecht beleumundeten Einfalt, die uns Kopf und Kragen gekostet haben wird, *eines Tages dann*. So der

Bescheid, der Befehl, die Einberufung, postwendend adressiert und retourniert an die Lämmer der Dämmerung, die aufheulenden Lämmer, die den Viechern zum Fraß vorgeworfenen Viecher, ein Lamm, ein Mensch, ein Wolf und so weiter und so weiter und weiter. Die *Mensch-Mensch-Wolf-Gleiche* aber hat als Parabel des hypothetischen Naturzustands der Menschen unterdes ausgedient und gerät zur Blaupause des Stands und Zustands seiner entwickelten Zivilisation *aller gegen alle*, dem Scheitelpunkt jenes unerklärten Weltbürgerkrieges *aller gegen alle*. Und die Augen wären unsere bevorzugte Waffe, unsere Primärwaffe, die wir haben und hegen und pflegen und armieren und asphaltieren auf dem *Roadtrip* zu jener *never ending story* zwischen Kain und Abel und jenseits. Unsere Augenwaffen, Atomaugenwaffen, die unteilbaren, die blind vom Himmel regnen, flächendeckend, flächenmörderisch, ein Flächenmeuchelmord ganz gewiss nicht aus Liebe zum Kontinent. Hier ist sie: Die insulare Verzweiflung auf unserer einsamsten Insel, mutterseelenallein, *Peepig Tom*, sei gegrüßt, fürchte dich

*

„We say good-bye before we've said hello"

Pink Floyd: *Summer '68*

Also berühren sie sich nicht, *en ce moment même*, unsere Augen in diesem Augenblick. Doch wessen Augen? Wessen „unsere"? Wessen „unsere Augen"? Meine? Deine und meine? Oder Ihre und meine? Damit aber wären wir ganz nah schon bei einem Anderen, einem anderen Augenpaar, einem anderen Blick, den wir einmal kreuzten und der ein wenig auch auf uns lastete, als wäre er *nur für dich bestimmt*. Und genau so war es, ganz genau so jedenfalls sagt das Lévinas: Der Andere, der „Gesprächspartner ist kein Du, sondern ein Sie" (Lévinas *Totalität und Unend-*

lichkeit: 144). Ein Sie, dessen Nähe schon zu nahe kommen könnte, auf die Pelle rücken und unter die Haut gehen, eine Intimität ankündigend, die vermutlich nicht jederzeit jederorts jedermann willkommen ist; die gelegenheitshalber wie eine Drohung daherkommen kann, eine Verwünschung oder ein Versprechen, von dem man weiß, dass es gebrochen wird und werden muss *eines Tages dann*, wenn wir, *Einer, ein Anderer*, einander zu bleiben begehren, was wir einander sind. *Doch Bleiben ist nirgends*. Und die „ältesten Schmerzen“ wären furchtbar. Als verabschiedeten wir einander, bevor wir uns grüßten. Die Haut des Anderen, die wir *berühren*, die uns *berührt*, die wir also *berührt werdend berühren*, wenn wir uns grüßen, händeschüttelnd die Hände, ungeschützt und, natürlich, ohne Handschuhe. Denn das wäre unhöflich, obschon weniger infektiös. Nichts ist bekanntlich so ansteckend wie ein Händedruck, der einen einzigen ewigen Augenblick zu lange *dauert*. Die Haut brennt *lichterloh*. Die Infiltration des Herzens nämlich ist irreversibel, seine Verletzlichkeit in letzter Sekunde, seine „Gewalt versteckt sich hinter höflichen Gesten.“ Die Gewalt jedenfalls, die einer einem antut beizeiten, wenn er kann, will oder muss, selbst wenn er widerwillig will, aber

ich, ein Höfling ohne Hofstand und Einrüstung, bin *elf Jahre alt*, nicht neun, nein, die Türe geht nicht auf, kein Vater und Vatersvater weit und breit, keine Himmelsmacht, keine Schlachtung, keine Nacktheit, der ich mich zu schämen hätte, kein Vaterunser, nur ein Ichbinkleinrein. *And You and I*, gottseidankinderhöhe. Kinderhöhle und mein einsamster Traum und Albtraum, mein Wachalbtraum in gewittriger Nacht, fiebrig, mit schweißglänzenden Augen, sperrangelweit. Und dann die Angst und dann der Donner und dann der Blitz, plötzlich, der Einblitz, plötzlich. Und das schreiende, brüllende Gelächter. *Ich aber will nicht*. Sei gegrüßt, berührt, umarmt, meine totgeborene, meine niegeborene Tochter. *Touch me, feel me*, wie du willst. Der Himmel aber schwieg lauthals. Keiner hat dir gesagt, dass du den Sohn schlachten sollst, die Tochter, das Lamm, das Kind. Der Kinderholocaust, sag, was du willst, war ein Missverständnis, eine aberwitzige telepathische Fehlleistung oder Fehlleitung, eine *Verhörung* sozusagen. Und wir haben bitter dafür gezahlt und haben zu zahlen und zählen nicht aufgehört. *Sein Wille war das nicht!* Dein Wille, geschehe, geschieht, im Himmel und die Erde so nah. *If it be your will …* Sei begrüßt, fürchte dich, nicht

*

„Touch me with your naked hand
or touch me with your glove"

Leonard Cohen, *Dance Me to the End of Love*

Wie und mit was auch immer. *Berühre. Mich. Jetzt.* Und sei's mit den Augen, deinen, meinen, mit entwaffnenden Augen, entwaffneten, leeren Augen oder blauen, welche auch immer. *Wird es dann Tag oder wird es dann Nacht?* Bevor wir diese Frage nicht beantworten, sei daran erinnert, dass Derrida in den „Aufzeichnungen eines Blinden" einer *apokalyptischen Blindheit* das Wort redet, deren Eindringlichkeit sich ins Gedächtnis wühlt wie ein zitterndes, nimmersattes Etwas. Immerhin enthülle der „von Tränen verschleierte Blick" das „Wesen des Auges" (*essence de l'œil*) und damit das „dem Menschen Eigentliche" (*le propre de l'homme*) (Derrida *Aufzeichnungen eines Blinden*: 122–123). So sagt er das, spricht Fraktur. Derrida, der skrupulöse, barocke, der umwegige, der abwegige *Stalker* einer ZONE, die niemals ein und denselben Weg zweimal zu gehen erlaubte, liebte bekanntlich die Schleier, die er lüftete, an die er rührte und die ihn berührten (oder war es umgekehrt?), mehr als das, was er nach und nach zu Gesicht bekommen sollte zögerlich. Umwege nicht Wege nicht Werke. Und kein scheeler Blick von der Seite, keine laterale Finesse, die man ihm leichtfertig attestierte, sondern Augen *direktemang*, lichte Augen, trübe Augen, verquollene Augen, tränensatt geblendet, verblendet und blind, *Schleiertränen*, Deine, Meine. Was ins Auge sticht, einsticht, was das Auge besticht, stigmatisiert oder verletzt, wären also die Tränen, die indiskreten Mandatare einer Trauer, die immer nur und immer schon die verborgene, die Kehr- und die Nachtseite der Liebe ist, die helle, weiße, überhelle Nachtseite unserer *doch* unbescholtenen Liebe. Die Trauertränen, aus den Augen und aus allen Sinnen, sie *offenbaren* die Augen, sie selbst und als solche, unsere Augen, Deine, Meine; offenbaren den *Abschied*, den zeitigen, vorzeitigen und voranfänglichen Abschied, den wir, Du, Ich, zu nehmen beginnen, noch bevor wir angekommen sein werden, hier und jetzt. Mit

anderen Worten: Das Auge, das eine einäugige Auge als beispielhafter, vorbildhafter Akteur und *Agent provocateur* der Aktivität, der Aktion und Akte, das eine einäugige, zielende, fokussierende, identifizierende, sehende Auge, das niemals an seinem Ziel vorbeischielt, doppelt sich, paart sich, wäre wesentlich *zwei äugig* und so in seinem Wesen (seinem Grund, seiner Wahrheit, seiner Eigentlichkeit etc.) *empfänglich* und, mehr noch als das, *empfindlich für den Empfang der Empfänglichkeit* als solcher, die *Passibilität*. Verhehlen wir also nicht unsere Tränen, zu Tränen gerührt. Sie gehören immer schon Dir, Dir geschuldet (vielleicht die einzige Schuld, die ich anzuerkennen geneigt wäre), Dir verpflichtet von Ferne und aus der Ferne, einzig und allein unterbrochen und ununterbrochen unterbrochen durch ein und, ein doppeltes und, das aus den Höhlen, aus den Augenhöhlen tritt, quillt, vorfällt und einfällt und das dazwischen fällt wie ein Stein, ein Rohling, Hals über Kopf, vorbehaltlos und *And You and I climb, crossing the shapes of the morning / And You and I reach over the sun for the river / And You and I climb, clearer, towards the movement / And You and I called over valleys of endless seas*

*

> „oder dass Sehen und Hören darauf hinauskommt, anzurühren auf Distanz (...), weil wir uns annähern lassen, ohne was zu greifen noch zu begreifen und weil wir Furcht haben“
>
> Derrida, *Telepathie*: 17

Endlose Meere, Berge, getrennt nah, alles mithin eine Frage der Entfernung und einer Nähe, die die Ferne nicht entfernt, sondern in sich trägt und austrägt wie einen Brief, der sage und schreibe drei Wochen unterwegs sein sollte, um den Atlantik zu queren. Und das war keine Flaschenpost. Und manchmal kommt so etwas an und wieder an, nach einer Sekunde, nach vierzig Jahren oder was weiß ich. Als man mich jedenfalls fragte, etwas über oder zu „Berührung“ zu schreiben, „lass dir etwas einfallen“ (*was für ein Bild!*), ein Lemma, ein Zitat, ein Bruchstück, schoss mir plötzlich eine Passage aus *Telepathie* durch den Kopf (*was für ein Bild!*), vielleicht auch deshalb, weil sie mir immer rätselhaft geblieben war, verschlossen und ja, auch das, schleierhaft. Denn warum und woher diese *Furcht*? Jedenfalls, so zumindest will es mir (und zugegebenermaßen vielleicht nur mir) scheinen, scheint genau *diese Furcht* in einer Annonce fast dreißig Jahre später wiederzukehren, ausgerechnet in jenem Buch mit dem Titel *Berühren, Jean-Luc Nancy*, dessen *Initium* eben jener Frage gilt, um die sich das ganze Buch in abenteuerlichen Spiralen dreht und dreht wie ein heißlaufender Kreisel: „Wenn unsere Augen sich berühren, wird es dann Tag oder wird es dann Nacht?“ Und nur wenige Seiten nach diesem *Initium* stößt man dann auf diese eine, unglaubliche, unerhörte Passage, diese irre Passage wie ein Irrstern, Stern in Stern *eines Tages dann*, denn

„Solange Du mich nicht mit den Augen berührt haben wirst, solange Du nicht meine Augen berührt haben wirst, wirst Du nicht ‚eines Tages‘ sagen können. Und auch nicht ‚Adieu‘:

Guten Tag, auf Wiedersehen, sei mir gegrüßt, pass auf Dich auf, ich bitte Dich darum, damit Du mich eines Tages überleben wirst. Doch diese Bitte bereits beschämt mich, als ob ich auch eine Furcht eingestehen würde, die Furcht, zu überleben und den Tod zu bringen. Denn, um einen letzten Verzicht einzugestehen, die einzige Chance auf Versöhnung mit dem Tod, ich meine, mit dem meinigen, ich erwarte von der so verheißenen Chance, die Wesen nicht mehr sterben zu sehen, die ich geliebt haben werde – als ich selbst mehr als mich selbst." (Derrida *Berühren*: 10)

*

> „It is about you and me. What begins in solitary otherness becomes familiar and even personal. It is about who we are when we are not rehearsing who we are."
>
> DeLillo: 116

„Trostloser noch als gar kein Trost ist der falsche." Als ob Derrida der Trostlosigkeit des eigenen Todes den trostlosen Trost abgerungen hätte, nicht *die* zu überleben, die einem nahe sind und näher und näher sind. Als ob er die *Chance* ergriffen hätte, eine einzelne, einzige und vielleicht letzte Chance und Gelegenheit, unverschämtes Glück, der „Tod ist eine Unverschämtheit". *And You and I*. Als ob die Angst vor dem Tod, dem *jemeinigen*, den ich zu sterben habe und/oder den Ich zu sterben hat, durch die Furcht vor dem *anderen* Tod des Anderen – ja, was? – *getröstet* würde? Wie ein Stern und Irrstern, der am Himmel aufleuchtet dann und wann, wenn keine Sterne mehr leuchten über uns und in uns und um uns herum. Eckstein, Eckstein, die Hoffnung heute, der Hoffnungslosen heute auf einen Stern, irrer irrer Stern: „Der Tod ist Tod von jemandem, und das Gewesen-sein von jemandem wird nicht vom Sterbenden, sondern vom Überlebenden getragen." (Lévinas *Gott, der*

Tod und die Zeit: 82) *Ist das die Thora?* Die ganze Heilige Schrift und Inschrift einer Berührung der Toten durch die Toten, die *teleapathische Berührung* der Präsenz ihrer Apräsenz, die fühlbar macht, dass wir *nichts* greifen, *nichts* berühren, nichts als die ganze, trostlose, untröstliche Leere ihrer Gegenwart *eines Tages dann*. Deshalb der Abschied, der jedem Gruß eingeschriebene Abschied, die Abschiedlichkeit jeder Umarmung, jeder Zärtlichkeit überhaupt vor allem in allem und über allem wie eine Art *unwillkürliche Melancholie*, die die Furcht siegelt und bezeugt und, ja auch das, rechtfertigt irgendwann, der Abschiedsgruß zur Ankunft: *Grüß-Gott-zu-Gott*. Sag Tschüss und leise Servus, augentief der Wannsee, Augentrost: *ich bitte Dich darum, damit Du mich eines Tages überleben wirst* ich

bitte Dich darum, *remember me* in den kleinen Versatzstücken unserer gescheiten Innerlichkeit, auf fast listige, fast heimtückische Weise, der Andere-in-mir-als-Anderer-in-mir in meinen Gedärmen der Tote mir, der Kotzbrocken mir, „ganz innen, ganz außen", der Leib-Laib: *Est! Est! Est!* Im Magen *quer* und wer kann und will und wird schon *einen Backstein quer scheißen?* Ganz und gar unverdaulich wie ein Giftkraut ins Maul gestopft. *Fresse halten!* Natürlich sind das alles allenfalls palliative Reminiszenzen einer Teleapathie, einer *Berührung-ohne-Berührung* der Toten, die nicht dialektisch, nicht phänomenologisch noch irgendwie sonst eingeholt werden kann, adressiert und retourniert an wen und was auch immer. Hüten wir uns also, sie, diese teleapathische Schüttellähmung, zu verwechseln mit der raffinierten Inklusion der Toten in der „lebendigen Gegenwart" der Lebenden, in der systemischen, *diskreten, zirkulären, dezisionistischen, numeralen* Monstrosität eines vom Tod und dem Tod der Toten unangefochtenen Lebens, des totalen Lebens chronisch gesund. *Die Konkurrenz schläft nicht!* Aber ich bin müde seit unvordenklichen Zeiten. Müde der Bitte müde dieser Bitte *ich bitte Dich darum, damit Du mich eines Tages überleben wirst Du mich überleben eines Tages dann?*

Literatur:

DeLillo, Don: *The Body Artist*, New York: Scribner 2001.

Derrida, Jacques: *Aufzeichnungen eines Blinden. Das Selbstporträt und andere Ruinen*, übers. v. Michael Wetzel, München: Fink 1997.

—*Berühren, Jean-Luc Nancy*, übers. von Hans-Dieter Gondek, Berlin: Brinkmann & Bose 2007.

—*Le Toucher, Jean-Luc Nancy*, Paris: Galilée 2000.

—*Mémoires d'aveugle. L'autoportrait et autres ruines*, Paris: Réunion des Musées Nationaux 1990.

—*Telepathie*, übers. von Hans-Joachim Metzger, Berlin: Brinkmann & Bose 1982.

Lévinas, Emmanuel: *Gott, der Tod und die Zeit*, übers. von Astrid Nettling, Wien: Passagen 1996.

—*Totalität und Unendlichkeit. Versuch über Exteriorität*, übers. von Wolfgang Nikolaus Krewani, Freiburg i. Br.: Alber 1987.

TRANSLATIO (AUGUSTINUS)

Johannes Kleinbeck

> „Eure Augen werden aufgetan ...“
>
> 1 Mose 3, 5

In der *Genesis*-Erzählung steht das Berühren, mithin jedes Sinnesvermögen im Zeichen der *translatio*. Gott hatte einen Garten geschaffen mit „allerlei Bäumen“, von denen „*gut* zu essen“ war (1 Mose 2, 9; Herv. v. Verf.). „Von jedem Baum des Gartens“ dürfe das Paradiespaar „essen“, sprach er (1 Mose 2, 17). Nur vom „Baum der Erkenntnis des *Guten* und Bösen“ (1 Mose 2, 17; Herv. v. Verf.) solle es „nicht essen und ihn auch nicht berühren“ (1 Mose 3, 3). Wer in der Lektüre dieses Speisegesetzes und Berührungsverbots eine Beziehung erkennen wollte zwischen der Erkenntnis des „Guten“ und dem, was „gut“ zu essen ist oder sich im Berühren „gut“ anfühlt, wäre bereits der Suggestionskraft der listigen Schlange erlegen. Denn niemand anderes als das vom Teufel besessene Reptil stellt diesen Bezug in seiner Rede her. „Gott weiß“, lispelt es Eva entgegen, „dass an dem Tag, an dem ihr von dem Baum esst, eure Augen aufgetan werden [...], ihr werdet [...] wissen, was gut und böse ist“ (1 Mose 3, 4–5). Eure Augen werden aufgetan ... Was Eva in diesen Worten der Schlange vernimmt, eröffnet ihr nicht nur die Trope der *translatio* – es eröffnet ihr auch die Möglichkeit der Übertragung im Allgemeinen: zwischen unterschiedlichen Bedeutungen, Sinnesvermögen und Lüsten, zwischen Sinnlichkeit und Erkenntnis sowie zwischen Sinnlichkeit, Wissen und Moral. Im Zuge des Verweises auf die „sich auftuenden Augen“ kann der Sehsinn die übertragene Bedeutung eines „Wissens“ annehmen, das sich „gut“ Anfühlende oder das „gut“ Schmeckende sich auf das moralisch „Gute“ übertragen, aber auch die Funktion eines Sinnesvermögens in die eines anderen übersetzt werden. Verführt, vielleicht auch einfach nur verwirrt von all diesen Übertragungsmöglichkeiten, wird Eva nämlich tatsächlich versuchen, nicht länger mit dem Schmecken und Berühren, sondern mit dem Sehen zu einem Wissen davon zu gelangen, ob von dem Baum „gut" zu „essen" wäre: „Und die Frau sah, dass von dem Baum gut zu essen wäre, dass er eine Lust für die Augen wäre und verlockend, weil er klug machte. Und sie nahm von der Frucht und aß und gab ihrem Mann, der bei ihr war, auch davon, und er aß. Da wurden ihnen beiden die Augen aufgetan, und sie wurden gewahr, dass sie nackt waren, und flochten Feigenblätter zusammen und machten sich Schurze" (1 Mose 3, 1–7). Das Skandalon der ersten Überschreitung des göttlichen Worts kommt hier dem Skandalon einer Übertragung der Funktion des Geschmacks- auf den Sehsinn gleich: Eva lässt ihrem Gaumen die „Augen aufgehen" und sich von der verlockenden „Lust" des Anblicks zu einem Wissen von der Bekömmlichkeit der Frucht anweisen. Was „gut zu essen" ist, hat für sie damit nicht nur den Sinn einer figürlichen Rede vom „Geschmack" angenommen – die „Lust" am „Essen" hat sich auch auf die „Lust" am „Sehen", das heißt auf die „Lust" an dem delikaten, „schönen Anblick des Baums" übertragen. Schönheit ist in der *Genesis* der Name für eine Lust, die sich von einem unmittelbaren Sinnesorgan losgelöst hat und nunmehr frei zwischen den Sinnen flottiert. Eva isst die verbotene Frucht und reicht sie an Adam weiter. Und nachdem beide gespeist haben, „werden ihre Augen aufgetan": Sie werden ihrer Nacktheit gewahr und flechten Feigenblätter zusammen, um sich Schurze anzulegen.

Es ist Augustinus, der dieses Vergehen des Paradiespaares erstmals explizit mit der Frage des Sexuellen verbunden hat (Goff: 169ff.). In seiner zwischen 401 und 414 nach Christus verfassten *Genesis*-Auslegung *De genesi ad litteram libri duodecim* fragt er sich, „was es überhaupt heißt, wenn die Schlange sagt, Eva würden ‚die Augen aufgetan'". In „welcher Bedeutung oder in welchem Sinn" hat sie gesprochen (Augustinus: 209)? Mit diesen Fragen steht für Augustinus einiges auf dem Spiel: Wie der Titel seiner Schrift bereits ankündigt, hat er sich anders als in seiner früheren *Genesis*-Deutung *De Genesi contra Manichaeos* vorgenommen (vgl. Foucault: 334ff.), das Erste Buch Mose buchstäblich und damit als eine Erzählung von tatsächlichen Geschehnissen zu deuten. Vor allem aber darf er Evas Verfehlung nicht wiederholen, die den Wortlaut der Schlange („Eure Augen werden aufgetan ...") zum Anlass genommen hatte, um die Funktion des Geschmacks auf die Funktion des Sehens zu übertragen, der für sie den Figuralsinn eines Wissens angenommen hatte. Erst diese Deutung vermochte sie zu der Einschätzung zu führen, „Gott habe nur irgendwie bildlich gesagt: ‚Wenn ihr davon esset, werdet ihr des Todes sterben'" (Augustinus: 209). Was zu dieser „Ausweitung" des Gesetzes Anlass gab, gilt es für Augustinus in der eigenen Deutung unbedingt zu vermeiden. Und dennoch: Weil Eva und Adam nicht „mit verschlossenen Augen erschaffen worden" waren und darum auch nicht als „Blinde und Tastende im Paradies der Wonnen umherirrten", kann er seinerseits den Wortlaut der Schlange ebenso wenig rein buchstäblich deuten (209). „[W]egen der *translatio* eines einzigen Wortes", so beeilt er sich sogleich einzuschränken, „ist jedoch nicht das Ganze figürlich aufzufassen" (209). Es handele sich demnach hier, auf diesen Punkt kommt er mit beharrlicher Insistenz zurück, „um keine figürliche Erzählung, obwohl sich die Schrift in einem Wort einer *translatio* bedient und von ‚geöffneten' Augen spricht, die auch vorher schon offen waren" (210). In dieser Formulierung kündigt sich bereits seine Lösung an: Nicht in den „geöffneten Augen", einzig und allein in der Rede von ihrem Geöffnet-Sein macht Augustinus die *translatio* aus: „Aufgetan wurden sie bloß, um etwas zu sehen [...], was sie bis dahin noch nicht gesehen hatten" (210). Die „geöffneten Augen" stehen damit nicht im figürlichen Sinn für eine Erkenntnis, sondern bleiben im buchstäblichen Sinnesregister des Sehens. In übertragener Rede verweist die *translatio* lediglich auf einen weiteren Gegenstand der Sicht: „Also ‚aßen sie, und beiden gingen die Augen auf'. Wofür", fragt Augustinus, „wenn nicht, um sich gegenseitig zu begehren? Gingen sie ihnen nicht auf, damit sie die Strafe für die Sünde sähen, die sie durch den Tod ihres Fleisches empfangen hatten? Sehen sollten sie, dass ihr Leib nicht nur ein animalischer Leib war, der, wenn sie gehorsam geblieben wären, sich hätte ohne den Tod in einen besseren, vergeistigten Leib umwandeln können, sondern sie sollten jetzt schon ihren Leib des Todes sehen, in dessen Gliedern das Gesetz widerstritt dem Gesetz des Verstandes" (208f.). Eva erkennt nicht ihr Begehren, sie sieht Adams Erektion. Die augustinische *Genesis*-Deutung steht damit gewiss in der Linie einer phallozentrischen Denktradition, in der das weibliche Begehren nur in gleich welcher Beziehung zum männlichen Phallus gedacht werden kann. Sie eröffnet sich aber auch ein Denken des Sexuellen, dem zufolge die „Lust" oder Funktion an kein bestimmtes Sinnesorgan oder Körperglied gebunden bleibt. Weil sich die Lust an einer gut bekömmlichen Speise auf die Lust an ihrem Anblick übertragen lässt, kann sich auch die Lust an der verbotenen Frucht auf das Geschlechtsorgan übertragen. Weil die Lust in der *translatio* frei flottieren kann, tut und lässt Augustinus zufolge das „Organ" des Mannes, was es will.

Um nach dem Sündenfall am Literalsinn des Sehens festhalten zu können, musste Augustinus demnach in seiner *Genesis*-Deutung das Feld des Sinnlichen in zwei Felder auftrennen, deren Wechselwirkungen sich nie werden ganz erfassen lassen: Einerseits ein der Sichtbarkeit entzogenes Feld der *translatio*, in dem Bedeutung, Funktionalität und Lust der unterschiedlichen Organe dem Spiel einer wechselseitigen Übertragung unterliegen. Die Lust an der Berührung oder am Geschmack kann hier auf das Auge und von dort auf jede andere Zone des Körpers überspringen. Andererseits ein *lite-*

rales Feld der Sichtbarkeit, der Wahrnehmung oder des Bewusstseins, in dem sich die Effekte grundlos am Körper manifestieren: eine sichtbare Erektion oder ihr Ausbleiben – aber auch die Bildung eines enigmatischen, für andere sicht- und lesbaren Artefakts oder Symptoms. Augustinus zufolge hatten sich nämlich Eva und Adam nichts dabei gedacht, weshalb sie sich Feigenblätter als Schürzen flochten, sie „trieb ein innerer, geheimer Trieb" (212).

Aber nicht nur mit Feigenblättern, auch mit allen Theorien, die irgendein Sinnesfeld (z.B. das Berühren) buchstäblich auf ein Sinnesfeld zu beschränken suchen, verdeckt sich die *translatio* dieses „inneren, geheimen Triebes". Sinnlichkeit – das ist seit Augustinus die fortwährende Übersetzung von Sinn zu Sinn.

Literatur:

AUGUSTINUS, Aurelius: *Über den Wortlaut der Genesis. De genesi ad litteram libri duodecem*, 2 Bde., Bd. 2, hg. und übers. von Carl Johann Perl, Paderborn: Schöningh 1964, S. 209.

FOUCAULT, Michel: *Les aveux de la chair. Histoire de la sexualité*, 4 Bde., Bd. 4, hg. von Frédéric Gros, Paris: Gallimard 2018.

LE GOFF, Jacques: „Die Verfemung der Lust", in: *Liebe und Sexualität*, übers. von Michael von Killisch-Horn und Reinhard Kuh, Grafrath: Boer 1995, S. 164–180.

VERGÄNGLICHKEIT (SIGMUND FREUD)

Isabelle Alfandary

> „Vor einiger Zeit machte ich in Gesellschaft eines schweigsamen Freundes und eines jungen, bereits rühmlich bekannten Dichters einen Spaziergang durch eine blühende Sommerlandschaft. Der Dichter bewunderte die Schönheit der Natur um uns, aber ohne sich ihrer zu erfreuen. Ihn störte der Gedanke, daß all diese Schönheit dem Vergehen geweiht war, daß sie im Winter dahingeschwunden sein werde, aber ebenso jede menschliche Schönheit und alles Schöne und Edle, was Menschen geschaffen haben und schaffen könnten. Alles, was er sonst geliebt und bewundert hätte, schien ihm entwertet durch das Schicksal der Vergänglichkeit zu dem es bestimmt war."

Sigmund Freud, „Vergänglichkeit"

In „Vergänglichkeit", einem Text, den Freud 1915 zu Beginn des Ersten Weltkriegs geschrieben hat, denkt Freud über den „Vergänglichkeitswert" nach. Dieser Text, der sich innerhalb des Freud'schen Korpus durch seine Kürze und seine Form abhebt, ist eine Reflexion über den ästhetischen „Erfahrungswert", insofern sich dieser auf ein flüchtiges Objekt bezieht.

Die evozierte Situation ist einfach, wenn nicht gewöhnlich: Es handelt sich um „einen Spaziergang durch eine blühende Sommerlandschaft" (225). Freud sieht sich nicht genötigt, die Umstände seiner Erfahrung weiter zu präzisieren. Das Naturschöne, das eine solche Situation birgt, scheint sofort eingängig für jeden. Das Vergnügen [*plaisir*], das ein in der Natur verbrachter Sommertag verschafft, ist allgemein bekannt, und dennoch genießt [*goûter*] einer der Begleiter Freuds, dessen Name nicht genannt wird, die Landschaft nicht, wie er sollte und könnte: „Der Dichter bewunderte die Schönheit der Natur um uns, aber ohne sich ihrer zu erfreuen." (225) Nicht alle menschlichen Lebewesen lassen sich in der gleichen Weise von dem, was ihnen widerfährt, berühren.

Was Freud von vornherein unterstreicht, ist, dass ein Gedanke, wenn es nicht die spekulative Tätigkeit selbst ist, den berühmten Dichter – möglicherweise handelt es sich um Rainer Maria Rilke, den Freud 1913 während des 4. Kongresses der Internationalen Psychoanalytischen Vereinigung getroffen hat – davon abhält, vollends die Schönheit zu genießen [*profiter de*], die er lediglich erkennen kann: „Ihn störte der Gedanke, daß all diese Schönheit dem Vergehen geweiht war" (225). Wie so oft nimmt Freud diesen Widerstand nicht auf die leichte Schulter und versucht, ihren Mechanismus zu verstehen, der ihm zunächst entgeht: „Die Vorstellung, daß dieses Schöne vergänglich sei, gab den beiden Empfindsamen einen Vorgeschmack der Trauer um seinen Untergang, und da die Seele von allem Schmerzlichen instinktiv zurückweicht, fühlten sie ihren Genuß am Schönen durch den Gedanken an dessen Vergänglichkeit beeinträchtigt." (226) Der von der Trauer um das zukünftige Objekt verdunkelte Gedanke bringt sie um den Genuss des gegenwärtigen Moments und die Hingabe an ein vergängliches Objekt.

In „Vergänglichkeit" evoziert Freud die Empfindung des ästhetischen Vergnügens [*plaisir esthétique*] ebenso wie den Schmerz des Verlusts; das eine könnte jedoch ihm zufolge nicht ohne das andere sein. Die von ihm begründete Psychoanalyse, die er im gleichen Maße zu vermitteln wie zu verteidigen versucht, ist Trägerin einer Ethik des Lebens, die die wie auch immer geartete Wirklichkeit weder ignoriert noch verweigert. Die Wirklichkeit, die sich unter den unendlich glücklichen Arten eines Sommerspaziergangs zeigt – insofern sie die Zerstörung, die der kommende Herbst ankündigt, sicher nicht verbirgt –, soll auch nicht davon abhalten, den gegenwärtigen Moment zu genießen [*jouir*].

Das Vergängliche und die Hinfälligkeit, die jede Schönheit birgt, erwecken in Freud weder „den schmerzlichen Weltüberdruß" (225), den sein Dichterfreund empfindet, noch die „Auflehnung gegen die behauptete Tatsächlichkeit" (225), die man ihm entgegenhalten könnte. Der Psychoanalytiker versucht die psychischen Beweggründe zu analysieren, aus denen die beiden Gefühle hervorgehen, die sich, eine wie das andere, der Wirklichkeit zutiefst widersetzen. Nun berührt uns aber die Wirklichkeit, sie verführt uns wie in dem Fall des Sommerspaziergangs oder wirft uns nieder wie in der Trauer. Die Wirklichkeit als solche zu akzeptieren, sie zu genießen [*en jouir*], an ihr für das, was sie ist, zu leiden, das ist die Schwierigkeit der *conditio humana*. Schönheit in ihrer Vergänglichkeit anzuerkennen heißt, sie zu akzeptieren, ohne ihre Aufhebung in einer idealen Ordnung zu erhoffen oder sie in den Abgründen des Grauens zu verwerfen. Die vergängliche Schönheit steht nur für sich selbst, berührt uns, ohne uns etwas zu versprechen, reine Bestätigung der Existenz, Zeugnis unserer Fähigkeit zu begehren.

Die Erfahrung des Naturschönen, insofern es eine Kant'sche Erfahrung ist, ist für Freud alles andere als eine Anekdote. Sie hat den Wert eines ethischen Gründungsaktes. Berührt zu sein, sich von der Schönheit einer Landschaft berühren zu lassen, heißt zu akzeptieren, von einer Wirklichkeit berührt zu sein, die zum Verschwinden bestimmt ist. Diese Akzeptanz ist nur scheinbar selbstverständlich: Es handelt sich um das, wogegen sich die Psyche einer Vielzahl von menschlichen Lebewesen auflehnt, seien sie neurotisch, psychotisch oder pervers, um die drei großen von Freud unterschiedenen nosologischen Kategorien aufzunehmen. Wenn auch Freud ihr Gefühl nicht teilt, sind die beiden Freunde der Anekdote dennoch keine Ausnahme: „Ich konnte mich weder entschließen, die allgemeine Vergänglichkeit zu bestreiten, noch für das Schöne und Vollkommene eine Ausnahme zu erzwingen." (225) Aus seiner persönlichen, um nicht zu sagen autobiografischen Auflehnung, denn der Text erweist sich als eine von einer persönlichen Erinnerung ausgehende Meditation – durch die Art und Weise, wie er selbst von dem Sommertag berührt wurde –, entsteht eine Ethik der Psychoanalyse. Die ästhetische Erfahrung hat daher einen grundlegenden Wert, nämlich unsere psychische Lage der Existenz gegenüber ans Tageslicht zu bringen.

Im Unterschied zu seinem Begleiter urteilt Freud, dass das Vergängliche der Schönheit diese in keinster Weise disqualifiziere: „Im Gegenteil, eine Wertsteigerung!" (225) Die Schöpfungen der Natur, der Kunst oder des Denkens sind nicht wertvoll, weil sie ewig sind: „Mag eine Zeit kommen, wenn die Bilder und Statuen, die wir heute bewundern, zerfallen sind, oder ein Menschengeschlecht nach uns, welches die Werke unserer Dichter und Denker nicht mehr versteht, oder selbst eine geologische Epoche, in der alles Lebende auf der Erde verstummt ist, der Wert all dieses Schönen und Vollkommenen wird nur durch diese Bedeutung für unser Empfindungsleben bestimmt" (226). Es ist die von ihnen hervorgerufene Macht des gegenwärtigen und vergänglichen Affekts, die den unschätzbaren Wert eines Werks oder einer Erfahrung begründet. Weder das Nachleben noch die Übertragung stehen am Ursprung des ästhetischen Vergnügens [*plaisir esthétique*] und der humanisierenden Funktion der Erfahrung oder des Werkes: Es geht um die bei ihrem Kontakt verspürte Empfindung und subjektive Enthüllung. Gerade das Vergängliche ist der Ursprung des Wertes dessen, was uns berührt.

Dieser kleine Text Freuds ist zugleich Lektion fürs Leben und psychoanalytische Meditation über die Trauer. Im letzten Teil des Textes beleuchtet Freud die historischen Umstände, die ihn dazu gebracht haben, sich die vergangenen Momente in Begleitung seiner Freunde in Erinnerung zu rufen. Der „Vergänglichkeitswert" leitet sich von einem nachträglich sehr besonderen Umstand ab: „Die Unterhaltung mit dem Dichter fand im Sommer vor dem Kriege statt. Ein Jahr später brach der Krieg herein und raubte der Welt ihre Schönheiten." (227) Der Tod und die Zerstörung, die die Natur in der Üppigkeit der Sommerlandschaft vorhersehen ließ, hat nur andeutungsweise die unumkehrbare und tödliche Gewalt des Ersten Weltkriegs präfiguriert. Die Meditation über den „Vergänglichkeitswert" ist eine Meditation über den Wert der Existenz und den Sinn des Lebens.

Entgegen aller Erwartung stellt Freud implizit Trauer und Genuss [*jouissance*] auf dieselbe Ebene, um zu suggerieren, dass es sich um Affekte handelt, die dazu geeignet sind, uns in ebenso tiefer wie vorübergehender Weise zu berühren. Auf die Gefahr hin zu provozieren, zögert Freud nicht zu schreiben: „Wir wissen, die Trauer, so schmerzhaft sie sein mag, läuft spontan ab. Wenn sie auf alles Verlorene verzichtet hat, hat sie sich auch selbst aufgezehrt, und dann wird unsere Libido wiederum frei, um sich, insofern wir noch jung und lebenskräftig sind, die verlorenen Objekte durch möglichst gleich kostbare oder kostbarere neue zu ersetzen." (227)

Die Freud'sche Psychoanalyse behandelt die Trauer als libidinöses Rätsel, die sein Erfinder in dem 1917 erschienenen Artikel „Trauer und Melancholie" genauer bestimmen wird. Sowohl die Anerkennung der Wirklichkeit des Verlusts als auch des Vergnügens [*plaisir*] ist nicht einfach eine stoische Forderung, sondern die Bedingung der Möglichkeit der Befreiung der an das Verlustobjekt geklammerten Libido, die sich gegebenenfalls von neuen Objekten wird berühren lassen können. Die Hinfälligkeit des Objekts anzuerkennen heißt also nach Freud, sich in die Lage zu versetzen, so weit wie möglich berührt zu sein. Die Ablehnung der Hinfälligkeit, die uns berührt, bewahrt im Gegenteil niemanden vor „der Trauer über den Verlust" (226). Die wie auch immer geartete Trauer des Objekts ist nach Freud als vorübergehender Zustand jeder Erfahrung eingeschrieben und steht immer schon im Zeichen unserer Endlichkeit. Alles, was uns berührt – Glück wie Unglück –, ist notwendigerweise vergänglich: Aus diesem Grund lädt uns der Psychoanalytiker ein, uns nicht aufzulehnen, sondern das Vergängliche, das uns berührt, zu umarmen.

Übersetzung aus dem Französischen von Cornelia Wild

Literatur:

FREUD, Sigmund: „Vergänglichkeit (1916 [1915])", in: ders., *Studienausgabe*, Bd. X: *Bildende Kunst und Literatur*, Frankfurt am Main: Fischer 2001, S. 223–227.

WÜSTE (JACQUES DERRIDA/ JOHANNES SCHEFFLER)

Daniel Kazmaier

> „Die Wüste, ist das nicht [pas] eine paradoxe Figur der *Aporie*? Keine [Pas] vorgezeichnete oder gesicherte Passage, jedenfalls keine [pas] Straße, allerhöchstens Pisten, die keine [pas] vertrauenswürdigen Wege darstellen, die Wege (*chemins*) sind noch nicht [pas] gebahnt, sofern sie der Sand nicht schon von neuem überdeckt hat. Doch ist der ungebahnte Weg (*voie*) nicht [pas] auch die Bedingung für die *Entscheidung* oder das *Ereignis*, die darin bestehen, den Weg zu bahnen, zu *passieren*, also *darüber hinaus* zu gehen? Die Aporie zu durchschreiten/ zu überwinden (*passer*)?"
>
> Jacques Derrida, „Außer dem Namen (Post-Scriptum)"

> „Le désert, n'est-ce pas une figure paradoxale de *l'aporie*? Pas de *passage* tracé ou assuré, pas de route en tout cas, tout au plus des pistes qui ne sont pas des voies fiables, les chemins ne sont pas encore frayés, à moins que le sable ne les ait déjà recouverts. Mais la voie non frayée, n'est-ce pas aussi la condition de la *décision* ou de *l'événement* qui consistent à ouvrir la voie, à *passer*, donc à aller *au-delà*? à *passer* l'aporie?"
>
> Jacques Derrida, *Sauf le nom*

In der Wüste kann man nichts breittreten. Darauf weist Derridas Textpassage hin, wenn er die Wüste selbst zur Passage erklärt, die in eine Aporie oder durch sie hindurchführt. Wer mit poststrukturalistisch geprägten Unverfügbarkeitstheorien und ihren Sprachspielen vertraut ist, der erkennt in dieser Passage Derridas einen Topos. Dieser beruht auf dem Gleichklang zwischen dem französischen Verneinungspartikel *pas* und dem im Französischen gleichlautenden ‚Schritt'. Diese phänotypische Ununterscheidbarkeit wird ausgebeutet und Schritt und Verneinung dadurch ununterscheidbar gemacht. Man winkt ab und scheint die Sache mit den gleitenden Signifikanten begriffen zu haben. Wer so agiert, ist allerdings nur halbwegs unterwegs.

Derrida geht nämlich zusammen mit Johannes Scheffler als seinem Wandergefährten einige Schritte weiter, sodass sich aus den Schritten, den *pas*, eine Passage ergibt. Diese Passage verdankt sich, so meine ich, dem (W)ort Wüste, das/der die Wanderlandschaft skizziert, die Derrida mit Scheffler durchschreitet. Jede Berührung des Sandes durch einen Fuß nimmt sich dort sofort wieder zurück. Die Wüste ist kein Ort für stabile indexikalische Zeichen.

Das Weitergehen, das seine eigene Berührung im Fortgehen oder Vorangehen wiederholt und gleichzeitig verneint, ist nur in der Wüste möglich. Deshalb nennt Derrida die Wüste auch „eine paradoxe Figur der *Aporie*". Wenn selbst die Aporie, die man gemeinhin übersetzend als (Aus)Weglosigkeit versteht, paradox wird, dann muss man die Wüste als „paradoxe Figur" ernst nehmen und Weg durch Schritt ersetzen. Das heißt, wo man keine Wege findet, da muss man sich auf den einzelnen Schritt konzentrieren.

Anaphorisch schrittweise strukturiert bewegt sich Derrida in diesem Passus sprachlich durch die Aporie hindurch und bricht sich seine Bahn. Ein „ungebahnter Weg" bzw. eine *voie non frayée*, wie es im französischen Original heißt, ist im etymologischen Sinn eine noch ‚unberührte Bahn'. Wenn sie noch unberührt ist, dann kann sie auch noch keine Bahn sein. Sie ist allerdings die Bedingung für einen Weg, der in dem Augenblick entsteht, in dem man ihn geht und gehend berührt. Schreibt man hier Weg oder Bahn, dann ist das wahrscheinlich schon zu ungenau, geht es Derrida doch darum, gerade ohne Weg, dafür aber mit Begleitung seine Schritte zu setzen. Das Französische gestaltet den Anklang ans Berühren sanfter als das Deutsche. *Frayer* unterhält eine etymologische Beziehung zu *frotter* über das lateinische Verb *frico*. In dieser Hinsicht sind ‚Gehen' und ‚Berühren' aufeinander bezogen, weil erst die Berührung die Aktion des Gehens oder Schreitens erlaubt. *Frayer sa voie* oder *frayer le chemin* setzen den Weg in eine notwendige Abhängigkeit und Beziehung zum Berühren. Dass eine solche Berührung nicht gewaltlos ist, veranschaulicht Derrida, indem er die unberührte Bahn, *la voie non frayée*, als Bedingung für die Entscheidung auffasst. Die *voie non frayée* stellt damit das komplementäre Gegenstück zu der Tätigkeit des Schreitens ohne Weg, den *pas sans voie*, dar. Dem Weg ohne das berührende Begehen entspricht ein Schreiten ohne Weg. Diese Gegenüberstellung macht deutlich, warum Derrida die *voie non frayée* als Bedingung für eine Entscheidung versteht. Denn bei dem Wort *Entscheidung*, das Derrida kursiv setzt, um auf seine Wörtlichkeit hinzuweisen, klingt im Französischen – als *décision* – das Schneiden mit. Das Bedeutungsspektrum des lateinischen *caedere*, aus dem sich die französische *décision* herleitet, bewegt sich vom Schneiden bis zum Schlachten oder Zerschlagen und zeigt genau diese Komplementarität – oder besser: den Chiasmus – von Fuß ohne Weg und Weg ohne Berührung an, aus dem sich die Aporie generiert. Sich einen Weg bahnen rückt damit in eine bildliche Ähnlichkeit zum Freischneiden einer Passage. Indem Derrida von der Verneinung zum Schritt – im Französischen klanglich ununterscheidbar – und von dort – anhand der klanglichen Ähnlichkeit – zum Passieren die Aporie sprachlich durchschreitet, vollzieht er auch die vielen kleinen Schnitte, die die Schritte erst möglich machen.

Diese Passage wird allerdings erst durch die Form der rhetorischen Frage ermöglicht: „Die Wüste, ist das nicht eine paradoxe Figur der *Aporie*?" Indem sie in ihrer Form bereits die Antwort nahelegt und mitgibt, verknüpft sie das Bild der Wüste, das sie evoziert, mit einer durchsichtig gemachten Frage-Antwort-Kongruenz. Die rhetorische Frage hat die rhetorische Form einer Ellipse. Sie versteht zwar ihre Antwort mit, dadurch speist sich schließlich ihre Kongruenz, spricht sie aber nicht aus und kann sie auch gar nicht aussprechen. Ihre Kongruenz verdankt sich also einem gewaltsamen Akt, der zugleich zum Sprechen wie zum Schweigen zwingt.

Der mit Derrida zusammen wandernde schlesische Barockmystiker Johannes Scheffler (oder auch Angelus Silesius) spricht in einem Epigramm aus seinem *Cherubinischen Wandersmann oder Geistreiche Sinn- und Schlussreime* genau diese Form der elliptischen Nahelegung einer Antwort in der Chiffre der Wüste aus. In der Tradition der Apophatik beansprucht der Satz, dass Gott eine Wüste sei, einen anderen Wahrheitswert als die prädikativen Aussagen, dass Gott gut oder weise oder allmächtig sei. Die Wüste ist eine Metapher, die in ihrer Bildlichkeit selbst die Unangemessenheit und Formlosigkeit aufruft, um die es den Denkern der Apophatik geht. Zwar kommt die tropische Rede nie mit ihrem eigentlichen Bezugspunkt zur Deckung, aber die metaphorische Ersetzung behält trotzdem die Struktur einer prädikativen Aussage. Deshalb geht Scheffler selbst über diesen sprachlichen Topos der apophatischen Tradition hinaus und schwört auch der metaphorischen Verknüpfung von Gott und Wüste ab. Die Wüste ist daher diejenige Antwort, die auf eine Frage antworten kann, ohne antworten zu müssen.

Man muß noch über Gott
Wo ist mein Aufenthalt? Wo ich und du nicht stehen.
Wo ist mein letztes End, in welches ich soll gehen?
Da, wo man keines findt. Wo soll ich denn nun hin?
Ich muß noch über Gott in eine Wüste ziehn. (I, 7)

Dieses Epigramm zitiert Derrida in „Außer dem Namen". Es leitet dort den Titelabschnitt über die verneinenden Schritte ein. Die vier Verse verschränken sich derart ineinander, dass sie den unberührten Weg (*non frayée*) als „Bedingung für die *Entscheidung* oder das *Ereignis*, die darin bestehen, den Weg zu bahnen," gestalten. Die einleitende Frage des Epigramms nach dem eigenen Aufenthalt beantwortet Scheffler mit der Verneinung des einzigen Verbs, das kein Bewegungsverb ist: „Wo ich und du nicht stehen."

Dem semantischen Gegensatz zwischen „stehen" und „gehen" entspricht der lautliche Gleichklang des Reims. Das Ziehen bekommt durch seinen Reimpartner „hin" eine Richtung verpasst, die die Bewegungsrichtung des Ich als unbestimmt markiert. Gleichzeitig synkopiert der Reim das Ziehen zum „ziehn". Die zentrale Bewegung ist weder ein Aus- noch ein Einzug, sondern ein Hinzug. Dieser misst allerdings schon immer seinen Abstand mit in die eigene Bewegung ein. Denn das Verb ‚hinziehen', das den abschließenden Paarreim des Epigramms bildet, wird so aufgespalten, dass es einerseits im Reimbezug überhaupt erst als zusammengehörig erkenntlich wird, aber andererseits unklar ist, ob die grammatische Struktur es überhaupt erlaubt, das Verb ‚hinziehen' zu bilden. Schließlich stehen Stamm und Präfix in zwei verschiedenen Sätzen. Das Verb ‚hinziehen' konstituiert sich daher über eine eigentlich unmögliche Satzgrenze hinweg, als eine Frage und Antwort zusammenbindende Einheit.

Erst die Institution des Reims veranlasst den Stamm und das Präfix, sich in genau denjenigen Abstand zueinander zu setzen, der erst erlaubt, den Bezug zu sehen. Sonst wäre das ‚hin' einfach eine Richtungsangabe ohne Bewegungsdynamik. Allerdings ist der Hinzug keine Richtungsangabe, die von ihrem Ausgangspunkt her bestimmt wird, der Hinzug bekommt seine Richtung von einem Ziel her, das weder eindeutig definiert noch positiv identifizierbar ist. Ein Hinzug hat kein Ziel; außer die Wüste.

Das Ziehen ist deshalb auch nicht auf eine instrumentalisierte Berührung gerichtet, die ein Subjekt klar von einem Objekt unterscheiden würde. Als synkopiertes „ziehn" verwickelt es das Ich eher in sich selbst, als dass es eine Transitivität ausbildet. Die Frage nach dem Wohin, die den eigentlichen grammatischen Bezug des „hin" im dritten Vers des Epigramms markiert, wird durch ein Hyperbaton aufgespalten. In diesen Spalt nistet sich die drängende Frage des Ich nach seinem Sollen ein. Dergestalt ebenfalls von seinem Ort und seiner auf die Örtlichkeit bezogenen Semantik abgespalten wird das „hin" zum freien Radikal. Die Antwort auf die Frage konstituiert allererst mithilfe der Reimlogik das Verb *hinziehen*. Das „hin" schwankt gewissermaßen permanent zwischen seiner Zugehörigkeit zum Ortsadverb „wo" und derjenigen zum Bewegungsverb *ziehen*.

Uwe Lindemann schreibt der Wüste „irreguläre phänomenale Strukturen" (13) zu. So wie man in der Wüste nichts breittreten kann, so kann man auch seiner Wahrnehmung nicht trauen. Als Topos vereinigt sie literale und figurative Bedeutung und lässt sie bis zur Ununterscheidbarkeit miteinander verschwimmen. Jeder Schritt in der Wüste muss dergestalt als ‚nicht weise' klassifiziert werden. Es sind jene Schritte *pas sage*, die jedoch die Aporie durchschreiten lassen. Lässt man sich so von dieser Oberflächensemantik der *passage* im Französischen verleiten oder sogar verführen, die mit einem kleinen Schnitt aus dem Substantiv ein Syntagma macht, dann wird man freilich mit der fehlenden Weisheit während des Wanderns Ernst machen. Die Berührung des Schrittes in der Wüste durchkreuzt damit die Wissensordnung, die darauf aus ist, wo nicht überhaupt bewegungslos zu verharren, so doch starre Bewegungsbahnen immer und immer wieder nachzuvollziehen. Irreguläre phänomenale Strukturen stehen außerhalb des Gewohnten. Sie sind rechtlich anrüchig, weil sie das Normale nicht mitmachen. Das Danebentreten mag jedoch eine weise Entscheidung oder durchaus ein *pas sage* sein.

Die Schritte in der Wüste verdeutlichen jedenfalls, dass es keine mit Wissen gesättigte – und das bedeutet selbstgewisse – Gegenwart gibt. Die Schritte konstituieren keinen Weg, anhand dessen Wegmarken man Anhaltspunkte als Gewissheiten vorfinden könnte. Eben weil die Schritte Teil einer Bewegung sind, können An*halt*spunkte kein Wissen garantieren. „Keine vorgezeichnete oder gesicherte Passage, jedenfalls keine Straße, allerhöchstens Pisten, die keine vertrauenswürdigen Wege darstellen", schreibt Derrida. Piste statt Straße lautet daher Derridas Diagnose. Das Gehen in der Wüste als Berührungseffekt mit einer Piste anstatt auf einer Straße erweist sich also eher als ein Gleiten auf glatter Oberfläche denn als ein sicherer Tritt auf rutschfestem Relief. Auf diese Weise ist das Gehen in der Wüste und das Berühren des Wüstensands entweder gefährlich und daher nicht weise, oder es zeichnet sich durch weise Schritte aus. Allerdings ergeben die Schritte, egal ob im Singular oder im Plural, etwas anderes als einen vorgezeichneten Weg, einen *chemin frayé* oder eine Methode. Es sind lediglich ambige Pisten, in denen die Weisheit eines solchen Vorgehens erscheint.

Das Entweder-oder vom Verneinungspartikel *pas* und der Bedeutung ‚Schritt' des französischen Substantivs *pas* in seinem Bezug zur Weisheit bestätigt sich dann auch in Schefflers Versen ganz konkret. Dass man „noch über Gott in eine Wüste ziehn" müsse, meint, den Ort des überprüfbaren Wissens, für dessen höchste Gültigkeit das Signifikat ‚Gott' steht, hinter sich zu lassen – im Sinne einer Passage beziehungsweise eines Übergangs. Es ist ein Übergang, den Derrida im Titel seines Buches anklingen lässt: *Sauf le Nom* bedeutet den Namen zu retten, indem man ihn ausspart.

Das Berühren der Füße entfaltet sein kritisches Potenzial in einem Assoziationsraum, den man als metonymisch beschreiben kann. Die Metonymie ist die Trope des Kontakts, die dennoch eine kognitive Ersetzungsleistung voraussetzt. Versteht oder entschlüsselt man die Metonymie, dann geht man stets zurück und gleichzeitig wieder voran, indem man ständig zwischen Angleichung des Klangs und Angleichung der Bedeutung hin- und herschaltet. Insofern konstruiert die Metonymie eine Doppeleinheit von semantischer und phonetischer Ebene, die beide Ebenen in genau dem Maße vereinigt, wie sie sie trennt. Sucht man ein prägnantes Bild, das die Verfahrensweise der Metonymie illustriert, wäre es vermutlich das Bild der rutschigen Sandpiste, die jede Berührung heikel und zu einem riskanten Unterfangen macht.

Literatur:

DERRIDA, Jacques: „Außer dem Namen (Post-Scriptum)", in: ders., *Über den Namen. Drei Essays*, übers. von Hans-Dieter Gondek und Markus Sedlaczek, Wien: Passagen 2000, S. 63–121. [Hinzufügungen in eckigen Klammern von D.K.]

—*Sauf le nom*, Paris: Galilée 1993.

LINDEMANN, Uwe: *Die Wüste. Terra incognita, Erlebnis, Symbol. Eine Genealogie der abendländischen Wüstenvorstellungen in der Literatur von der Antike bis zur Gegenwart*, Heidelberg: Winter 2000.

SILESIUS, Angelus: *Cherubinischer Wandersmann*, Kritische Ausgabe, hg. von Louise Gnädiger, Stuttgart: Reclam 1986.

DANK

Unser Band geht aus der gemeinsamen Arbeit innerhalb des DFG-Netzwerks *Berühren. Literarische, mediale & politische Figurationen* hervor. Wir möchten uns bei allen Mitgliedern dieses Netzwerks für den schönen und engen Austausch bedanken. Anliegen dieses Projekts war es, einen Band herauszubringen, der jenseits und am Rande der vielen gemeinsamen Tagungen und Workshops auch kleinere Lektüren und Ideen aus dieser Zeit zusammenträgt und unter Begriffen des Berührens und Lesens versammelt. Daher war es uns besonders wichtig, für den Band über das Netzwerk hinaus Beiträger*innen zu gewinnen, deren Theorien und Lektüren uns bei der gemeinsamen Arbeit inspiriert haben. Es war ein großes Geschenk für uns, dass fast alle um einen Beitrag gebetenen Personen auch unmittelbar zugesagt haben. Dafür möchten wir uns sehr herzlich bedanken.

Dank gilt außerdem Daniel Graziadei und Cornelia Wild, die sich bereit erklärt haben, einzelne Beiträge zu übersetzen. Gedacht sei auch an Jassin Braun, Isabel Grahn und Alma Magdalene Knispel, die bei der Einrichtung des Manuskripts und anderen logistischen Dingen geholfen haben. Bedanken möchten wir uns außerdem sehr herzlich bei Morten Paul für das genaue Lektorat und die äußerst angenehme Zusammenarbeit mit dem August Verlag sowie bei Alexandra Heimes für die Unterstützung bei der Anbahnung der Publikation.

IMPRESSUM

Berühren Lesen erscheint im August Verlag. Der August Verlag ist ein Forum für Theorie im Schnittpunkt von Philosophie, Politik und Kunst. Der August Verlag ist ein Imprint von Matthes & Seitz Berlin.

August Verlag
august@augustverlag.de
www.augustverlag.de

Erste Auflage Berlin 2021

Gestaltung: Selitsch Weig nach einem Entwurf von Christoph Stolberg
Satz: Selitsch Weig
Druck: Druckerei Kettler, Bönen

Die Deutsche Nationalbibliothek verzeichnet diese Publikation in der Deutschen Nationalbibliografie; detaillierte bibliografische Daten sind über http://dnb.d-nb.de abrufbar

Printed in Germany

ISBN 978-3-941360-84-6

BISHER ERSCHIENEN

Georges Canguilhem
DIE ERKENNTNIS DES LEBENS
ISBN 978-3-941360-00-6

Marietta Kesting,
Aljoscha Weskott (eds.)
SUN TROPES
Sun City and (Post-)Apartheid Culture in South Africa
ISBN 978-3-941360-04-4

Anselm Haverkamp
BEGREIFEN IM BILD
Methodische Annäherung an die Aktualität der Kunst (Antonello da Messina, August Sander)
Kleine Edition 1
ISBN 978-3-941360-02-0

Barbara Vinken
EINE LEGENDE DER MODERNE
Flauberts *Einfaches Herz*
Flaubert Lectures I
Kleine Edition 2
ISBN 978-3-941360-03-7

Volker Pantenburg
RÄNDER DES KINOS
Godard – Wiseman – Benning – Costa
Kleine Edition 3
ISBN 978-3-941360-08-2

Jacques Rancière
DER HASS DER DEMOKRATIE
Kleine Edition 24
ISBN 978-3-941360-01-3

Alain Badiou
KLEINES TRAGBARES PANTHEON
ISBN 978-3-941360-06-8

Maria Muhle, Kathrin Thiele (Hg.)
BIOPOLITISCHE KONSTELLATIONEN
ISBN 978-3-941360-05-1

Jean Starobinski
GESCHICHTE DER MELANCHOLIEBEHANDLUNG
ISBN 978-3-941360-09-9

Thomas Khurana,
Christoph Menke (Hg.)
PARADOXIEN DER AUTONOMIE
Freiheit und Gesetz I
ISBN 978-3-941360-10-5

Juliane Rebentisch,
Dirk Setton (Hg.)
WILLKÜR
Freiheit und Gesetz II
ISBN 978-3-941360-11-2

Christoph Menke
RECHT UND GEWALT
Kleine Edition 4
ISBN 978-3-941360-14-3

Jonathan Culler
WHY FLAUBERT?
and Jacques Neefs
LOVE, GODS, WARS
A modern epic prose
Flaubert Lectures II
Kleine Edition 5
ISBN 978-3-941360-15-0

Thomas Schestag
REALABSENZ, SCHATTEN
Flauberts Erziehung:
Zur *Education Sentimentale*
Flaubert Lectures III
Kleine Edition 6
ISBN 978-3-941360-16-7

Jalal Toufic
VOM RÜCKZUG DER TRADITION NACH EINEM UNERMESSLICHEN DESASTER
Kleine Edition 7
ISBN 978-3-941360-24-2

Branden W. Joseph
THE *ROH* AND THE COOKED
Tony Conrad and Beverly Grant in Europe (with an Essay by Tony Conrad)
ISBN 978-3-941360-18-1

Alexander García Düttmann
NAIVE KUNST
Ein Versuch über das Glück
Kleine Edition 8
ISBN 978-3-941360-13-6

Alain Brossat
PLEBS INVICTA
Kleine Edition 9
ISBN 978-3-941360-07-5

Jacques Rancière
UND DAS KINO GEHT WEITER
Schriften zum Film
ISBN 978-3-941360-19-8

Anselm Haverkamp
DIE ZWEIDEUTIGKEIT DER KUNST
Zur historischen Epistemologie der Bilder
Kleine Edition 10
ISBN 978-3-941360-23-5

Beate Söntgen, Gabriele Brandstetter
RENAISSANCEN DER PASSION
Flaubert Lectures IV
Kleine Edition 11
ISBN 978-3-941360-22-8

Isabelle Graw, Peter Geimer
ÜBER MALEREI
Eine Diskussion
Kleine Edition 12
ISBN 978-3-941360-28-0

Jacques Rancière
BÉLA TARR. DIE ZEIT DANACH
Kleine Edition 13
ISBN 978-3-941360-26-6

Björn Quiring (Hg.)
THEATRUM MUNDI
Die Metapher des Welttheaters von Shakespeare bis Beckett
ISBN 978-3-941360-17-4

Georges Canguilhem
DAS NORMALE UND DAS PATHOLOGISCHE
ISBN 978-3-941360-20-4

Thomas Khurana (Hg.)
THE FREEDOM OF LIFE
Hegelian Perspectives
Freiheit und Gesetz III
ISBN 978-3-941360-21-1

Eva Horn, Michèle Lowrie (Hg.)
DENKFIGUREN / FIGURES OF THOUHGT
Für / For Anselm Haverkamp
ISBN 978-3-941360-32-7

Andreas Fischer-Lescano
RECHTSKRAFT
Kleine Edition 14
ISBN 978-3-941360-29-7

Simon Rothöhler
HIGH DEFINITION
Digitale Filmästhetik
Kleine Edition 15
ISBN 978-3-941360-25-9

Stefanos Geroulanos, Todd Meyers
EXPERIMENTE IM INDIVIDUUM
Kurt Goldstein und die Fragen des Organismus
Kleine Edition 16
ISBN 978-3-941360-30-3

Rüdiger Campe, Christoph Menke, Anselm Haverkamp
BAUMGARTEN-STUDIEN
Zur Genealogie der Ästhetik
ISBN 978-3-941360-38-9